2021 年度广西壮族自治区旅游管理一流本科专业建设项目
（编号：327002060103）

普通高等教育“十四五”规划教材

冶金工业出版社

旅游接待业管理

Management of Tourist Reception Industry

潘冬南　蒋露娟　赵　磊　编著

北　京
冶　金　工　业　出　版　社
2023

内容提要

本书包括理论基础篇、业务管理篇、质量管理篇、创新管理篇 4 篇，共分 10 章。主要内容包括旅游接待业管理概论、旅游接待业管理的理论基础、景区接待业务管理、酒店接待业务管理、旅行社接待业务管理、邮轮接待业务管理、汽车营地接待业务管理、会展旅游接待业务管理、旅游接待业服务质量管理和旅游接待业创新管理。

本书既可作为高等院校旅游管理专业的教材，也可供广大旅游从业人员参考使用。

图书在版编目(CIP)数据

旅游接待业管理/潘冬南，蒋露娟，赵磊编著. —北京：冶金工业出版社，2023.1

普通高等教育“十四五”规划教材

ISBN 978-7-5024-9361-5

Ⅰ.①旅… Ⅱ.①潘… ②蒋… ③赵… Ⅲ.①旅游业—经营管理—高等学校—教材 Ⅳ.①F590.6

中国国家版本馆 CIP 数据核字（2023）第 022665 号

旅游接待业管理

出版发行	冶金工业出版社	**电　话**	(010)64027926
地　址	北京市东城区嵩祝院北巷 39 号	**邮　编**	100009
网　址	www.mip1953.com	**电子信箱**	service@mip1953.com

责任编辑　王　颖　美术编辑　吕欣童　版式设计　郑小利

责任校对　范天娇　责任印制　禹　蕊

北京印刷集团有限责任公司印刷

2023 年 1 月第 1 版，2023 年 1 月第 1 次印刷

787mm×1092mm　1/16；11.5 印张；274 千字；171 页

定价 49.90 元

投稿电话　(010)64027932　投稿信箱　tougao@cnmip.com.cn

营销中心电话　(010)64044283

冶金工业出版社天猫旗舰店　yjgycbs.tmall.com

(本书如有印装质量问题，本社营销中心负责退换)

前 言

随着经济发展水平的提升和人们生活需求的变化，我国旅游业呈现出跨越式发展，在国民经济中的地位不断巩固，旅游已经成为满足人们美好生活需要的一种重要方式。2012 年以来，我国旅游收入年均增长 10.6%左右，2019 年，我国全年旅游总收入达到 6.63 万亿元，旅游及相关产业增值 4.5 万亿元，占 GDP 的比重为 4.56%左右。这几年，尽管遭受新冠病毒感染疫情的冲击，旅游业出现了一定程度的波动，但总体来看，旅游业在国民经济中的地位并没有发生根本性改变。截至 2021 年，我国 A 级旅游景区数量达到 14332 家，三星级以上饭店数量达到 6809 家，旅行社数量达到 42432 家，一些旅游新业态，如邮轮旅游、汽车营地旅游、会展旅游等也在不断涌现。

旅游业的快速发展对旅游接待人才提出了更高的要求，国家及地方逐步重视高质量旅游接待人才的培养。2018 年，教育部公布了《普通高等学校本科专业类教学质量国家标准》，其中，《旅游管理类教学质量国家标准》明确将“旅游接待业”列为旅游管理类专业的 4 门核心课程之一。从 2019 年起，“旅游接待业”课程开始在全国各大高校旅游管理专业开设。在国家高度重视以及旅游高等教育迈向“十四五”新征程的背景下，探索实用性强、知识结构合理、内容与时俱进的旅游接待业教材成为必然，本书正是基于这个目的编写而成的。

本书分为理论基础篇、业务管理篇、质量管理篇、创新管理篇。理论基础篇包括第 1 章旅游接待业管理概论和第 2 章旅游接待业管理的理论基础，让学生初步认识旅游接待业，为后续学习奠定理论基础。业务管理篇包括第 3 章景区接待业务管理、第 4 章酒店接待业务管理、第 5 章旅行社接待业务管理、第 6 章邮轮接待业务管理、第 7 章汽车营地接待业务管理、第 8 章会展旅游接待业务管理，让学生充分认识景区、酒店、旅行社这三大传统旅游接待业，以及邮轮、汽车营地、会展旅游等新兴旅游接待业，并初步掌握相关业务操作知识。质量管理篇包括第 9 章旅游接待业服务质量管理，让学生在掌握业务管理知识的基础上提高质量意识和责任意识。创新管理篇包括第 10 章旅游接待业创新管理，进一步提升学生的管理创新能力。

本书内容丰富、层次清晰，既重视基础理论，又聚焦行业发展实践，具有较强的可读性，不仅适用于高校旅游管理专业学生，还适用于广大旅游从业者。

本书得到 2021 年度广西壮族自治区旅游管理一流本科专业建设项目（编号：327002060103）的资助。

本书由广西民族师范学院旅游管理专业潘冬南、蒋露娟、赵磊共同编写完成，教材成果凝聚了团队的智慧。其中，蒋露娟编写第 1 章、第 2 章、第 5 章和第 7 章，潘冬南编写第 6 章、第 9 章和第 10 章，赵磊编写第 3 章、第 4 章和第 8 章。

本书在编写过程中，编者参考了国内外有关文献资料，在此向文献作者致谢。

由于编者水平所限，书中不妥之处，恳请广大读者批评指正。

作 者
2022 年 8 月

目　录

理论基础篇

业务管理篇

质量管理篇

创新管理篇

理论基础篇

1 旅游接待业管理概论

学习目标

（1）理解旅游接待业的概念。

（2）了解旅游接待业的范围。

（3）掌握旅游接待业的功能和特征。

（4）熟悉旅游接待业的分类。

（5）了解旅游接待业发展的环境趋势。

章前引例

从蹒跚起步到实现赶超——贵州旅游接待业的发展

贵州是一个被喀斯特地貌广泛覆盖的地方，石灰岩岩层大面积露出，造就了独特的自然景观。从地表到地下，水流将石灰岩岩层冲刷出千种风景，颇具代表性的有黄果树瀑布、龙宫、织金洞……它们也是贵州旅游最早被外界熟知的景象。

（1）早期的贵州旅游。

公元1637年，明代旅行家徐霞客游历贵州，跋山涉水途经黄果树瀑布时写下这样的句子："一溪悬捣，万练飞空，溪上石如莲叶下覆，中剜三门，水由叶上漫顶而下，如鲛绡万幅，横罩门外，直下者不可以丈数计，捣珠崩玉，飞沫反涌，如烟雾腾空，势甚雄厉。"

340余年后，港澳师生暑期联运团到贵州旅游的目的地依旧是黄果树。那是1980年7月，在时任贵州省外事办公室干部、助理翻译杨胜明的记忆里，汽车从贵阳开出，歪歪扭扭行驶在坑坑洼洼的泥巴路上，抵达黄果树瀑布用了5个多小时。

当时的黄果树景区只有一个供游人驻足的六角亭及一间小小的外宾接待室。而联运团的出发地省会贵阳，当时连一座旅游饭店都没有。山地本就崎岖，基础设施又落后，贵州旅游就是在这样的环境中蹒跚起步。

（2）变化从接待设施开始。

贵州是全国唯一没有平原的山地省份，逢山开路、遇水架桥是发展旅游业的前提条件。1986年，全长137千米的贵黄公路破土动工。这是贵州第一条高等级公路，把贵阳到安顺的行车时间从4小时降到2小时，沿途串联起黄果树瀑布、龙宫、红枫湖等景区。在20世纪90年代初，这是贵州旅游的黄金干线。

天堑变通途，"穷乡"成"仙境"。2013年5月，贵州启动100个旅游景区建设，对旅游基础设施发起"攻坚战"。同时，"漫游深体验"的小交通网络和目的地服务体系也逐渐完善。2014年，贵广高铁通车，标志着贵州正式迈入高铁时代。数据显示，高铁开通后，黄果树景区的游客接待量同比增长154%。2015年，贵州全面打通对外大通道，率先在西部实现"县县通高速公路"。

近年来，贵州又以大力发展自驾游为切入点，有力带动了旅游公路、自驾车营地、旅游综合服务区、休闲驿站、高铁站点等的转乘接驳体系的建设。新增生态旅游慢行道2121.69千米、停车场1938个，布局了一批旅游服务中心、游客购物中心等。此外，扎实推进“厕所革命”，2016年以来新建和改扩建旅游厕所2000余座。如今，贵州高速公路总里程超过7700千米，世界前100座高桥有近一半在贵州。贵阳也日渐成为全国高铁枢纽之一，已形成了贯通京津冀、长三角、珠三角、粤港澳、川渝滇等地区的高铁通道。此外，贵州9个市（州）还都有了机场。

贵州的旅游信息咨询服务、旅游交通便捷服务、旅游行政服务、旅游惠民服务、旅游安全保障服务、旅游应急救援服务等都在不断与国际接轨。

（3）举全省之力，推动旅游接待业赶超式发展。

贵州整合政府、社会、民间的一切力量着力推动旅游接待业的发展，在贵州旅游发展最迅猛的2014—2019年，贵州大力推行优惠政策吸引游客，如在很长一段时间内针对华南市场，广州游客乘坐高铁至贵州，赴千户苗寨、百里杜鹃等景区是凭高铁票免费，华南地区其他城市的游客也能够凭相关的高铁票、高速收费单据等获得免费或半价的优惠，还有诸多文旅企业在这段时间内进入贵州投资旅游产业。《中国国家地理》以及国内部分综艺节目在这期间来到贵州取景拍摄，在很大程度上为贵州带来了巨大的宣传效应。2014年，贵州接待游客量超过云南，2017年超过四川，2019年接待游客量突破10亿人次大关。

截至2019年，贵州省A级景区总量达348家，4A级及以上景区数量达117家。赤水河谷荣获国家级旅游度假区称号，这一称号的获得，使贵州实现零的突破。不仅如此，贵州避暑旅游营销、品牌形象全球推广、乡村旅游标准、厕所革命、体制机制改革等成效突出，一大批旅游项目、产品业态、服务设施达到国家级水准。

（资料来源：中国日报网）

1.1 旅游接待业的概念与内涵

1.1.1 旅游接待

在中文语境中，“接待”一词由“接”和“待”两个单音节词组成，“接”的字义中有“迎接、接洽”之意，“待”的字义包括“招待、相待、款待”等含义。在中国古代典籍中，“接待”表示“接纳、相待”之意，并且体现了鲜明的主客情景，例如“望之见纳朋，接待以意”（《汉书·萧望之传》）、“表欲得战士之力，倾意接待，士皆爱附，乐为用命”（《三国志·吴志，陈表传》）。在英文语境中，“Hospitality”是使用最为广泛的接待，它与“Hotel”一样都起源于中世纪的一个拉丁词汇“Hospes”（等同于“Guest”，即陌生人、外国人、客人的意思）。无论是在中文语境中，还是在英文语境中，“接待”一词都表现出了鲜明的主客情景，是一种涵盖主体和客体双方的活动。根据主体与客体的关系不同，以及接待活动目的的差异，国外学者大多认同将接待划分为私人接待和商业接待两个领域。其中，私人接待是指个人在家中款待亲友，其发生场景是家等私人场所，其接待目的不是盈利；而商业接待是指有偿提供膳食、住宿和娱乐。

英国的《牛津词典》将接待定义为：“the act or practice of being hospitable; the reception and entertainment of guests or strangers with liberality and goodwill”，即好客的行为或做法，以慷慨或善意为客人或陌生人提供娱乐和招待。基于此，本书将旅游接待定义为旅游接待组织为旅游者开展旅游活动而提供有形产品和无形服务的过程。旅游接待属于商业接待的范畴，旅游接待的主体多为旅游企业，如景区、酒店、旅行社、会展公司等；旅游接待的客体为旅游者，通常不包含当地居民；旅游接待的内容包括提供有形产品或无形服务。旅游接待是旅游活动顺利开展的基础条件。

1.1.2　旅游接待业的概念与范围

1.1.2.1　旅游接待业的基本概念

旅游接待业产业构成复杂多样，由于国度不同、经济制度不同以及看问题的角度不同，人们对旅游接待业的认识也不同。因此，学术界对旅游接待业的概念并未达成一致。

很多国外学者从广义视角定义了旅游接待业，Walker（2004）认为旅游接待业包括旅游、住宿、餐饮、俱乐部、博彩、景点、娱乐等领域。Ninemeier 和 Perdue（2005）认为应当把会展服务和娱乐管理也囊括到旅游接待业领域。Teng（2011）则给出了外延更广的旅游接待业定义，他认为旅游接待业是利润驱动下的商业活动与传统款待活动的结合，在这一定义中，他强调了旅游接待业的经济属性，即以盈利为目的。除此以外，Michael Ottenbacher（2009）更清晰地定义了广义上的旅游接待业，他认为在学术界和业界的影响下，在社会文化、政治的推动下，旅游接待业的核心产业由六大产业构成，包括住宿业、餐饮业、休闲业、旅游景区、旅行业、会展业。这也是目前较受认可的旅游接待业的广义定义。

也有很多学者从狭义的视角定义了旅游接待业，一个相对权威也受到国际学术界认可的观点，是由接待业管理国际期刊的主编 Pzam 根据自身的研究和编审经验提出的。他在期刊的编者语“What is the hospitality industry and how does it differ from the tourism and travel industries?”一文中曾经给出了旅游接待业的定义，并分析了其与旅游业、旅行业的区别。根据他的观点，旅游接待业是由向旅游者、旅行者和当地居民提供住宿、食物、饮料和会议等的所有商业的集合。而且，他认为餐饮服务、俱乐部、辅助类生活服务也是旅游接待业独有的组成部分，除此之外，会展业、休闲业、住宿业和餐饮业既属于旅游接待业，也属于旅游业。

基于上述观点，本书将旅游接待业定义为：旅游接待企业或其他旅游接待组织为保证旅游者顺利开展旅游活动，向旅游者有偿提供有形产品或无形服务的所有商业的集合。

1.1.2.2　旅游接待业的范围

旅游接待业涉及的产业要素十分广泛，目前学界和业界对旅游接待业包含的范围还没有明确的界定，我国国家统计局印发的《国家旅游及相关产业统计分类（2018）》，从旅游统计的技术层面，为旅游接待业的范围界定提供了参考。《国家旅游及相关产业统计分类（2018）》中的旅游接待业由 9 个行业大类、27 个行业中类和 65 个行业小类构成（见表 1-1）。9 个行业大类分别是旅游出行、旅游住宿、旅游餐饮、旅游游览、旅游购物、旅游娱乐、旅游综合服务、旅游相关产业和政府旅游管理服务。

随着全域旅游时代的到来，旅游接待要素已经发生了深刻变革和拓展升级，由传统的“食、住、行、游、购、娱”六大要素扩展为“食、住、行、游、购、娱、商、养、学、闲、情、奇”十二大要素。旅游消费需求升级，必然带来旅游供给侧的升级，这意味着旅游接待业的产业范畴也将更加复杂和多元。

表 1-1　旅游行业分类表

大　类	中　类	小　类
旅游出行	旅游铁路运输	铁路旅客运输、客运火车站
	旅游道路运输	城市旅游公共交通服务、公路旅客运输
	旅游水上运输	水上旅客运输、客运港口
	旅游空中运输	航空旅客运输、观光游览航空服务、机场、空中交通管理
	其他旅游出行服务	旅客票务管理、旅游交通设备租赁
旅游住宿	一般旅游住宿服务	旅游饭店、一般旅馆、其他旅游住宿服务
	休养旅游住宿服务	—
旅游餐饮	旅游正餐服务	—
	旅游快餐服务	
	旅游饮料服务	
	旅游小吃服务	
	旅游餐饮配送服务	
旅游游览	公园景区游览	城市公园管理、游览景区管理、生态旅游游览、游乐园
	其他旅游游览	文物及非物质文化遗产保护、博物馆、宗教活动场所服务、烈士陵园、纪念馆、旅游会展服务、农业观光休闲旅游
旅游购物	旅游出行工具及燃料购物	—
	旅游商品购物	
旅游娱乐	旅游文化娱乐	文艺表演旅游服务、表演场所旅游服务、旅游室内娱乐服务、旅游摄影扩印服务
	旅游健身娱乐	体育场馆旅游服务、旅游健身服务
	旅游休闲娱乐	洗浴旅游服务、保健旅游服务、其他旅游休闲娱乐服务
旅游综合服务	旅行社及相关服务	—
	其他旅游综合服务	旅游活动策划服务、旅游电子平台服务、旅游企业管理服务
旅游相关产业	旅游辅助服务	游客铁路出行辅助服务、游客道路出行辅助服务、游客水上出行辅助服务、游客航空出行辅助服务、游客搬运服务

续表 1-1

大类	中类	小类
旅游相关产业	旅游金融服务	旅游相关银行服务、旅游人身保险服务、旅游财产保险服务、其他旅游金融服务
	旅游教育服务	旅游中等职业教育、旅游高等教育、旅游培训
	其他旅游辅助服务	旅游安保服务、旅游翻译服务、旅游娱乐体育设备出租、旅游日用品出租、旅游广告服务
政府旅游管理服务	政府旅游事务管理	—
	涉外旅游事务管理	

（资料来源：国家统计局）

1.2 旅游接待业的功能、特征与分类

1.2.1 旅游接待业的功能

旅游接待业功能是指旅游接待活动所发挥的作用和效能。了解旅游接待业功能，对于深入理解旅游接待的本质，促进旅游可持续发展具有重要意义。旅游接待业具有招徕功能、接待功能、溢出功能。

1.2.1.1 招徕功能

招徕功能是以旅游政策、旅游形象和产品的生产、供应渠道吸引旅游消费者前往旅游目的地的手段和策略，主要通过政策招徕、形象招徕和渠道招徕三种方式实现。政策招徕是通过旅游政策吸引旅游消费者前往旅游目的地的手段和策略。旅游政策是国家最高旅游行政管理部门为实现一定时期内的旅游发展目标，并基于现有旅游发展水平和社会经济条件而制定的行动准则。形象招徕是通过旅游形象吸引旅游消费者前往旅游目的地的手段和策略。旅游形象指旅游消费者对旅游目的地的综合感知和印象。渠道招徕是通过旅游产品的生产、供应渠道吸引旅游消费者前往旅游目的地的手段和策略。渠道招徕的过程既包括了旅游供给商向旅游消费者直接提供产品和服务的过程，也包括在其生产或消费现场以外的其他地方间接向旅游消费者提供产品和服务的过程。

1.2.1.2 接待功能

接待是社会生产力发展到一定阶段，人们为实现交流而发生空间位移的必然产物。它与旅游活动密切相关，需要一定的空间作为接待场所。接待涉及接待双方的主客关系，它需要建立在平等、尊重和自愿的基础上。接待在不同时期以不同的方式和形态存在和运作。同时，接待需要异地的物质条件来保障，它与交通方式、建筑物质及服务水平息息相关。接待是人类社会中不可缺少的一种交流和管理行为，社会经济越发达，接待的规模和层次越高。旅游接待业的接待功能从服务对象来划分，可分为国内接待和国际接待两种。国内接待是为我国的居民在国内开展旅游活动提供的产品和服务。按照地理范围划分，可分为地方性接待、区域性接待和全国性接待三类。国际接待则是为其他国家和地区的旅游消费者到我国开展旅游活动提供产品或服务。

1.2.1.3 溢出功能

溢出功能是指旅游接待业发展产生的预期结果和外部性影响。旅游溢出主要有经济溢出、文化溢出和生态溢出三种主要形式。

旅游经济溢出指的是区域间经济相互影响而导致经济增长溢出，具有正向溢出和负向溢出两种特征。旅游接待业作为具有全球性意义的活动，为企业、社区、旅游目的地、地区和国家做出了巨大的经济贡献。简单来说，旅游的经济意义在于旅游消费者将在自己居住地赚到的钱在旅游目的地消费。在一个开放的旅游接待业体系中，区域经济的增长不再仅仅依靠旅游接待业的内部因素，而是越来越受到外部因素的影响，表现出外生性特征，这种影响被称为旅游经济溢出，如外汇收入增加、产业结构调整、就业机会增加、投资环境改变等。旅游经济溢出主要体现在收入、就业和区域发展三个方面。

旅游文化溢出指旅游活动对旅游目的地社会结构、价值观念、生活方式、习俗民风和文化特征等方面的影响。旅游接待业不仅是世界服务贸易往来的主要内容，也是传播文明、交流文化、增进友谊的桥梁。出境旅游、入境旅游是让全世界相互了解、发展友谊与达成合作的有效途径。旅游是一种移动的文化碰撞，对旅游主体和客体来说都是一场“文化盛宴”。旅游文化溢出主要体现在文化变迁、文化交融和文化复兴三个方面。

旅游生态溢出指旅游活动对生态环境造成的影响。旅游活动是一种以旅游消费者为主体，以旅游资源和旅游设施为客体，通过旅游消费者的流动来体现的一种社会经济文化活动。随着旅游业的快速发展，旅游活动所引发的生态环境破坏等外部不经济性问题日益突出，这种不经济性既包括旅游供给者在开发旅游产品过程中所带来的负面影响，又包括旅游消费者在从事旅游活动时所产生的负面影响或对一定旅游产品的过度消费与占用。因此，旅游有如一把“双刃剑”，其发展可能促成某个优质的自然或人文环境的保护，但也可能改变某个天然原始的旅游地。由于现代旅游往往依赖于良好的生态环境，因此，对环境的破坏反过来会对旅游的可持续发展造成影响。旅游生态溢出涉及生态冲突和生态效益两方面。

1.2.2 旅游接待业的基本特征

旅游接待业是旅游目的地的经营和服务主体出于获取经济利益的目的，向旅游者提供各类有形产品和无形服务的过程中产生的行为和关系的总和。除了兼具脆弱性、波动性的特征，旅游接待业还具有以下基本特征。

1.2.2.1 综合性

旅游接待业的一个显著特征是综合性。首先，旅游接待业的要素构成具有综合性。旅游者在旅游目的地开展旅游活动需要涉及诸多要素，这是一项以游览、休闲为中心内容的综合性消费，因此决定了旅游接待业具有综合性。旅游接待业为旅游者提供包括食、住、行、游、购、娱等各个方面的一体化服务，提供多种多样的旅游产品满足旅游者多样化的旅游需求。如果按照广义的旅游接待业标准来看，其构成要素更加丰富多样。其次，旅游接待业产业关联具有综合性。随着旅游社会化程度的提高，旅游接待业各相关企业出现了连带集中的趋势，具体表现为横向联合与纵向联合的方式。横向联合是指旅游接待业同一类型企业不同经营单位之间的合作。纵向联合是指旅游接待业与其产业链上的上下游产业进行合作和连接。最后，从旅游接待业的发展趋势来看，旅游接待业的外延正在进一步扩展、边界正在进一步模糊，因此，也增强了旅游接待业的综合性和复杂性。

1.2.2.2 经济性

以经济收益为目的是区别私人接待与旅游接待的重要标志，因此，旅游接待业的经济性是不言而喻的，任何一个国家或地区发展旅游接待业都具有明显的经济动机。单纯从字眼上看，“业”本身就是经济生产范畴的概念，主要是指因社会分工而形成的各种经济生产职能与组织的分类。所谓“某某业”则指此种职能分类中具有共同生产性质或经营性质的具体劳动组合，是生产直接经济价值的特定劳动行业组织的业种称谓。旅游接待业是旅游目的地通过向旅游者提供旅游产品和服务获取经济利益的综合性行业，理所当然应该具有经济属性。

1.2.2.3 服务性

旅游接待业是以出售劳务为特征的服务性行业，它向旅游者提供的产品是固定有形的设施和无形的服务，使游客得到物质享受和精神满足，主要是以无形的服务产品为主，有形设施和产品是旅游接待业为旅游者服务的依托和手段。旅游接待业的各个组成部门分散在旅游目的地的不同地点，以不同的方式，借助不同的服务载体向旅游者提供不同的服务内容。

1.2.2.4 外向性

旅游接待业是旅游目的地构建的面向外来旅游者的产业集合，因此外向性是其显著特征。旅游接待业服务对象上的外向性要求旅游接待业在一定程度上保持旅游目的地原真性特色，同时，也要根据接待对象的偏好、结构、规模等因素做出适应性调整，以满足市场需求。此外，旅游接待业产生的经济效益和文化社会效益也具有显著的外向性，旅游接待业可以完成创收、创汇的任务，还可以促进各国、各地区人民的相互交往，增进各国、各地区人民间的友谊。

1.2.2.5 敏感性

旅游接待业与众多的要素相关联，其发展受到很多因素的影响，如经济、政治、战争、疾病、自然灾害等，具有较强的敏感性。首先，旅游接待业本身具有季节敏感性。由于旅游者通常是在闲暇时间出游，因此周末或五一、十一等小长假是旅游者出游的高峰期，也是旅游接待业的繁忙期；其次，社会经济环境的变化、政治因素的变化、自然生态的变化都将影响旅游接待业的发展。如2010年泰国红衫军暴乱，国家旅游局叫停泰国旅游项目。同年，菲律宾人质劫持事件发生后，国家旅游局下令取消所有中国赴菲律宾旅游项目；最后，一些流行疾病等突发事件，也对旅游接待业的发展产生直接的冲击。如2020年新冠肺炎疫情席卷全球，具有突发性、危害性和广泛性，2020年1月31日，世界卫生组织（WHO）宣布，将新型冠状病毒感染的肺炎疫情列为“国际关注的突发公共卫生事件”，多个境外航空公司陆续宣布停飞中国航线或削减航班数量，一些国家相继采取入境管制措施，对我国的国内旅游、出境旅游、入境旅游三大市场均产生巨大影响。

1.2.3 旅游接待业的分类

旅游接待业涵盖的产业内容极其广泛，可以从不同角度对其进行分类。主要的分类方式有按接待功能划分、按接待对象划分、按接待方式划分。

1.2.3.1　按接待功能划分

旅游接待业的各个组成部分在接待功能上有所差异，根据接待功能的不同，旅游接待业可划分为以下几种。

A　传统旅游接待业

传统旅游接待业是指向旅游者提供基本接待服务的接待业，这与西方语境下的“Hositality”含义基本一致，也是旅游接待业发展过程中最先出现的部分，主要包括住宿和餐饮等基本服务，并进一步扩展至游览、购物、娱乐、内部交通等服务。

B　新型旅游接待业

新型旅游接待业是指在旅游市场日趋成熟，旅游产业规模逐步扩大、产业结构不断调整的背景下，而出现的在原来传统旅游业态基础上形成的旅游接待业，具有新情景、新业态、新标准、新技术等特征，例如邮轮旅游接待业、汽车营地旅游接待业、民宿旅游接待业等。

C　跨界旅游接待业

跨界旅游接待业是指通过旅游业与其他产业高度融合形成的接待业新类型，例如会展旅游接待业、特色小镇旅游接待业等。

1.2.3.2　按接待对象划分

旅游接待业的服务对象应当是旅游者，但是旅游者仍然是具有较大差异性的群体，面对不同的旅游接待对象，旅游接待业可划分为以下几种。

A　普通旅游接待业

普通旅游接待业是指向普通旅游者提供以住宿、餐饮、游览、休闲等服务为主的接待业，其特征是大众性且门槛较低。

B　商务旅游接待业

商务旅游接待业是指向商务旅游者在提供普通旅游接待的基础上，进一步提供展览、会议、考察、咨询等服务的接待业，会展业即属于商务旅游接待业，其特征是专业性和高端性。

C　公务旅游接待业

公务旅游接待业是指向公务旅游者专门提供的旅游接待服务的行业总和，公务旅游接待业往往具有定向性、不向市场开放等特征。

1.2.3.3　按接待方式划分

旅游接待业提供的各项服务和产品中，有的是直接面对游客的窗口服务，有的是间接服务游客的后台服务，根据接待方式的不同，旅游接待业可划分为以下两种。

A　直接型旅游接待业

直接型旅游接待业是指直接向旅游者提供产品或服务的接待业，大部分旅游接待业都属于直接型旅游接待业，例如酒店、景区、餐饮、讲解等。

B　间接型旅游接待业

间接型旅游接待业是指间接向旅游者提供产品或服务的接待业，例如旅游市场秩序监察和管理、旅游地产中的物业服务、旅游基础设施运营和维护等。

1.3 旅游接待业发展的环境趋势

环境是相对于某一主体而言的位于其周边的影响因素。旅游接待业的发展受到自然环境、经济环境、文化环境、社会环境等多方面的影响。

1.3.1 旅游接待业发展的市场环境趋势

1.3.1.1 老年市场空间增大

当前我国已进入人口老龄化快速发展阶段。据2020年开展的第七次全国人口普查数据显示，我国60岁及以上人口为26402万人，占人口总数的18.70%。健康是老年人安享晚年的重要保障基础，老年旅游不仅能够满足老年人愉悦身心的需要，还能够促进身心健康，缓解和消除身心疲乏。老年旅游是老年人“老有所乐”的重要表现，是老年人生活幸福的重要标志，是构建健康和谐老龄化社会的关键。在老龄化的背景下，旅游市场供需会出现新的变化，老年人的健康旅游、养生旅游的需求会显著上升，这将对旅游接待产业结构产生重要的影响。

1.3.1.2 亲子市场需求增加

据中国旅游研究院2018年发布的《中国家庭旅游市场需求报告》显示，中国已经进入优质家庭旅游强需求时代，76.1%的旅游者选择孩子作为出游同伴，亲子旅游已经成为一项重要的旅游细分市场。2021年，国家出台了“双减”政策，孩子有更多的时间可以安排课后生活，家长对提升孩子综合素质能力的需求进一步提升，带孩子领略大美中国的人文和自然景观，在户外课堂中体验与大自然的亲密接触，探访各地博物馆，近距离接触书本中的历史知识，成为越来越多家庭的出行选择，以亲子研学为主题的特色农庄、民宿、美术馆、博物馆等越来越受到青睐。加之2021年国家三胎生育政策的全面开放，亲子消费市场潜力进一步被激发，旅游市场围绕“2大1小”“2大2小”亲子游模式的相关服务配套迎来逐步调整，出现“2大3小”亲子游新模式的服务配套。

知识拓展

广西做强做优老年旅游市场

2022年8月，广西壮族自治区文化和旅游厅印发了《广西大健康老年旅游发展规划（2022—2025年）》（以下简称《规划》），《规划》以提升老年旅游发展质量和整体水平为重点，深度开拓老年旅游市场，全面提升广西老年旅游的服务质量。

近年来，广西积极推动健康产业与旅游、养生养老、体育等产业融合发展，老年人旅游市场基本形成。但老年旅游产业总体存在专业化水平不高、旅游服务质量不高、缺乏高素质服务型人才、旅游医疗服务保障不足等问题。

《规划》明确了老年旅游产业特色化、产品精品化、出行便利化等八方面任务，指出要打造特色鲜明、布局合理、支撑有力、实力俱增的健康旅游产业体系，全面提升广西老年旅游的服务质量。

根据《规划》，广西将围绕山水、长寿、滨海、边关、少数民族五大品牌，以点串线，以线扩面，构建广西大健康老年旅游“四区一带”发展格局，全面提升广西老年旅游业竞争力，力争到2025年，形成业态支撑多元化、旅游服务专业化、品牌培育高端化、市场开发精准化的发展态势，广西接待老年人游客量稳居全国前10位，国际健康旅游目的地建设取得重要进展。

（资料来源：广西壮族自治区人民政府门户网站）

1.3.2 旅游接待业发展的经济环境趋势

经济环境将影响人们对旅游接待业的有效需求。由于国际局势的复杂变化，我们就更需要发展入境旅游业，以获取更多的外汇。同时，将实施“旅游业的进口替代战略”，即将部分潜在的出境旅游者吸引在国内旅游消费，以替代其到境外旅游消费。

1.3.3 旅游接待业发展的自然环境趋势

自然环境是旅游接待业发展的重要吸引物。在国家经济发展和城市化进程的过程中，随着城市人口的增加，自然环境也遭到了一定的破坏，如水污染、大气污染、噪声污染加重。城市居民也因此更加追求纯净、美丽的自然生态环境，自然环境资源的价值日益提高。拥有天然生态环境的乡村旅游自然而然受到游客追捧，向往乡村生活和田园风光的专家学者、文人以及大学生等愿意走进乡村，寻求返璞归真的体验，领略与城市不一样的环境与氛围，使疲劳的身心得到放松。乡村旅游接待人次呈上升趋势，2014年，全国乡村旅游接待人数已达12亿人次，占国内旅游接待总量的1/3，2015年，全国乡村旅游共接待游客约20亿人次，旅游消费总规模达1万亿元，2019年，乡村旅游接待人数就已经超过30亿人次。

1.3.4 旅游接待业发展的文化环境趋势

旅游本身的文化性质是内在的，也是人民对更高层次的精神需求，2019年，旅游部和文化部的合并也预示着旅游的文化属性将被加强，旅游企业将必定成为生产文化、经营文化和销售文化、传播文化的企业。旅游者进行旅游从本质上看也是购买文化、消费文化、享受文化。旅游企业在旅游开发、管理和经营的过程中必须凸显文化才能增强市场竞争力。因此，旅游业发展首先要注重文化内涵建设。无论是文化性、生态性、探险性还是度假性的旅游项目，也无论是办旅行社，还是建饭店，都要充分挖掘文化内涵。未来旅游接待业的发展必定离不开文化，旅游企业对文化内涵的注重既决定了竞争的起点，也决定了发展的高度。

1.3.5 旅游接待业发展的技术环境趋势

技术是旅游接待业新产品、新服务、新需求、新业态发展的重要驱动力量。随着科技的发展，各种新兴技术也逐渐被应用在旅游接待中。移动互联网、手机App帮助旅游者实时、动态地掌握各地的旅游信息，并在智慧景区接待中起到重要作用；智能机器人在旅游网站客服系统、餐饮服务、酒店接待等领域投入使用。2018年，我国第一家机器人服务的酒店“菲住布渴”在杭州诞生，给游客带来全新的智能化酒店体验；光影技术将静态图像在微机平台上展示，360°无死角呈现图像，游客可在平台上搜索特定目的地，查看街区的步行路线，以及热门景点和街道的三维图像，来一场想游就游的虚拟旅行；大数据帮助旅游企业更好地了解与预测旅游者的需求，提高精准营销的质量。此外，GPS 与 GIS 技术、人类增强技术、无人机技术近场通信技术、新材料技术等也被运用于旅游接待的多个方面。未来，科技在旅游接待业中的应用将更加广泛。

1.3.6 旅游接待业发展的政治法律环境趋势

政治的主要载体是政策，政策是旅游接待业资源配置与需求引导的重要影响因素。法律是每一个旅游接待业主体必须遵循的强制性行为规范。随着旅游业态的拓宽，国家文化和旅游部制定了适应相应业态的政策法规，如《旅游安全管理办法》《导游管理办法》《营业性演出管理条例实施细则》《娱乐场所管理办法》《旅游行政许可办法》《国家级文化生态保护区管理办法》《在线旅游经营服务管理暂行规定》《文化和旅游市场信用管理规定》。这些政策法规将进一步约束和规范旅游接待业发展，引导旅游接待业健康向好发展。

1.3.7 旅游接待业发展的社会环境趋势

社会潮流影响旅游接待业主体的思想理念与行为方式。旅游接待业面临的社会文化环境的变化趋势主要体现在社会对个性化和创新性的追求，旅游消费者更重视个人体验的独特性。在消费者导向的市场，传统的旅游企业所提供的产品和服务已经很难包括所有旅游者的需求，定制化旅游成为旅游接待的行业所趋。2019 年，中国旅游研究院首次发布了国内定制旅游的相关报告。报告指出，定制游作为传统跟团游与完全自由行中间的旅游方式，已从概念走向市场，从高端走向大众，为日益众多的游客所享。从定制订单城市分布来看，定制用户正向中小城市渗透。创意定制的服务机构通过了解游客的个体特征，如兴趣爱好、出行人的情况和预算，即可为出行人创造出一系列极具特色的创意行程。携程定制旅行是目前国内最大的旅游定制平台，有 8000 多名旅游定制师，在平台上可以实现一键定制。

复习思考题

1-1 旅游接待业有哪些功能？

1-2 旅游接待业有哪些基本特征？

1-3 按接待功能划分，旅游接待业可分为哪些类型？

1-4 旅游接待业发展面临哪些环境趋势？

案例分析题

奋进“十四五”——云南旅游高质量发展思路

为贯彻落实国务院《关于印发“十四五”旅游业发展规划的通知》（国发〔2021〕32 号），进一步推进旅游业高质量发展，“十四五”时期，云南省将全面贯彻新发展理念，深化旅游供给侧结构性改革，纵深推进“旅游革命”，加快产业转型升级步伐，推动云南旅游业有大提升、上新台阶，实现高质量发展。

（1）建设世界级旅游区和高品质酒店。

1）建设世界级旅游景区和度假区。建设 2~5 个富有文化底蕴的世界级旅游景区，建设 3 个以上世界旅游度假区，完善提升 10 个国家 5A 级旅游景区，申报 10 个国家 5A 级旅游景区，创建10个国家5A级旅游景区，创建50个国家4A级旅游景区。

2）打造国家级旅游休闲城市和街区。制定出台《云南省建设世界旅游名城标准》，着力建设打造一批世界旅游名城。打造集合文旅休闲区、演艺剧场、文创商店、网红打卡点、夜间消费集聚区等，创建一批国家级旅游休闲城市和旅游休闲街区。建设打造一批田园牧歌、民族风情、康体养生、休闲度假等不同类型和主题特色的旅游名镇（旅游小镇）。建设打造3个以上世界旅游名城，建设5个国家级旅游休闲城市和60条休闲街区，建设50个以上省级旅游小镇。

3）建设高品质旅游度假酒店集群。建设150家以上高品质酒店，加快建设300家以上精品（半山）酒店，建设3000家以上旅游民宿（客栈）。

（2）锻造康养旅游新业态新产品。

1）建设国际康养旅游胜地。打造一批交通方便快捷、康养类型多样、医疗资源聚集、旅游产品丰富、生态环境优良、智慧化管理水平高的康养旅游集聚区和国际康养旅游示范区。

2）生态养生旅游新业态新产品。打造以生态养生、森林漫游、湿地体验、湖畔度假、休闲娱乐、康体健身、养老度假等为重点的生态养生度假新业态产品和精品名牌。

3）温泉康养旅游新业态新产品。加快建设一批温泉康养旅游重大重点项目，着力打造国际流行的温泉SPA品牌，推动传统的温泉洗浴和休闲度假向兼具观光、休闲、康疗、养生等复合型方向转型发展，丰富康养旅游新业态内容，增强康养旅游产品供给能力。

4）康体健身休闲新业态新产品。打造具有云南特色的“生态、健康、时尚”康体健身休闲新业态产品和体育旅游品牌。

5）医疗养生旅游新业态新产品。面向养生养老消费需求市场，打造以治疗、康复、保健、养生等为目的，以休闲度假为辅助的养体、养心、养神等医疗养生旅游新业态产品，力争在医疗养生旅游领域形成领先优势。

（3）锻造文旅融合新业态新产品。

1）主题娱乐旅游新业态新产品。突出“健康、时尚、快乐”主题特色，应用现代人工智能、增强现实全息成像、程控矩阵技术、沉浸式3D、虚拟现实交互动漫技术、4D智能新材料和新装备等，建设打造一批新型健康的主题娱乐区、文化公园和游乐园、主题娱乐游产品。

2）文化遗产旅游新业态新产品。强化非物质文化遗产传统技艺展示、创新与活化利用，推出一批主题特色鲜明、展示内容丰富、互动体验性强的非物质文化遗产旅游产品和精品名牌。

3）旅游演艺新业态新产品。推进“文化+科技+创意+旅游”融合，加快旅游演艺重点项目建设。

4）科普研学旅行新业态新产品。推动“旅游+科普”“旅游+教育”融合，推出一批集知识性、教育性、娱乐性、参与性、体验性为一体的自然教育和科普研学产品，培育一批科普研学旅游精品线路。

（4）锻造专项旅游新业态新产品。

1）跨境旅游新业态新产品。建设一批跨境旅游合作区、边境旅游试验区和重大重点项目，打造以重点边境城市为增长极的沿边文化和旅游产业集聚区，推出一批在国内外有影响力的边（跨）境旅游产品。

2）水电生态旅游新业态新产品。积极融入国家长江经济带发展战略，以金沙江水电站群为依托，建设水电生态旅游重大重点项目和沿江高峡平湖旅游度假区，加强沿江交通基础设施建设，完善水上旅游配套设施，建设“中国最美峡谷型电站”、临江美丽县城、特色小镇和旅游特色村。

3）旅游制造业新业态新产品。构建文化和旅游商品加工销售体系，延伸拓展文化和旅游产业内涵与外延，丰富云南文化和旅游商品，增加高品质文化和旅游商品供给。

（5）锻造夜间文化和旅游消费全产业链。

1）培育夜间文化和旅游消费城市。培育打造一批特色鲜明、业态多元、亮丽美观的地标性夜间消费集聚区、夜间经济示范街、特色消费商圈和网红打卡点等。

2）建设夜间文化和旅游消费集聚区。积极创建 10 个以上国家级夜间文化和旅游消费集聚区，20 个以上省级（夜间）文化和旅游消费集聚区。

3）打造夜间文化和旅游消费精品。设计独特的夜间游览方式，推出特色美食、浪漫花市、网红打卡点、演艺剧场、灯光秀等吸引力强、趣味性强、体验性强的“夜游产品”。

4）优化夜间文化和旅游公共服务。加强夜间时段的治安、交通、城管、食品安全、卫生秩序管理，引导经营主体加强行业自律自治，提升服务质量和水平。

（6）大力推进乡村旅游发展。

1）建设最美乡愁旅游带和乡村田园综合体。构建“一村一品、一村一韵、一村一景”新格局，成为展现美丽云南形象的新窗口。

2）建设现代休闲农业和乡村旅游区。建设一批综合性休闲农业园、观光采摘园、垂钓园、咖啡园、休闲农庄、乡村民宿、森林人家等休闲农业和乡村旅游重点项目，建设打造以观光农业、创意农业、体验农业、定制农业等为重点的休闲农业和乡村旅游区。

3）打造特色乡村旅游新业态产品。结合文化创意和策划，提升民族传统节庆活动水平，培育打造特色节庆活动新品牌。围绕打造世界一流“绿色食品”的要求，推进民族特色餐饮发展，打造“舌尖上的云南”餐饮品牌。依托具有比较优势的优质农特产品，开发以“云品”为重点的乡村旅游商品，带动乡村农特产品的生产和销售。

（资料来源：云南省人民政府门户网站）

思考：云南省的旅游发展思路反映出旅游接待业发展的哪些环境趋势？

2 旅游接待业管理的理论基础

学习目标

（1）熟悉旅游接待业管理应树立的基本观念。

（2）掌握旅游接待业管理的相关理论。

章前引例

以人为本 聚焦服务 根植文化

——打造“好客山东”旅游接待品牌

“好客山东”是山东省独具特色的旅游品牌，始创于2007年。当年，山东省旅游局在旅游市场开发的工作实践中意识到，一个省的旅游业要在市场竞争中掌握主动、焕发活力、求得发展，就必须打整体品牌。2007年底，在充分挖掘、提炼“一山一水一圣人”品牌内涵的基础上，结合孔子之仁、梁山之义、好客之风等齐鲁大地文化内涵，山东省旅游局推出简洁且情感丰富的旅游品牌形象“好客山东”。

为全面打造“好客山东”旅游品牌，2009年，山东省旅游局和山东省社会主义精神文明建设办公室联合出台了《好客山东旅游服务标准》，对旅行社、星级饭店、星级餐馆、旅游景区、旅游汽车公司、旅游购物场所、旅游娱乐场所、高速公路服务区、飞机场、火车站、汽车站、码头等12个行业和部门、539个服务环节以及服务礼仪、服务环境等，提出了一系列标准和工作规范。并紧密结合全省“旅游目的地体系建设年”和“旅游服务质量提升年”等活动，组织服务业行业认真落实，大力推进标准化、亲情化、细微化服务。在开展的“百千万金银铜好客服务”竞赛活动中，各个领域都树立起了一批旅游服务标杆，推出了一批旅游服务示范岗，打开了“好客山东”的窗口，兑现庄严承诺。

“好客山东”让每一位游客感受到了山东人的豪气和热情，也让山东旅游业获得了巨大红利。但在当下文旅融合创新发展的契机面前，山东并没有“吃老本”，而是紧跟时代发展需求，创新发展理念，融合文旅资源，出台发展政策，凝心聚力发展文化旅游。在2022年的山东省文化旅游发展大会上，山东将孔府孔庙、尼山圣境、鲁源小镇等文旅项目作为观摩项目，并策划了乘船夜游、无人机表演等体验活动，展示了传统文化复兴的新范式，一方面让山东特有的“儒学文化”以更加具体、直观的方式展现出来，开启文旅融合发展的新征程，另一方面在传统文化的展示中继续塑造“好客山东”旅游品牌。

2.1 旅游接待业管理应树立的基本观念

2.1.1 服务观念

服务是指履行职责，为他人做事，并使他人从中受益的一种有偿或无偿的活动。旅游接待业作为服务业，其实质就是为游客提供服务。因此，服务观念是旅游接待业应具备的最基本观念。树立良好的服务观念、增强服务意识、提升服务质量，是旅游接待业发展的重要任务。在旅游接待服务中应将个人情感、高质量服务、个性化服务融入其中。

2.1.1.1 将情感倾注于接待服务中

优质的服务绝不应仅仅停留在对旅游者面带微笑、说声“您好”的层次上，而应从企业战略高度，服务理念的转变上入手，这就要求每一位服务员要有优良的情感倾向。情感倾向是指服务员能明白本职工作的性质，热爱自己的本职工作，关心体贴和热爱旅游者，一切为旅游者着想，真正从思想上认识到“顾客第一”“服务至上”。

2.1.1.2 将高质量的服务贯穿服务的全过程

服务质量是一个整体，是由各个岗位的每项工作和每一个人的每一项行为构成的，无论哪个环节出现问题，都会给游客留下不好的服务体验，正如旅游接待服务中流传的一个不成文的服务公式“100-1=0”所表示的一样。旅游者在完成其旅游活动的过程中，会产生对食、住、行、游、娱、购等多方面的需求，涉及饭店服务、交通运输服务、导游服务、文化娱乐服务、购物服务等一系列的综合服务，旅游目的地的经营和服务主体应树立全面、系统的服务观念，将高质量的服务贯穿旅游接待的全过程。

2.1.1.3 将个性化服务做到极致

个性化服务是以标准化和多样化为基础，通过面向顾客的细节改善使产品和服务在最终销售环节上能更多地融合顾客需求，给顾客提供更多切合个体本身的服务。从整体上说，个性化服务打破了传统的以被动服务模式，能够充分利用各种资源优势，优化产业链，主动开展以满足顾客个性化需求为目的的全方位服务。随着旅游接待业的迅速发展，旅游者的消费习惯逐渐发生变化，个性化服务潜移默化地成为旅游接待业新的服务方式，个性化服务的超前性、针对性和灵活性已经越来越受到旅游者的青睐。将即时、灵活、体贴入微的个性化服务做到极致才能让旅游接待企业更具市场竞争力。

2.1.2 融合发展观念

旅游融合发展指旅游与人类社会生产生活相互交叉、融汇、渗透、互补而产生新事物、新思想和新现象，以及以此助推旅游发展的新方式、新手段。融合作为旅游业发展的本质属性，是对旅游产业融合理念的全面升华。随着旅游业在经济建设、政治建设、文化建设、社会建设、生态文明建设中的综合功能不断凸显，“融合发展”逐渐成为旅游接待业发展的主题。“旅游+”概念的提出是对旅游融合发展的有力践行。

旅游产业融合既要充分考虑相融产业的不同功能作用、技术优势、资源特色等，又要兼顾相融产业的关联性、可融合度，还要充分利用各地区位条件、景观资源禀赋和社会经济支持系统，根据旅游市场需求的变化，找准产业交叉点、企业互动点和产品交汇点，善于创新，在资源融合路径、技术融合路径、市场融合路径和产品融合路径中选择恰当的方式，因地制宜地构建形式多样化的产业融合模式，以实现旅游产业融合发展的价值复合化、资源创新化、产品多元化和业态提升化。

2.1.2.1 资源融合

针对现有旅游资源的不足与日益多样化的旅游需求的矛盾，具有资源优势的产业可采取资源融合的路径融入旅游产业，构建资源共用的旅游产业融合模式。例如，文化产业在文物、古迹、名胜、民俗、节庆、礼仪、文学、演艺方面上拥有丰富的旅游文化资源，通过探寻本源、引领创意，可用于拓展旅游的外延和类型，丰富旅游的文化内涵和发展空间。即将文化产业的某些价值链甚至核心价值链环节通过创新性重组和开发利用而构成旅游产业的产品价值链环节，从而成为新型的旅游资源，形成诸如人文景观游、民族风情游和节事旅游等新型的旅游产品，以满足多样化的旅游需求。

2.1.2.2 技术融合

技术创新是驱动旅游产业融合发展的强大动力，尤其是在以信息技术为代表的旅游信息化推动下，旅游产业的构成要素得到重组、产业范围得到延伸、组织形态得到优化、运行模式得到创新，加快了旅游产业融合与结构优化的步伐，使旅游业态与日俱进。通过将文化产业中的文化产品制作与研发技术同旅游产业中的旅游资源开发技术相结合，便构成了两大产业融合发展的技术路径，从而将旅游产业的价值链环节渗透到文化产业之中，进而形成了旅游产业融合发展的技术掺和融合模式。如旅游业积极与动漫、文化创意等相结合，形成诸如印象刘三姐、西湖烟雨等新型的文化旅游产品；又如旅游与互联网技术融合，形成在线旅游产品。

2.1.2.3 市场融合

在旅游业大融合大发展的背景下，其他相关产业纷纷瞄准旅游市场寻找发展契机，使市场成为这些相关产业与旅游业相融的有效路径。这种以市场共拓为融合路径，以结构合并、项目合作等形式来促进旅游业与相融产业的价值链对接而发展起来的就是市场共拓融合模式，以此达到经济效益的双赢。对于文化与旅游产业融合来看，主要体现在两大产业市场运作、市场营销的创新、品牌整合与培育、资本运营等方面，如原有的文化传播渠道、网络传递方式应用到旅游业中来，使旅游产业的产品销售模式、文化产品消费方式发生变革，并统一在一个市场知名度较高的品牌之下。此外，会展旅游、红色旅游等也都是以市场共拓融合模式而形成新型的旅游业态。

2.1.2.4 产品融合

每个产业都有自己的主要社会功能和作用，当有的功能可以为旅游所用，便有了与旅游产品在功能上的融合点。通过产品融合路径，不但能使相融产业得到功能上的优势互补，同时还能获得融合发展、相得益彰。这种功能互补融合模式在文化旅游产业也得到发展。比如，邮轮具有交通运输功能，将邮轮这一运输产品与旅游相结合便产生了邮轮旅游这一跨界旅游新产品。

2.1.3 竞争观念

随着我国社会主义市场经济从低级向高级发展、从国内市场走向国际市场，我国各行各业面临的竞争也越来越激烈。旅游接待业也是如此，从小规模的分散竞争发展到大集团的集中竞争，从国内竞争发展到国际竞争，从单纯的产品竞争发展到综合实力的竞争等。因此，旅游接待企业管理者必须具备强烈的竞争意识，拥有开放性的思维和广阔的视野，并时刻保持竞争的头脑，积极融入全球旅游接待业的竞争之中，只有敢于竞争、善于竞争，才能在激烈的竞争中取得成功。

尽管竞争是激烈的，但在竞争中必须遵守竞争道德。优胜劣汰是市场竞争中的根本法则，但这种法则是建立在公平竞争的基础上的。事实上，旅游接待业的竞争应是一种竞合关系，即在竞争中求联合，在联合中有竞争，在竞争中共同发展。且竞争只是一种手段，顾客导向要高于竞争导向，因为旅游接待企业的根本目的是满足顾客需求，而不仅仅是打败竞争对手。因此，旅游接待企业具有竞争意识，并不意味着旅游接待企业可以不择手段地进行不公平竞争，旅游接待企业必须在遵守行业规则和社会道德的基础上进行合理合法的竞争。此外，竞争意识本身要求旅游接待企业要具有团队意识，创新意识，通过团队建设和服务运营管理等的创新以取得竞争优势。

2.1.4 文化观念

文化是旅游的灵魂，旅游是文化的载体。文化与旅游相生共兴、相辅相成。没有文化的旅游是浅显的、空洞的旅游，没有旅游的文化是难以创造完整价值链的文化。文化是旅游的基本内涵和核心价值。文化日益成为支配旅游活动的精神支柱和旅游经济的重要引领。以文化为内容、旅游为平台，将文化内涵贯穿到旅游的全过程，用独特的文化品格和文化魅力诠释旅游，使旅游接待业呈现出前所未有的生机与活力。

2.1.4.1 树立以文促旅的理念

文化需求是旅游活动的重要动因，文化资源是旅游发展的核心资源，文化创意是提升旅游产品质量的重要途径，文化的生产、传播和消费与旅游活动密切相关。通过思想道德观念的提升、文化资源的利用、文化创意的引入，能够提升旅游品位、丰富旅游业态、增强产品吸引力，拓展旅游发展的空间。通过公共文化机构、对外文化交流等平台的使用，能够促进旅游推广、为游客提供更加丰富的服务。

2.1.4.2 树立以旅彰文的理念

旅游是文化建设的重要动力，是文化传播的重要载体，是文化交流的重要纽带。发挥旅游的产业化、市场化优势，能够丰富文化产品供给方式、供给渠道、供给类型，带动文化产业发展、文化市场繁荣。发挥旅游公众参与多、传播范围广等优势，能够扩大文化产品和服务的受众群体和覆盖面，对内更好传播中国特色社会主义文化、弘扬社会主义核心价值观，对外增强国家文化软实力、提升中华文化影响力。

2.1.4.3 树立和合共生的理念

文化是旅游的灵魂，旅游是文化的载体，二者相辅相成、互相促进。文化和旅游相互支撑、优势互补、协同共进，才能形成新的发展优势、新的增长点，才能开创文化活力持续迸发、旅游发展质量持续提升、优秀文化产品和优质旅游产品持续涌现的新局面，才能更好满足人民美好生活新期待、促进经济社会发展、增强国家文化软实力和中华文化影响力。

2.1.5 品牌观念

品牌是指消费者对某类产品及产品系列的认知程度。品牌的本质是品牌拥有者的产品、服务或其他优于竞争对手的优势能为目标受众带去同等或高于竞争对手的价值。一个好的品牌是企业整体素质的优良表现，它从一个侧面反映了企业创造社会物质财富过程中追求尽善尽美的精神面貌。好的品牌不仅代表产品的质量和性能，也代表企业充分满足消费者需求的市场信誉。品牌对旅游接待企业有重要作用，我国旅游接待企业要树立良好的品牌意识和品牌经营观念。

2.1.5.1 品牌是赢得竞争优势的关键

旅游产品具有无形性特点，无法向旅游者当场展示，且旅游产品之间物质性的差异很小，旅游企业要想获得竞争优势，只有通过自已独具特色的品牌，强化品牌个性来体现旅游产品差异，以实现旅游消费者对本品牌产品的认知度。史蒂芬·金说过："产品是在工厂所生产的东西，而品牌则是消费者所购买的东西。一件产品可以被竞争对手模仿，但品牌则是独一无二的。产品很快会过时，而成功的品牌则是持久不变的。"旅游企业一旦拥有过硬的品牌，旅游者对产品的认知度就会大大提高，竞争优势和获利能力就会更强。

2.1.5.2 品牌可减少旅游者购买风险

对消费者来说，从我国已有7000余家旅游涉外饭店和旅行社中做出购买决策，是很困难的，但他们会利用品牌帮助进行选择。他们认为，优秀的旅游品牌经无数实际经历和享用的考验，可大大放心，可以减少风险和避免产生购买遗憾，一听其名就联想到温馨暖人的优质服务。由此，优秀旅游品牌产生的亲和力，本质上是一种信用，使顾客对旅游企业产生长期的信任，有助于发展旅游企业与顾客的牢固关系，建立稳定的消费群体。可见品牌是旅游消费者购买风险的减速器。

2.1.5.3 品牌可提高旅游产品附加值

"附加值"通常是指附加在劳动对象上的价值。产品与品牌的主要区别在于"附加值"。旅游消费者购买某一成功品牌的旅游产品，不仅能取得实质利益（产品带来的实际满足），更重要的是能获得一种心理利益，即购买著名品牌带来的心理满足，即使价格稍高于同类产品，旅游者也乐于倾囊。另一方面，随着卖方市场时代的结束，旅游产品的日益丰富，旅游买方市场逐渐形成，旅游企业拥有知名品牌，就等于拥有了市场竞争优势，利用品牌对市场较强的感召力，获得较高的市场占有率。因而品牌是旅游企业的无形资产，优秀品牌不仅能给旅游接待企业带来强大的增值功能，而且本身也具有很高的价值。例如早在1989年，假日公司把品牌专利权出售给英国巴斯股份公司，获益就达19.8亿美元。旅游品牌的价值由此可见一斑。

2.1.5.4 品牌是旅游接待企业开展国际化经营的旗帜

国际旅游市场的一体化使旅游接待企业跨国经营成为可能，我国一些有实力的旅游企业已进军海外开拓国际旅游市场，参与国际竞争。同样，竞争也跨越国界来到国内旅游企业面前，从20世纪80年代开始，国际饭店集团凭借品牌优势抢滩中国，已大获其利。中国旅游接待企业已被置于一个高度竞争、后无退路的境地，如果没有强势的旅游品牌，只能被动挨打无反击之力。中国旅游接待业只有以丰富的旅游资源为依托，高举品牌的旗帜，打出"中国独有"的品牌才能获得竞争优势，赢得市场份额，进而提高我国整体的旅游竞争力，最终实现成为世界旅游强国的目标。

2.1.6 绿色观念

绿色观念是一种以"珍爱生命、崇尚自然、保护生态、爱护环境、尊重规律"为特征的现代观念。作为与绿色发展息息相关的旅游接待业，必须发挥旅游接待业在绿色发展中的助推作用，切实更新绿色发展新观念，紧跟绿色发展新要求，践行绿色发展新作为，追求绿色发展新成效。

2.1.6.1 筑牢绿色发展理念，构筑旅游接待业生态发展大格局

绿色发展既是旅游接待业发展的底色，也是旅游接待业发展的生命线。旅游接待企业承载着“在保护中发展，在发展中保护”的重要责任，应抢抓绿色发展机遇，将资源优势转化为经济优势，摒弃短期、眼前利益，解决旅游发展与可持续矛盾，走出过去以资源破坏、环境污染换取地方经济增长的误区。合理开发利用旅游资源，科学论证、严谨规划，让利绿色发展，生态发展，做好绿色生态旅游文章。

2.1.6.2 发挥绿色资源优势，推动旅游接待产业升级

旅游业是资源导向型产业，也具不可再生性。坚持在保护中开发、在开发中保护，不断发挥现有的绿色资源优势，改变过去单一旅游模式，策划推动特色小镇、汽车营地、民宿旅游、会展旅游等新型旅游接待业的发展，增强游客参与体验性和休闲多样性。加快推动传统旅游接待产业升级，释放新产业、新业态发展动能，推动经济从粗放向创新和绿色双轮驱动转变。

2.1.6.3 倡导绿色低碳环保理念，营造良好旅游接待环境

当前，由于旅游者文明素质参差不齐，旅游不文明现象依然可见。培养游客文明旅游、环保出行任重道远，加快创建生态文明、倡导绿色出行意义深远。旅游接待企业既要严格执行《旅游法》规范其行为，又要通过宣传教育提高旅游接待人员及旅游者的环境保护意识，使旅游者在旅游活动中能自觉地维护旅游目的地的良好环境。通过各方努力，实现生产高效、生活宜居、山明水秀，让游客望得见山、看得见水，逐步形成勤俭节约、节能环保、绿色低碳、文明健康的发展理念。此外，倡导合理消费，开展反对过度包装、反对食品浪费、反对过度消费行动；在旅游目的地推广自行车、公共交通、步行道等绿色出行服务系统，倡导与限制一次性用品的使用。

知识拓展

安吉县发布《安吉县全域旅游绿色管理规范》

旅游业是浙江省湖州市安吉县社会经济发展的战略性支柱产业，是加快“绿水青山就是金山银山”理念转化的重要途径。近年来，安吉县积极倡导和推行全域旅游绿色发展，绿色管理理念不断加强。为了把鲜活的成功实践经验提炼成指导安吉县旅游业统筹协调、绿色发展的理论体系，充分发挥旅游业在生态环境保护和可持续发展中的作用以及对地区经济的持续带动作用，使绿色全域旅游建设有标可依，安吉县文体旅游局联合浙江省标准化研究院、安吉县中国美丽乡村标准化研究中心等单位共同研究制定绿色管理规范。

2021 年 1 月 13 日，《安吉县全域旅游绿色管理规范》（以下简称《规范》）由安吉县市场监管局正式发布。《规范》共有 12 个章节，主要框架分总则、总体要求、交通管理、住宿管理、餐饮管理、游览管理、文娱管理、购物管理、保障支撑 9 部分，从多个方面规定了安吉县全域旅游绿色管理的具体内容和规范性要求，对安吉县全域旅游现阶段成果做出总结和提炼。

《规范》站位全域旅游并聚焦绿色管理，属于全国首创。其最大的特色就是将保护生态环境的意识纳入全域旅游发展全过程，让全域旅游从一个宏观方向性概念转化为对居民、游客、员工进行环保理念宣传，培养树立生态文明意识和行为习惯。

未来安吉县文体旅游局将加大标准宣贯、强化标准实施、注重标准提升，打造服务优质、经营规范、游客满意的旅游新模式，力争为全市、全省乃至全国全域旅游的绿色发展和管理提供可借鉴的“安吉经验”。

（资料来源：安吉县人民政府网站）

2.1.7 创新观念

创新是企业安身立命、持续发展的动力和路径。在全域旅游、消费升级、跨界融合、移动互联网等因素推动下，游客出游方式和旅游产业面貌正发生根本性的改变，旅游接待业正迈入全面创新的时代。旅游接待企业的创新是全方位的，包括产品创新、技术创新、产业发展创新、管理创新、制度创新等。树立创新观念就是要在企业内外建立起创新体制，并为创新建立良好的发展环境和资源保证。

2.1.7.1 旅游产品开发的创新

旅游产业的业态创新，要求积极开发旅游新产品、打造旅游新业态。推进旅游与其他产业融合发展的关键是开发旅游新产品、打造新业态。重点围绕休闲度假旅游、体育旅游、医疗旅游、健康养生旅游、研学旅游和写生旅游等领域打造新产品、培育新业态。休闲旅游方面打造邮轮游艇、自驾车房车营地、温泉滑雪、低空飞行、休闲垂钓等新业态为重点；体育旅游方面，要加强竞赛表演、健身休闲与旅游活动的融合；医疗旅游方面，发展特色医疗、疗养康复、美容保健等医疗旅游；健康旅游方面，结合养老服务业、健康服务业发展，发展“候鸟式”旅游养老，开发一系列健康养生旅游服务产品；研学和写生旅游方面，要依托自然景观和文化遗产资源、大型公共设施、知名院校、工矿企业、科研机构等，建设一批研学和写生旅游基地。

2.1.7.2 新技术整合的创新

技术创新是产业和企业发展的重要力量，也是全域旅游新业态出现的刺激因素。无论是旅游自身技术的发明创造，还是其他行业技术的引用，都会对旅游产生较大的推动，促进自身业态的发展。特别是重大技术在应用过程中往往会催生一系列新的业态。例如旅游接待业引入信息技术和网络技术，引发了旅游战略、运营方式和产业格局的变革，催生了新一代互联网产业的兴起以及大量与之相关联的新兴业态的出现。另外，VR/AR 技术的应用使得旅游打破了空间和时间的限制，从内容展现形式、游客体验方式和目的地营销方式上优化了传统旅游，产生了 VR 酒店预订、AR 旅游目的地、VR 主题公园、VR 旅游演艺等新形态。

2.1.7.3 产业发展的创新

旅游接待业的产业创新表现为旅游新旧要素之间、不同业态之间的融合。一是拓宽旅游要素的“外延”，将“商、养、学、闲、情、奇”作为新的旅游要素，积极推进这些新要素与原有的“食、住、行、游、购、娱”要素进行跨界融合，打造融合型旅游新产品。二是拓宽旅游产业边界，将有可能为旅游做出“贡献”的资源，均作为旅游资源进行优化配置和相互融合。例如在条件适宜地区开展分时度假旅游，不但能更多地满足旅游需求，还能部分解决房地产“去库存”问题。三是积极推进不同旅游业态的交叉融合，探索跨要素、跨行业、跨区域、跨时空融合旅游资源和延长旅游产业链的新模式，构建丰富旅游供给的立体式网状产业链。

2.1.7.4　时间整合的创新

时间整合即根据某一时间段内消费者的需求，进行主题整合，进而形成新的业态和产品。这里涉及“四季全时”的理念，四季是指春赏花、夏纳凉、秋观叶、冬戏雪。全时即“白天+夜晚”，把目光聚焦在研学旅行、老年旅游、会奖旅游三个黄金潜力市场，寻求工作日旅游最佳解决方案的突破点。同时通过夜间造景、民俗节庆、商街夜市和旅游演艺等方式，打造夜间旅游吸引力，从而在一定程度上突破并改善旅游季节性的限制，使得淡季不淡、旺季更旺。

2.1.7.5　制度及管理的创新

制度及管理创新虽然不能直接产生业态创新，但是推动业态创新的重要因素。业态创新必须依赖于宽松、完善、规范、包容，有利于自由潜力发挥、展现自身活力的环境与制度，包括产权制度创新、管理体制创新和运行体制创新三方面。另外政府还应该出台系列扶持政策，除了给予资金扶持，还应该在不同部门、不同行业之间的协作，以及市场消费数据的获取上给予支持。

2.2　旅游接待业管理相关理论

2.2.1　顾客价值理论

顾客价值理论是指顾客对产品属性、效用的期望，以及帮助顾客实现目标的使用结果与相应付出的全部代价之间的感知、权衡和评估。顾客价值以顾客需求为基础，其本质是顾客期望和感知的价值，核心是顾客感知得失之间的权衡，并受到一定情境的影响。图 2-1所示为 Philip Kotler 顾客价值模型。

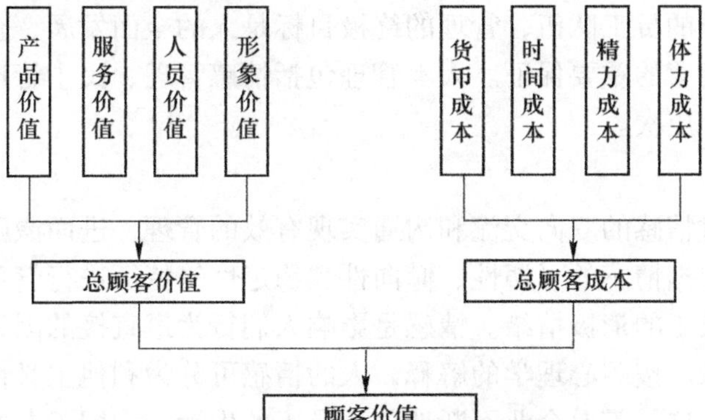

图 2-1　Philip Kotler 顾客价值模型

（资料来源：马连福，张慧敏．顾客价值营销——企业成长的驱动力［M］．北京：首都经济贸易大学出版社，2006：44-45.）

顾客价值理论在旅游接待业中的应用主要源于两方面。一方面，旅游产品的特性决定了顾客价值理论应用的必要性。旅游产品的无形性使得顾客无法对旅游产品进行售前的质量检查，购买时承担了更多的风险，只有为顾客提供优于竞争对手的感知价值，才能促成顾客的购买；旅游产品生产和消费的不可分割性说明旅游产品生产系统具有高度的开放性，顾客与企业之间存在大量的交互作用，这种交互作用直接影响到顾客价值的生成，继而影响到顾客的后续行为，影响到旅游企业的竞争力；旅游产品的不可贮存性意味着旅游企业必须千方百计地实现产品销售，而创造高的顾客价值能使顾客持续购买、增加关联销售，并形成推荐人效应，最终实现顾客少流失、企业高收入、管理低成本的效果。另一方面，旅游市场的转化决定了顾客价值理论应用的迫切性。旅游市场由卖方市场转入买方市场，竞争日趋激烈，在经历“价格战”“促销战”等恶性竞争的煎熬之后，绝大多数旅游企业越来越注重将竞争着眼点放到顾客价值的提升上来，日益重视顾客需求，追求顾客满意和顾客忠诚。

总的来讲，旅游接待企业持续的竞争优势来源于顾客。顾客价值与旅游接待企业竞争优势是相互匹配的，旅游接待企业在价值链中针对某一社会角度进行相关产品或服务的开发，并从市场活动中将最终产品或服务传递给消费者，其获得的市场效益构成旅游接待企业竞争优势的基本要素。当然，对于不同价值定位的旅游接待企业来说，是具有不同的产品或服务差异的，对于企业竞争优势的延续来讲，旅游接待企业必须高度重视顾客市场，以顾客市场为基础实现市场效益。

2.2.2 人本管理理论

2.2.2.1 人本管理理论的内涵

人本管理思想兴起于20世纪60年代。在当时著名的“霍桑实验”中，研究者把人文主义强调的“人文关怀”理念引入管理理论之中，发现工作的物质环境和福利的好坏与工人的生产效率并无明显的关系，相反，职工的心理因素和社会因素对生产积极性的影响最大。人本管理强调人才即是资源，提出企业应依靠人的全新管理理念、要把开发人的潜能作为最主要的管理任务，并认为企业最高的经营宗旨就是尊重每一个人，组织成功的基础就是塑造高素质的员工队伍，管理的终极目标是人的全面发展，企业应该把凝聚人的合力作为组织有效运营的重要保证。人本管理包括情感管理、民主管理、人才管理、自主管理与文化管理5个层次。

A 情感管理

情感管理是通过情感的双向交流和沟通实现有效的管理，进而激励员工。情感管理注重人的内心世界，根据情感的可塑性、倾向性和稳定性等特征进行管理，其核心是激发员工的积极性，消除员工的消极情绪。情感是影响人们行为最直接的因素之一，任何人都有渴求各种情绪的需求。按照心理学的解释，人的情感可分为利他主义情感、好胜情感、享乐主义情感等类型，这就需要企业不断地关心员工的生活，为职工办实事，满足员工物质需要，关心员工的精神生活和心理健康，提高一般员工的情绪控制力和心理调节力。

B 民主管理

民主管理是让员工共同参与决策，强调企业发展与员工的关系，以命运共同体的形式调动员工参加管理的积极性，使员工产生主人翁责任感，激励员工充分发挥积极性。让员工经常参与企业重大事情的决策与管理，鼓励员工多提出合理化建议，并对企业的各项活动进行监督，那么，员工就会亲身感受到自己是企业的主人，企业的前途和命运就是个人的前途和命运，个人只有依附或归属于企业才能发展自我，这样就会鼓励员工全身心地投入企业的事务中来。

C 人才管理

善于发现人才、培养人才和合理使用人才是人才管理的根本。人才的重要特点是热爱学习，注意广泛获取信息。企业给员工创造学习和发展的环境和机会，就是对人才的最大爱护。随着知识经济的到来，当今世界日趋信息化、数字化、网络化，知识更新速度的不断加快。要鼓励员工不断丰富和积累知识，树立“终身教育”的思想，变“一时一地”的学习，为“随时随地”的学习。知识激励是人才管理的一个重要原则。培训激励对青年人尤为有效。通过培训教育激励，可以提高员工素质和实现目标的能力，增强其自我激励的能力，为承担更大的责任、更富挑战性的工作及提升到更重要的岗位创造条件。

D 自主管理

自主管理是现代企业的新型管理方式，是民主管理的进一步发展，它主要是员工根据企业的发展战略和目标，自主制订计划、实施控制、实现目标，即“自己管理自己”，它把个人意志与企业的意志统一起来，使每个人心情舒畅地为企业做贡献。因此，企业管理者要充分信任员工，承认其自主性，实行弹性工作时间制。一个社会的运行必须以人与人的基本信任做润滑剂，不然，社会就无法正常有序地运转。信任是加速人体自信力爆发的催化剂，自信比努力对于成才来讲更为重要。信任激励是一种基本激励方式。企业对员工的信任体现在平等对待员工，尊重员工的劳动、职权和意见上，其表现为“用人不疑，疑人不用”和放手使用。刘备“三顾茅庐”力请诸葛亮显出一个“诚”字；魏徵从谏如流，得益于唐太宗的一个“信”字。这都充分体现在对人才的信任上。只有在信任基础之上的放手使用，才能最大限度地发挥人才的主观能动性和创造性，有时甚至还可超水平的发挥，取得自己都不敢相信的成绩。

E 文化管理

文化管理是人本管理的最高层次，其核心是精神管理，通过企业文化的培育、管理文化模式的推进，使员工形成共同的价值观和共同的行为规范。实行文化管理的全部着眼点在于“人”，在于人的灵魂、情感、需求、态度、潜能和人与人、人与组织之间的和谐协调。优秀的企业文化会产生一种尊重人、关心人、培养人的良好氛围，产生一种精神振奋、朝气蓬勃、开拓进取的良好风气，激发组织成员的创造热情，从而形成一种激励环境和激励机制。这种环境和机制胜过任何行政指挥和命令，它可以使组织行政指挥及命令成为一个组织过程，从而将被动行为转化为自觉行为，化外部压力为内部动力，其激励力量是无穷的。

人本管理的情感管理、民主管理、自主管理、人才管理和文化管理五个层次都有其相应的激励作用，但应该注意这五个层次并不是截然分开的，充分发挥其对旅游接待企业员工的激励作用，有助于实现企业目标。

2.2.2.2 人本管理理论在旅游接待业管理中的必要性

旅游接待业属于典型的服务行业，要想让员工服务好顾客，企业首先必须服务好员工。人本管理理念在旅游接待企业中的运用将有利于提升旅游接待企业的人力资本价值，改善旅游从业人员服务质量，提高旅游接待企业的核心竞争力。

A　人本管理理论是旅游接待业发展的原动力

在企业发展的过程中，发挥主要作用的是人，无论什么工作都是由人来完成的，可以说，人是旅游事业发展的原动力。在人本管理理论中，就是激发人的潜能，让人发挥出最大的潜力，使企业的发展能够更上一层楼。如我国餐饮品牌海底捞，尊重员工个人在组织管理中的地位，为员工创造舒适的工作环境，让员工有更为宽广的发展空间，因此，海底捞得到了很好的发展，在消费者之间有很好的知名度。

B　人本管理理论是旅游接待业管理的新要求

时代在不断地发展进步，社会竞争告别了拼体力的时代，而逐渐转向脑力之间的竞争。企业对于人才的需要也不再只是简单地看学历，而是更加注重人才全面素质的发展。人本管理理论更适合当前时代发展的需要，物质需求已经不能满足员工精神方面的需要，因此必须实行人本管理的管理政策，调动员工的积极性，让员工不是为挣钱而投入工作中，而是因为热爱这份工作而全身心的投入。

C　人本管理理论能够使人力资本增值

在旅游接待实践中，更注重培养员工的综合能力，这里的综合能力主要是指员工的应变水平以及对突发事件的处理办法。这些内容是员工在校期间学不到的，需要在实践过程中进行培养和锻炼。人本管理理论就能使人力资本得到增值，人的潜力是无穷的，但这份潜力需要在适当的条件得到激发，才能发挥其有效的作用。人本管理理论注重对员工素质方面的培养，使员工得到全面的发展，潜力得到一定的激发，推动旅游事业不断发展。

2.2.3　差异化理论

差异化理论是将企业提供的产品或服务差异化，形成一些在全产业范围中具有独特性的东西。要求企业就客户广泛重视的一些方面在产业内独树一帜，或在成本差距难以进一步扩大的情况下，生产比竞争对手功能更强、质量更优、服务更好的产品以显示经营差异。目前，差异化竞争已经成为企业经营战略的发展潮流，以客户为中心的思想是企业竞争战略中的一种体现，根据客户的需求细分市场，通过对细分市场的个性化服务提高客户满意度，更好地争取和维护客户。差异化的类型主要有产品差异化、服务差异化、形象差异化、渠道差异化和价格差异化。

2.2.3.1　产品差异化

产品差异化是指企业在其提供给顾客的产品上，通过各种方法造成足以引发顾客偏好的特殊性，使顾客能够把它同其他企业提供的同类产品有效地区别开来，从而达到企业在市场竞争中占据有利地位的目的。产品差异化主要可以通过功能、质量、技术、形态、包装等方面来实现。因此，产品差异化又可以进一步分为质量差异化、功能差异化、技术差异化、形态差异化、包装差异化五大方面，主要包括特征、工作性能、一致性、耐用性、可靠性、易修理性、式样和设计。

2.2.3.2　服务差异化

服务差异化指在产品的售前、售中、售后提供差异化、个性化的服务，来提高客户的满意度，形成竞争优势。好的服务能提高顾客对其品牌的忠诚度，稳定忠实的顾客。但同时，独具特色的、差异化的服务能使企业在竞争中脱颖而出。因为顾客所购买享用的不只是产品，更是一种期望，不是仅获得一个产品就满足，同时获得一种心理上的满足进而产生精神上的愉悦，让顾客高兴而来、满意而归。因此，提供差异化的优质服务，对旅游接待企业的发展至关重要。

2.2.3.3 形象差异化

形象差异化战略是指在产品的核心部分与竞争者类同的情况下塑造不同的产品形象以获得差别优势。形象就是公众对产品和企业的看法和感受，塑造形象的工具有名称、颜色、标识、标语、环境、活动等。在实施形象差异化时，企业需要有创造性的思维和实际，需要持续不断地利用企业所有的传播工具，针对竞争对手的形象策略以及消费者的心智而采取不同的策略。

2.2.3.4 渠道差异化

渠道差异化战略是指企业从渠道策略、渠道设计、渠道建立、渠道管理、渠道维护、渠道创新等方面进行差异化战略。实施渠道差异化战略，首先要解决的是量体裁衣，让渠道以最佳的效率保持与目标市场的接触，不同的目标市场对应着不同的渠道手段。

2.2.3.5 价格差异化

价格差异化是在充分考虑产品差异、顾客需求差异、时间差异、地点差异等基础上，以不反映成本费用的比例差异而制定不同的价格。如企业对不同类型或形式的产品分别制定不同的价格，而不同类别或形式产品的价格之间的差额和成本费用之间的差额并不呈比例。价格差异化是产品差异化的重要市场表现形式，因此，旅游接待企业可以通过价格差异化来反映产品差异化。

2.2.4 系统管理理论

2.2.4.1 系统管理的概念内涵

系统是具有特定功能的、相互间具有有机联系的许多要素构成的一个整体。在自然界和人类社会中，一切事物都是以系统的形式存在的，任何事物都可以看成一个系统。系统管理是指依据系统论的思想，以确定的系统为研究对象，把所需要研究和管理的对象作为有机组合的整体，综合运用控制论、信息论、系统工程和运筹学的基本原理与方法，求得技术上先进、经济上合算、时间上最省的管理效果。系统管理理论是弗里蒙特·卡斯特（F. E. Kast）、罗森茨威克（J. E. Rosenzweig）和约翰逊（R. A. Johnson）等美国管理学家在一般系统论的基础上建立起来的，这一理论向社会提出了整体优化、合理组合、规划库存等管理新概念和新方法。

系统管理理论的主要观点有：（1）企业是由人、物资、机器和其他资源在一定的目标下组成的一体化系统，发展同时受到这些组成要素的影响，在这些要素的相互关系中，人是主体，其他要素则是被动的。（2）企业是一个由许多子系统组成的、开放的社会技术系统。企业是社会这个大系统中的一个子系统，它受到周围环境（顾客、竞争者、供货者、政府等）的影响，也同时影响环境。它只有在与环境的相互影响中才能达到动态平衡。（3）运用系统观点来考察管理的基本职能，可以提高组织的整体效率，使管理人员不至于只重视某些与自己有关的特殊职能而忽视了大目标，也不至于忽视自己在组织中的地位与作用。

2.2.4.2 旅游接待业系统的构成

旅游接待业系统是旅游接待要素在一定区域相互作用形成具有特定结构和功能的活动系统。系统包含为游客出行直接或间接提供食、住、行、游、购、娱系列接待服务的相关企业和部门。旅游接待系统从内到外分为核心层、支撑层、外围层三个层次，如图 2-2 所示。

核心层：包含旅游供给方提供的食、住、行、游、购、娱六要素。六要素的组成是一种结构关系，存在六要素结构的优化与协调问题。在六要素构成中的任何一个要素发生缺失，或者其要素量的过大、过小，都会造成整体产品结构的失衡或生产力要素的浪费，制约旅游产品体系的效益型发展。旅游六要素结构理论体系不断调整完善的过程，在指导旅游产业结构不断由低级向高级的提升过程中发挥作用。

支撑层：包含对旅游接待业起支撑作用的政策法规、基础设施、人力资源等。政策法规是指国际组织或国家机关为处理旅游发展事务所指定的文件，包括旅游政策和旅游法规；基础设施包括开展旅游接待所涉及的交通道路、环保卫生、电力通信、给排水设施等；人力资源是直接或间接承担旅游接待工作的人员，这些构成旅游接待的基础保障。

外围层：包含对旅游接待产生作用的宏观要素，如自然环境、经济环境、社会环境、政治环境、技术环境。旅游接待系统是存在于外围环境中的，与环境有着不可分割的联系。

旅游接待系统的三个层次之间都是相互联系、相互作用。各层次、各要素之间互相关联、互相依存；各层次、各要素与系统整体相互作用、相互影响；各子层次、各要素对系统整体的影响方式和途径受其他要素制约。

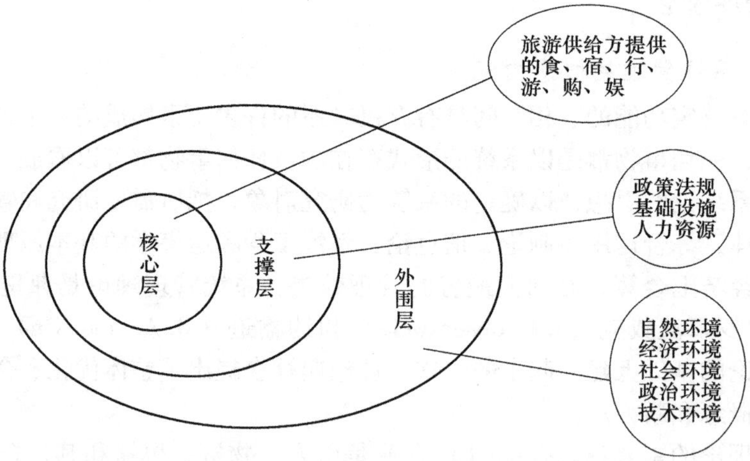

图 2-2 旅游接待业系统结构

2.2.4.3 旅游接待业系统的管理

旅游接待业系统管理一般遵循整体性、最优化的原则。所谓整体性原则就是把旅游接待业管理对象看作由各个构成要素组成的有机整体，从整体和部分相互依赖、相互制约的关系中揭示管理对象的特征和规律；最优化原则是指从多个可供选择的方案中选出一种最优的方案，以便使旅游接待业管理系统以最优状态运行，达到最优的效果。

旅游接待业系统管理的一般步骤是：首先，分析确定管理目的。收集资料，分析确定需要解决的问题及目标；其次，分析系统。分析系统要素之间的相互关系，在此基础上，分析外部环境对管理系统的促进和约束，例如环境、资金、材料、信息、技术等对旅游接待业管理系统的促进和约束作用，并结合要解决的问题，将复杂系统分解成若干个较简单的子系统；再次，进行方案选择。在一种或几种值得采用或进一步考虑的方案中选择方案，尽可能在待选方案中选出满足系统要求的最佳方案；最后，实施方案计划。根据最后选定的方案，按计划进行具体实施。

复习思考题

2-1 旅游接待业管理应树立哪些基本观念?

2-2 旅游接待业可在哪些方面实现融合发展?

2-3 旅游接待业创新包括哪些创新?

2-4 旅游接待业人本管理有哪五个层次?

2-5 旅游接待业系统由哪些层次构成?

案例分析题

财富的秘密：西南航空何以创造连续47年盈利记录?

美国西南航空公司（以下简称西南航空）成立于1971年6月18日，其在美国以“打折航线”而闻名。从1973年起到2019年长达47年里，虽然石油危机、恐怖袭击、金融危机等都给航空业造成了重创，航空公司纷纷亏损、破产重组，但西南航空仍然能持续盈利。有什么持续盈利的秘诀呢?

（1）免费行李。

西南航空完全可以称得上是五星级廉价航空，不仅可以免费托运两件单件不超过23千克的行李，还可以带两件随身行李登机（其他航空公司，包括美联航等主流公司，都要收取第一件20~30美元，第二件20~50美元的费用)，比很多传统航空公司行李政策更为宽松。

（2）灵活改退签制度。

西南航空除了价格平民化，服务周到，其退改签机票政策非常灵活，退改签机票程序也非常方便、省心。任何舱位的机票都可以取消或者改签（补差价）而不收取任何手续费。当然，这并不等于任何时候免费无条件退款，西南航空所谓的取消实际上是把机票的价值退为一个有效期一年的已付款的旅程证明（Travel Certificate）可用于兑换或抵扣下次购买的机票，而不是直接把钱退回原卡。由于不收取手续费，依然是业界的超前政策。西南航空依然需要遵守交通部的规定提供24小时无条件取消，也就是购票24小时内可以取消并退款至原卡（也可以选择退成西南航空Credit)。

（3）独一无二的值机方式。

西南航空不仅提供机场柜台值机，更鼓励乘客选择网上值机。在网上值机项目中，乘客提前24小时办理值机业务，不需要额外付费，选择网上值机极大地降低了现场值机的旅客量。在此种情况下，西南航空不需要更多的现场值机工作人员，西南航空在奥克兰机场平均每天航班量超过 90 个，年承运旅客量超过 652 万人次，但值机业务柜台只有十余个。通过网上值机，不仅提高了效率，还降低了成本。

(4) 不固定座位。

西南航空不指定机上座位，飞机座位都是开放的，不需要使用系统对座位安排进行分类和锁定，不需要浪费时间和成本打印登机牌，不需要逐一检查登机牌，以此鼓励消费者尽快登机，先登机的旅客，有机会优先安排随身行李，还可以随心选择自己喜欢的座位。

（资料来源："第一财经资讯"微信公众号资料整理）

思考：美国西南航空公司的成功是以哪些管理理论为基础的？

业务管理篇

3 景区接待业务管理

学习目标

（1）理解景区接待业务管理的概念和特征。

（2）熟悉景区核心吸引物管理的概念、原则和方法。

（3）掌握景区接待交通管理的概念、特点和内容。

（4）掌握景区接待服务管理的特点和内容。

3.1 景区接待业务管理概述

旅游景区作为地区形象的重要标志，是一个旅游目的地十分重要的吸引力资源，也是一个地区旅游创收的重要来源。无论旅游业如何发展，旅游景区都是旅游业核心的要素之一，它不仅是旅游产业链中的中心环节，更是旅游消费的吸引中心和旅游产业面的辐射中心。因此，景区接待管理水平的高低就显得尤为重要，它不仅会对当地的旅游经济产生重要影响，而且对区域旅游目的地的整体形象也会产生重要影响。如何提升景区接待业务管理水平，目的地景区管理部门以及旅游管理机构务必引起足够重视。

3.1.1 景区接待管理的概念

景区接待是指旅游景区的服务人员利用景区的旅游产品、服务设施和服务技能，对旅游者在旅游景区内的观光游览、休闲度假以及旅游购物等旅游体验活动提供服务接待的全过程。而景区接待管理则是从管理者的角度出发，指旅游景区管理者对景区内所有的旅游服务接待活动进行全面管理的过程。

景区接待管理水平又反过来影响着旅游景区的接待质量水平，而旅游景区的服务接待质量又是其旅游竞争力的重要体现之一。因此，重视旅游景区的接待质量并对其进行有效的管理是景区经营管理活动的重要内容。

3.1.2 景区接待管理的特征

一方面，全国的旅游景区数不胜数，景区类型多样使得各个景区有不同的接待管理方法和接待服务的质量。另一方面，旅游景区服务内容繁多，旅游者又来自天南海北，每个人的旅游需求也是千差万别，这就决定了旅游景区接待管理活动呈现出多样性、复杂性、规范性、整体性、时效性和创新性等特点。

因此，做好景区接待工作有利于塑造景区良好形象，扩大景区影响力；有利于吸引更多的游客、增加景区收入；有利于景区及时掌握游客动态，为景区市场营销及服务质量提升提供信息；有利于景区其他部门根据接待部门提供的游客情况来进行接待服务准备。

3.1.2.1　多样性

景区接待服务的方式不应该是一成不变的，而是应该根据景区的具体情况采取不同的接待服务方式。比如对于景区门票而言，可以是通票式的，也可以是单个项目收费的。例如，旅游体验型的主题公园可以一票包含所有的体验游玩项目，也可以根据游客需要自行决定体验哪些游玩项目待进入景区后再单独购票。而对于景区的导游服务而言，可以是导游员讲解，可以是电子设备讲解，也可以使用图纸讲解，游客可根据自身需要进行选择。因此，对于这种情况，接待管理也应采取不同的方式，所以，景区接待管理也自然就具有多样性的特征。

3.1.2.2　复杂性

景区接待服务的对象是人，他们既是消费者又是接待服务质量的最终评判者，这就使得接待服务过程变得异常复杂。接待服务主要受到以下两个方面因素的制约：

一是旅游者层次。旅游者当中包含了社会各层各界人士，无论是年龄、职业、受教育程度、家庭背景还是个性爱好都可谓千差万别，可以说众口难调，因此要让所有旅游者都满意是一项非常复杂和艰巨的任务。

二是意外情况。景区接待过程中，随时可能发生意外情况。例如，游船事故、索道故障、餐饮食物中毒等都会威胁到游客身心健康乃至生命安全。这些意外情况或事故虽然不是直接的接待服务所导致的，但如果处理不当，会使得整个接待过程中断。因此，景区接待必须考虑各种有可能发生的意外情况，做好预警、预防措施，同时要具备及时处理不良状况的条件和能力。

3.1.2.3　规范性

景区接待服务工作的复杂性与多样性，从另一个侧面来说又增加了景区接待管理的难度，为了使景区建立健全高效有序的工作运行机制和提高接待管理水平，进一步增强旅游者的满意度，旅游景区的接待管理必须依赖完善的工作制度、管理规范和服务守则等来开展工作。唯有如此，才能保证景区接待服务工作的规范，从而将接待服务工作的失误降到最低。

3.1.2.4　整体性

日常生活中常常会出现“99件好事也无法抵消出现1件坏事带来的负面影响”，在旅游景区服务接待管理中同样如此。旅游景区的服务接待管理工作繁杂多样，旅游者的需求也各不相同，在旅行游览过程中又容易出现各种突发状况，这就需要景区服务接待人员齐心协力，在通力合作的基础上尽可能将每个人的服务工作都做到完美，做到顾全大局。因为任何一个小小的接待失误都有可能导致旅游者的不满甚至投诉，这也是景区接待管理工作整体性的体现。

3.1.2.5　时效性

旅游景区是人员密集之地，各种各样的突发情况更是时有发生。因而，景区接待管理的时效性就显得尤为重要，它可以体现在要随时随地地为旅游者提供所需要的服务、解决旅游者临时遇到的各种困难或能够快速妥善地处理旅游者在参观游览过程中出现的难以自行解决的情况。因此，景区接待服务管理的时效性也能够清楚地反映景区接待管理的水平高低。

3.1.2.6 创新性

一般来说，标准化和规范化的景区接待管理能够解决大多数旅游者在景区旅行游览时的日常需求。但是，当出现一些临时的、特殊的或者不同寻常的旅游接待服务工作时，标准化和规范化的服务接待管理并不能满足需要，这个时候就要求景区的服务接待人员具备一定的创新意识和方法。具体来说，就是要能够妥善处理各种可能遇到的服务难题，而且做到令旅游者满意甚至感到惊喜。可以说，一个景区的接待管理工作具备创新力，就是景区接待管理实力和市场竞争力的重要体现之一。

3.2 景区核心吸引物管理

在旅游景区接待业管理的各个环节中，旅游景区核心吸引物管理一直是备受瞩目的一环，也是旅游者最能直接感受和体验的环节。但目前关于景区核心吸引物管理的重视程度还远远不够，从而导致了许多景区旅游竞争力不强，甚至违背了旅游规划和开发的初衷。因此，认识旅游景区核心吸引物管理的概念与内涵，明确其目标和原则，掌握景区核心吸引物管理的方法与技能，是提高景区旅游竞争力、吸引更多旅游者和赢得广阔市场的必要条件。

3.2.1 旅游景区及其核心吸引物的概念

旅游景区的定义目前还没有一个完整的、普适的或令大多数人信服的统一定论。但是，普遍认为旅游景区（tourist attraction）是指以旅游及其相关活动为主要功能或主要功能之一的区域场所，能够满足游客参观游览、休闲度假、康乐健身等旅游需求，具备相应的旅游设施并提供相应的旅游服务的独立管理区。作为旅游景区，应有统一的经营管理机构和明确的地域范围，包括风景区、文博院馆、寺庙观堂、旅游度假区、自然保护区、主题公园、森林公园、地质公园、游乐园、动物园、植物园及工业、农业、经贸、科教、军事、体育、文化艺术、学习等各类旅游景区。总之，旅游景区是旅游业的核心要素，是旅游产品的主体成分，是旅游产业链中的中心环节，是旅游消费的吸引中心，还是旅游产业面的辐射中心。

尽管国内外学者对旅游景区的定义仍未达成共识，但旅游吸引物是景区的核心要素是整个学术界普遍认同的观点。旅游吸引物最基本的作用是吸引游客到一个地区，由于旅游产品供给和范围的多样性，在国际上认可的旅游吸引物的定义很难确定。Mayo 等认为旅游吸引物依赖于游客的个人利益和这些利益的感知传递。Witt 等认为目的地吸引物是游客参观的主要动因。Swarbrooke 则认为旅游吸引物是旅游业的核心，是人们想去一个地方旅行的动机，为旅游者提供了前往异地的驱动力。旅游吸引物能够吸引游客到一个地区，因此在旅游目的地发展和兴盛中扮演着至关重要的角色。

景区核心吸引物可以被理解为旅游景区的最具特色的旅游资源，它作为一个景区重要的景观构成体，无论其类型结构、组合特点等静态特征，还是时空演变的动态变化，对整个景区的开发定位皆有十分重要的意义和影响。核心吸引物是景区发展旅游的客体基础。它对于景区旅游开发的发展速度、发展规模以及发展效益（包括经济效益、社会效益、环境效益）都有直接的影响。因此，景区对核心吸引物的管理，是景区经营管理中必不可少的重要组成部分，景区有必要学习全新的核心吸引物管理理念，加强对核心吸引物的全面管理，努力寻求开发与非破坏之间的平衡点，使景区实现“开发+保护”的可持续发展。

3.2.2 景区核心吸引物管理的目标和原则

3.2.2.1 景区核心吸引物管理的目标

景区核心吸引物管理是景区追求资源开发利用最优化，促进资源优势转变为产品优势，增强景区的市场竞争力的重要环节，所以确立核心吸引物管理目标是景区管理者的首要任务。旅游吸引物的特色与品味除了受到旅游资源本身的先天条件影响，在很大程度上还取决于后天的资源开发和潜力挖掘。景区优势旅游产品的营造必须经过对核心吸引物进行组织、协调、监控的管理过程，这也是景区核心吸引物管理的意义所在。景区核心吸引物开发利用最优化的管理目标主要表现在两个方面。

一是景区核心吸引物本身旅游价值的最大体现，是能够吸引人们前来旅游的各种自然与人文因素。一般来说，景区核心吸引物具有旅游价值，它的旅游价值与它对旅游者行为需求的满足程度呈正相关关系。核心吸引物的价值表现具有明显的复合性特点，它的价值表现度取决于吸引物对旅游者旅游行为要求的满足程度。因此，核心吸引物管理的首要目标就是要满足旅游者的个性化需求。

二是景区核心吸引物开发与环境保护趋于和谐，最优化的核心吸引物开发利用可以理解为在环境的承载力范围内，注重环境自我保护与人工保护相结合的最佳开发度（包括开发范围和开发深度）。在这种新资源开发利用模式下，能够保持核心吸引物常用常新，避免造成环境质量本质恶化，有利于景区在获取效益满足的同时得以持续发展。可以说，景区核心吸引物管理是对核心吸引物开发利用及保护的管理。

3.2.2.2 景区核心吸引物管理的原则

在景区核心吸引物的管理过程中应体现以下几项原则。

A 目的性原则

旅游景区吸引物管理的本质是为游客提供更好的体验和服务，而景区经营管理的主要目的是为了获取经济效益。为了能够获得一定的经济效益就必须能够招徕游客。因此，景区只有把以满足游客需求作为其经营管理的基本目标，才有可能制定出正确的经营战略，获得合理的经济回报。但是，这并不意味着一个景区可以为游客提供所有满意的服务。

在现实中，每个景区都有其自身的特点，因此只能满足部分市场的需求或部分游客的偏好。景区这种供给能力的有限性要求景区在其经营管理中必须对市场进行细分，尽量将自身的供给能力和目标市场结合起来，形成自身的特色与核心竞争能力。只有目标市场定位准确，才能设计出更有针对性的产品和服务，才能采取适当的经营管理方法，才能制定出合理的价格，才能获得预期的收益。

目的性原则还要求景区的经营管理必须与时俱进，随着社会经济的发展和技术的进步，不断调整其具体经营目标和具体做法。旅游景区作为自然资源和人文资源的综合体，具有通过概念包装和设计可以体现旅游景区整体印象的特征，在社会发展的不同历史阶段，由于自然资源属性和社会资源属性的表现有所不同，景区的引领特征也可能有所不同。例如，在全球生态旅游和回归自然概念的热潮下，具有良好自然资源的旅游景区具有较高的价值获取可能。而在追求文化之旅的前提下，那些具有悠久历史和为人们所能接受和欣赏的具有文化内涵的人文资源景区对人们具有很高的吸引力。整体印象特征不同，由此带来的游客流量的大小也会不同。审时度势，认真地研究和分析市场及其变化，不断根据变化的市场和社会环境改进其核心吸引物管理水平，是景区能够推陈出新、不断进取的必要条件。

B 持续性原则

旅游景区核心吸引物管理要有可持续性。旅游景区要实现可持续发展，必须包含两个重要的方面：资源保护和发展机制的建立。为了能够实现资源和环境的保护，需要景区避免掠夺式和粗放式的发展模式，转而注重科学的发展模式，在发展中尽量不能破坏景区的生态环境，尤其是景区的核心生态环境。发展机制的建立主要是建立竞争机制，通过竞争促使景区不断改善经营，提高效率。作为旅游景区管理核心要素的景区吸引物管理，同样需要遵循持续性原则。

C 突出特色原则

景区核心吸引物管理还需要注重开发效果和景区开发管理质量高低。盲目性或盲从性的低层次旅游开发管理容易导致景区核心吸引物开发利用陷于一般化和平庸化，同时会遏制资源个性的表现，不利于景区高品质旅游产品的组织和营造。强化吸引物管理特色，应注意把握以下两个基本点：坚持吸引物管理综合导向和坚持吸引物个性优先。一方面，目前旅游者在旅游活动中表现出日益强烈的文化体验需求。在此背景下，旅游吸引物的管理应注重资源文化内涵的挖掘与文化价值的凸显，按照“市场需求与资源条件为前提，文化内涵凸显为中心”的思路进行核心吸引物开发管理。另一方面，景区核心吸引物开发管理中要十分注意突出吸引物的民族特色、地方特色，突出“唯我独有”的鲜明个性；在景区核心吸引物管理中要优先选择个性突出的代表性资源。

D 规范管理原则

由于旅游景区的类型复杂多样，景区吸引物的呈现也是多种多样。所以，景区核心吸引物管理工作必须走规范化、科学化的道路，才能获得客观、全面的管理效果。例如，依据国家有关法律条款、国家和地方的各级景区管理条例以及景区自己制定的各种规章制度，对景区核心吸引物实行规范化管理，并且采用先进的多媒体资源信息管理系统对核心吸引物进行科学化管理。

3.2.3 景区核心吸引物管理和设计的方法

景区核心吸引物管理的方法是为了使景区实现产品或者资源优化管理，包含从吸引力打造到景观、建筑、设施设备再到商业模式、营销模式、运营管理等一系列过程，管理的方法可以灵活多样。但总体说来，核心吸引物管理大致可从以下几方面展开。

3.2.3.1 旅游吸引力设计

一是围绕景区吸引力核心进行吸引物打造。旅游吸引物是旅游产品的载体，吸引物打造的关键在于其精准的定位，这要求对资源、市场、文化等要有深度的认知，吸引力能主导整个游憩过程。

二是游线的组织设计。旅游产品的游线是组织游览的过程，同时也是让整个游览能达到预期效果的过程，因此游线的组织设计非常重要。在游线设计中有一个非常重要的技巧——旅游心电图。比如登山，整个游览过程短则一个小时长则一天，原则上说一般游览过程每十五分钟应该让游客有兴奋点，半个小时要有较大的兴奋点，一个小时一定要有休息区并配有相应的消费品，由此让整个游览过程丰富有趣。旅游就像剧本，旅游的设计实际上是编辑剧本，整个剧本要设计得跌宕起伏，非常具有吸引力。

三是旅游景点的设计。关键是让游客更有效的观赏游览并参与体验。比如说在溪谷旁边修一条栈道，穿越溪谷看到的溪流和远观溪流的感受是完全不一样的，设计中要将人和溪水的关系做好，既要形成人与自然的互动呼应，让游客能参与体验，又不破坏自然环境，还要凸显自然价值，在最好的位置感受溪水的生命力，让这种自然美景带来身心愉悦。

四是休憩节点设计。要在最美丽的地方停留，通过观光台、休闲小广场、休闲街等方式停下来休息，并在休闲区设有经营商铺，这种设计就构成了休憩节点设计。

五是游乐设计。无论是自然观光的景点，还是文化遗存类景点，或者什么都没有全新创造的景点，游乐性都是非常重要的，旅游者越来越注重参与和互动，纯观光的景区很难吸引游客停留。无论鬼屋探险，还是天空漫游，或者其他方式，都可以把各种各样想象的方式做成深度参与的游乐，通过创造出在现实中没有的情景和体验过程，给人身心刺激性感受，创造出巨大的震撼性。

六是娱乐设计。娱乐和游乐差异较小，但游乐更多体现在互动性的动态结构，娱乐更多体现在文化层面和演艺这样的方式结构。如实景演出、互动性演出、餐饮中巡场演出、篝火晚会式的互动参与、角色扮演的体验性活动等。

通过以上方面从主题景区到游线、休憩节点、再到游乐化娱乐化设计的结合，构成了景区设计完整的架构。这种完整架构的设计在景区首先靠策划技术，要敢于创新，通过高水准的创意创造形成经典让游客念念不忘，由此形成口碑传播吸引更多游客。

3.2.3.2 景观和建筑设计

景观设计是以打造旅游吸引力为需求，通过非常丰富的元素构造景观特色，有效地运用景观体现其价值，充分显示其独特性。不仅包括自然景观设计还包括文化景观设计。文化景观设计开始由文化观光的景观设计向文化体验景观设计发展，文化体验景观设计通过运用多种手段及媒介营造一种氛围与情景，让人沉浸其中，享受一系列难忘的经历，它具有参与性、互动性、消费性等特点。文化体验化景观设计主要通过情景化、动感艺术化、互动艺术化及游乐化方式打造。

独特的外观建筑是一道风景线，标志性的建筑是非常具有吸引的景观。在景区建筑设计中通常对文化进行挖掘找到创新点，再将其转化为建筑语言，使景区的建筑本身具有鲜活的生命力。

3.2.3.3 商业模式和营销模式设计

景区核心吸引物设计不能只是做景观，一个景区项目最主要的是落实到商业模式，没有商业模式这个景区很难进行投资回报。商业模式设计中：一是收入模式设计；二是收益项目，正如景区交通的收益项目，它们既是交通工具又是游览工具，所有的交通工具都涉及收费模式；三是消费模式设计，景区的购物点的设计主要通过业态进行设计，包括休闲性购物、娱乐项目消费、游乐项目消费等。

在收入模式设计的同时，还要进行营销模式设计，包括广告策划、口号策划、营销渠道策划、促销模式策划等。通过互联网、电视广告、主流媒体、新媒体等模式进行营销设计，营销设计与景区管理设计可以称为软系统设计。由此，“软系统设计”与景区的“硬件设计”形成景区的整个核心吸引力。

3.3 景区接待交通管理

景区交通在景区接待业务管理中的重要性是不言而喻的。旅游景区的交通条件和交通设施是景区内空间联系的主要方式和载体，它将旅游客源地与旅游景区以及景区内的各景点联系起来，是旅游活动进行的不可缺少的物质基础，是旅游事业发展的先决条件。景区交通运输条件较差、运力较弱将对景区旅游事业产生阻滞效应。所以交通管理是旅游景区接待管理的主要内容之一。本部分主要讲述景区交通管理的概念、特点、目标及具体内容。

3.3.1 景区接待交通管理的概念和特点

3.3.1.1 景区接待交通管理的概念

通俗地讲，所谓景区交通即指景区管理者为了使旅游者的旅游活动得以实现，而通过某种交通工具及地面设施，达到从一个地点转移到另一个地点之间的空间转移过程的目的。景区交通一般不包含旅游者的常住地与旅游目的地之间的往返过程以及从一个旅游目的地到另一个旅游目的地的流动，景区交通主要是指在同一旅游目的地内，从一个旅游景点到另一个旅游景点以及旅游目的地与途径地之间的移动过程。一般认为，景区交通应理解为旅游者在暂时逗留地和游览地之间的往返运输和景区内的运输。景区交通的核心内涵是：在旅游景区范围内伴随着人们的旅游需求而产生的交通线路、交通设施以及相关工具和服务的总和，它覆盖于旅游者在景区旅游的全过程。

景区接待交通管理是指管理者从旅游景区交通的主要特征和实际矛盾出发，遵守景区交通总需求与总供给在总量和结构上要均衡协调的基本规律，运用管理科学及其他相关学科的理论和方法，对多种交通资源进行优化配置与有效整合，以形成基本适应旅游景区发展需求的交通网络系统的过程。具体是指旅游景区主管部门和企业对旅游景区交通发展和运输经营所进行的统筹规划、指导、协调、组织、监督和服务等一系列综合性的活动。

3.3.1.2 景区接待交通管理的特点

旅游景区的交通线路、交通方式和交通终端设施都具有鲜明的区域性和整体功能以此区别于常规的交通运输。以下几个旅游景区交通特点是景区交通管理的依据和管理原则制定的基础。

A 客流量时间变化的节奏性

游客进入和离开景区，客流量上具有时间变化大的特点。一天之中的早晨进入景区的游客量增大，傍晚离开景区的游客量增大，中午出入景区的游客流量减少。一周之中，周末进出旅游景区的客流量增大。而一年之中的旺季、小长假、黄金周等进出景区的客流量远远大于淡季进出景区的客流量。这一特点是景区管理者安排运力所必须考虑的。

B 运输方式的多样性

大多数景区内的交通方式具有多种多样的形式。同一交通方式具有高、中、低档次的差异。不同的旅游景区其景区交通方式组合不同。这一特性决定了管理者如何优化组合一定景区内的交通并增加游客的可选择性。例如，四川乐山大佛旅游景区就是汽车—水运—滑竿—步行台阶的组合形式。

C 游客需要的多层次性

旅游者的结构具有多元性，对于景区交通和旅游通道的交通方式要求不同。例如，收入较高、出于精神享受需要的游客，要求豪华型高档次的交通方式，对价格较高的民间运输方式也非常青睐。因此管理者对不同层次需求的交通要进行运量和运力的合理规划，采取不同的管理方法，这样才能满足游客的不同需求。

D 中转变化的多次性

大中型旅游景区都是由数个景点组合而成的，同时交通方式组合也是多样的。因此旅游者在整个景区的旅游过程中产生了中转变化的多次性。游客要求在中转途中达到节省时间和购买车票的极度方便。管理者应对中转站合理规划、布置和管理。

E 旅游通道时间上的单向性

旅游通道是景区与外部区域主要城市或车站、码头、航空港联系的主要途径，也是旅游者进入或离开景区的必经之地，这样形成了旅游通道在时间上游客流的单向流特征。要求管理者合理规划车辆，协调好游客流向与交通运向的统一。

F 计划安排的准时性

由于旅游交通带有严密的连贯性，前一站的误点和滞留要影响下一站的旅游活动，由此会发生一系列的经济责任事件，如房费、餐费和交通费的结算问题；对国际旅客还可能诱发一定的涉外事件，如有些入境旅游者不能按时出境返回本地，影响就业、工作等。从根本上说，计划安排的准时性是旅游服务质量优劣的重要标志。

3.3.2 景区接待交通管理的构成要素

景区交通接待管理的构成要素包括管理主体、管理客体、目标、原理和手段。其中，管理的主体是旅游景区管理部门、旅游交通主管行政部门和提供旅游交通支持的企业。

景区交通管理的客体是旅游交通业、旅游交通的需求与供给。具体包括各种交通方式及其基础设施建设、综合运输网络的形成、各种交通方式之间的优化配置、基础设施的地区间配置，交通工具的使用者——游客，各种专门的旅游交通运输企业所提供的服务产品及其标准，微观交通企业的运营管理等。

景区交通管理的目标是一个复合体系，有三个层次：总体目标，使景区交通的供给和需求基本均衡，交通基本满足旅游业的发展需求；基本目标，使得进入旅游目的地景区的游客“进得去、散得开、出得去”，平衡旅游目的地的客流淡旺季和旺季时期的客流量；终极目标，融入旅游。旅游者对旅游景区交通主观上的排斥和客观上的必须是一对矛盾，而弱化或解决这一矛盾的有效途径就是通过一系列措施将景区交通融入旅游过程，即让景区交通成为旅游者整个旅游活动中的重要组成部分，并以此提高旅游者对旅游景区交通的认同度和满意度，激发其对旅游的兴趣和热情，促进旅游业持续、健康发展。

景区交通管理的原理是指某种客观事物的实质及其运动的基本规律。管理原理是对管理工作的实质内容进行科学分析总结而形成的基本真理，是管理活动的价值观和原则。推而广之，景区交通管理的原理就是对景区交通的管理工作的实质和客观规律的总结和概括，是旅游景区交通各种管理制度和方法的抽象，对管理活动操作的各个方面都具有普遍的指导意义。

景区交通管理的手段即是达到上述目标的途径，主要是指一个旅游目的地景区旅游交通的管理模式和体制。具体地，景区交通管理的手段包括行政手段、法律手段、经济手段等。

3.3.3 景区接待交通管理的内容

3.3.3.1 旅游通道管理

旅游通道管理方面主要是以增大旅游通道的运力和运量、合理布局作为景区交通接待管理的主要内容。同时应当遵循以下几个原则进行景区旅游通道的规划：

一是要保证通畅性；二是多方位性原则，即指旅游通道应该从不同方位进入景区，加大进入景区的途径；三是直达性原则，要求旅游通道与周围交通港口、车站、码头、航空港相通直达，真正起到旅游通道、专线专用的效用；四是高速性原则，即旅游通道无论是在工程设计时，还是在通道走向选择时，应该达到高速、运力较大。在具体布局规划旅游通道时，应兼顾景区及其周边地区的地理交通条件，因地制宜，合理布局。

3.3.3.2 景区交通线路管理

景区管理者在对特定景区进行交通线路的规划和布局时，应该遵循：最大连通性原则；多种方式相组合的原则；线路与景点风格一致性原则；行走与观赏相结合的原则：方便舒适性原则等五大原则。合理规划与布局线路，达到交通线路与景区的景点、旅游设施的最佳配置，最大限度地满足旅游者的交通需求。

3.3.3.3 交通终端设施管理

景区合理布置和改建、扩建旅游区的交通终端设施是管理的主要任务之一。具体布局时应考虑：一是因地制宜性原则，布置和设置交通终端设施时，应根据景区的具体情况，诸如地理位置、旅游通道的终端位置、客流量大小、交通运输工具和线路的组合特征等，来布局交通终端设施，确定其规模大小；二是集中与分散相结合的原则，指终端交通设施在特定景区内尽量集中设置，但同时也要相对分离，便于游客进入和出离，也便于进入景点，缩短交通港、站场至景点的距离，提高旅游效率；三是与景点相对隔离的原则，为了不影响景区内的景点特色，交通终端设施应该与景点相对隔离，这样既不破坏景区景点的整体性也不至于使交通终端设施距离较远；四是和谐性原则，要求交通终端设施的布局和建筑风格与景区的自然美和文化美相和谐，从而达到旅游资源与人工建筑景观风格的高度统一；五是生态效益性原则，即无论是交通线路，还是景区内的交通终端设施在追求经济效益、满足旅游者要求的同时，应该注重生态效益，保持景区内的自然生态平衡。

3.3.3.4 运营管理

旅游交通管理实质上是对旅游交通三要素（运输工具、旅游者、从业人员）的综合管理。目前，我国旅游景区对运输工具、旅游者的管理比较重视，而对于从业人员的管理尚处于起步状态，只有交通部门进行照、证、费的管理。旅游交通运输活动和其他社会活动一样，归根结底是人的一种经济活动。加强对旅游交通从业人员的管理，主要是加强对那些直接进入景区和直接在景区从事道路运输生产作业的生产者和经营者的管理，重点应该抓好三个环节：一是景区开业前对从业人员进行资格审核；二是开业后对从业人员进行继续教育，包括业务培训、技能训练、旅游运输职业道德教育等；三是对从业人员的行为进行监督管理。

3.3.4 景区接待交通管理的意义

景区接待交通管理对目的地旅游业的发展具有重要的意义，主要体现在以下几方面。

第一，旅游交通管理通过计划、指挥、组织、协调、监督等手段为景区交通的顺利运行提供保障。旅游交通行业的运行需要统一的行业规则，经营者的经营活动需要有良好的外部环境和正确的管理措施。只有在景区旅游交通管理部门的统一指挥、协调下，并创造一个统一的运行环境和管理体系，才能保证景区旅游交通的高效运转和正常发展。

第二，景区接待交通管理是实现旅游供需双方利益的首要条件。一般来说，景区各景点间总是有一定的空间距离，为了快速到达各个景点，旅游者必须凭借各种交通方式来实现。于是景区交通状况直接影响着旅游者的旅游需求，而景区的旅游产品也必须依靠旅游者的到达才能得以销售。因此，合理地安排景区交通可同时满足旅游供需双方的要求，是顺利实现双方联系的保障。

第三，加强景区接待交通管理可以提高经济效益，丰富旅游内容。通过有效地管理和合理地组织各种交通方式，以尽可能少的投入去满足旅游者的需求，能够使旅游交通运营保持较高的经济效益。根据市场需求，合理规划、科学安排各种特殊旅游交通方式，不仅能够丰富旅游内容，同时也是增加旅游收入的必要措施。

3.4 景区接待服务管理

3.4.1 景区接待服务管理的特点

旅游景区服务同其他服务产品一样，具有无形性、不可分离性等基本特征，同时也具有其他服务所不具备的个性特征，主要表现在以下四个方面。

3.4.1.1 服务内容的多样性、复杂性和综合性

旅游景区的服务形式多样、内容丰富，既包括游览、休闲等核心服务，又包括导游、购物等基本服务。不同情况下，每一种服务的要求和标准不同，而且景区的服务是由许多服务细节组成的，具有明显的综合性，只要游客不满于其中任何一个细节，那么游客就有可能降低对旅游景区的整体服务质量的评价。

3.4.1.2 服务对象的流动性和服务过程的流畅性

旅游景区的服务通常是由一系列活动项目组成，景区内任何一个项目出现问题都会对

整个服务过程造成不同程度的影响。因此，旅游景区的工作人员必须以快速、灵活的方式提供服务，同时保证服务系统的流畅、连贯，争取让游客缩短等待时间，以避免游客出现抱怨与不满。

3.4.1.3 服务产品的异地性和室外性

一般来说，稀缺的旅游资源都存在于地理位置相对偏远的地区，旅游景区的服务设施一般都处于异地，而且绝大部分以室外为主，分布于景区内的各个角落。游客必须亲临景点以及服务设施现场才能接受服务。随着社会的发展和科技的进步，更多的游客开始追求个性化的旅游服务，与此同时，旅游景区的服务质量还要受到外部环境的影响。

3.4.1.4 服务消费的非完全排他性

一般来说，旅游景区的服务消费介于公共物品消费和私人物品消费之间，只有当游客向景区支付了一定的费用才有资格享用景区的物品或者是服务，所以旅游景区的服务具有一定的非完全排他性。游客对消费群体的数量有一定的心理容量，一旦超过了该容量游客就会产生不满。另外，交易成本也影响着服务消费排他性的程度，通常交易成本越高，游客的期望值就越大，期望值越大，服务消费的排他性也就越强。

3.4.2 景区接待服务管理的内容

旅游景区提供的服务具有无形性、复杂性和综合性等特点，其服务内容也不尽相同。那么，不同类型的旅游风景区、主题公园和旅游度假地等除了有一些共性，也都有各自的个性特点，其旅游接待服务的内容也有不同。总体而言，旅游景区服务接待管理的内容主要包括景区咨询服务管理、景区票务服务管理、景区解说服务管理、景区投诉服务管理等，下面将分别对其进行简要的阐述。

3.4.2.1 景区咨询服务管理

景区咨询服务主要是景区服务人员向以各种渠道了解和咨询景区信息的游客提供咨询服务的全过程。根据景区咨询服务管理的特点，这里主要介绍电话咨询服务管理、现场咨询服务管理和网络咨询服务管理三种方式。

A 电话咨询服务管理

电话咨询服务管理主要分为电话咨询服务礼仪管理和电话咨询服务流程管理。其中，礼仪管理包括如下三部分。

一是语言礼貌尊重。接听电话咨询时，旅游热线应使用问候语或其他礼貌性且体现服务内容的简短问候语，禁止强行挂掉对方电话。如果游客咨询的问题不能立即回答，需要较长时间查找资料时，应先征求游客意见。

二是态度积极热情。服务人员应做到耐心、细心、热情、友好。应通过语速、语音、语调及内容向游客传达热情、积极、主动的工作态度；在通话过程中要始终保持吐字清晰，语速适中，声音悦耳，给游客传达一种积极向上与乐观的正能量。

三是仪表端庄得体。在接听电话过程中，接线员绝不允许做与工作无关的事，也不允许姿势情懒、任意走动，必须面带微笑，保持挺直、端正的坐姿，在电话接听时务必保持端庄得体的仪容仪表和良好的精神状态。

电话咨询服务流程管理分为接听流程和回复流程。接听电话前，服务人员应做好相应的准备工作；接听电话时，应在铃声响起两声后、三声内接通电话，然后按照通话礼仪和规范礼貌地与客人开始通话；通话中收集客人信息时，根据客人提问的复杂程度适当进行记录，并及时恰当地给予相应的反馈；待客人先挂断电话后服务人员才放下听筒，并做好相关咨询记录。

电话回复时，拨打电话前应做好相应的准备，对客人咨询的问题进行完整的梳理；电话接通时应先礼貌问候客人并确认客人是否为前期咨询人方可进入正题；通话中应简洁明了地对客人咨询的问题进行回复；待对方挂断电话后服务人员才能放下听筒，并做好相关咨询记录。

B 现场咨询服务管理

现场咨询服务具有咨询内容广泛、游客期望值较高、服务引导性强等特点。现场咨询服务流程包括前期准备、现场咨询和事后总结等环节。其中，前期准备包括设定游客咨询服务点、做好相关服务人员的培训工作、全面系统地掌握景区内外部最新的信息、做好服务场所环境卫生等工作；现场咨询包括密切关注咨询服务点周围的游客潜在的需求，用心倾听游客的咨询内容，积极与游客进行耐心周到、细致及准确的沟通直至客人满意，礼貌地与客人道别等内容；事后总结则包括对游客咨询情况进行完整的记录和定期或不定期地分析整理游客的需求和工作建议，并积极上报上级领导和部门。

C 网络咨询服务管理

网络咨询服务即景区综合运用多种信息技术以及智慧旅游公共服务平台帮助游客在旅游前、旅游中和旅游后及时、准确、全面地获取所需要的信息的服务。网络咨询服务的形式包括景区 App、景区微信公众号、电子商务网站等，能为游客提供出行游览线路选择、门票购买、景点产品介绍以及餐饮、住宿、娱乐休闲、购物等全方位的信息，便于游客在出行前做好旅游行程规划。网络咨询服务管理能够维护和保证智慧旅游咨询平台正常运行，规范和管理后台工作人员的服务操作，收集景区咨询服务大数据并进行分析，以充分挖掘游客的旅游需求，指导景区在旅游规划、产品设计和营销渠道等方面进行创新。

3.4.2.2 景区票务服务管理

景区票务服务管理对于整个景区服务来说至关重要，主要分为网络订票服务管理和现场售票服务管理两部分。

A 网络订票服务管理

信息技术的不断发展使得景区的订票服务渠道越来越多，除了传统的旅行社、酒店或商场等代理订票以及电话订票等方式，网络订票和移动终端订票越来越受到游客的青睐。网络订票大多是通过携程、同程、去哪儿、途牛等旅游电子商务网站完成，移动终端订票则大多是通过手机随时随地进行订票。当订票成功后，游客即可在规定的时间到专门的取票地点取票或扫码进入景区，十分高效、便捷。倘若在订票或取票中遇到问题，还可以拨打电话进行咨询寻求帮助。

B 现场售票服务管理

目前，现场售票服务一般有传统的人工售票服务和自助智能售票服务两种类型。人工售票要求售票人员严格按照景区售票员职业规范和操作规程对游客进行售票服务。自助智能售票服务则有自助售取票机、第三方购票平台、微信购票、扫码购票等多种方式，自助售票方式缓解了人工售票排队的麻烦，大大节约了人力和方便了游客。景区售票管理者必须时刻监控和保持各种自助智能购票渠道的畅通，从而为游客快速、顺利地购票提供保障。

3.4.2.3 景区解说服务管理

景区解说服务是景区服务接待的重要组成部分，是影响景区游客旅行游览体验效果的核心要素。良好的景区讲解服务能够让游客更加深刻地认识和体验景区的历史文化、风俗民情和自然风貌。景区解说服务管理就是通过对景区解说服务的规范管理来提高景区的解说服务质量，增强游客满意度，以及更好地满足不同游客多样化的需求。景区解说服务管理一般分为导游解说服务管理和自助解说服务管理两大类别。

A 导游解说服务管理

导游解说服务管理一般包括如下内容。

一是规范导游解说服务行为。导游讲解员应服从统一管理，遵守纪律和各项管理制度，在开展讲解活动时，履行好自己的工作职责，坚持做好导游讲解、安全提示和宣传教育的工作。

二是培养高素质的导游解说队伍。景区要更好地服务游客，就必须培养一支高素质的导游解说队伍，一方面要在导游讲解员招聘时严把质量关，高标准、严要求选拔一批合格的导游讲解员；另一方面要定期对景区的导游讲解员进行思想和技能方面的培训，促进其专业知识的增长和讲解技能的提高，努力形成一支知识型、学者型的讲解队伍。

三是制定科学的绩效考核管理制度。景区要制定科学的绩效考核管理制度，对导游讲解员的思想道德、知识储备、讲解技能、服务态度等进行全方位的考评，并辅以合理的精神和物质奖励，以充分调动讲解员的工作积极性和热情，为游客提供更好的讲解服务。

B 自助解说服务管理

自助式解说是指游客通过文字材料、图形符号、佩戴设备等接受静态的、被动的、非人员解说的信息服务。自助式解说形式丰富多样，包括标识牌解说、信息资料解说、试听解说、语音解说等。自助式解说服务管理的重点在于确定需要解说的对象、选择合适的解说形式、展示科学合理的解说内容等方面。随着信息技术的不断进步，自助式语音解说越来越受到游客的欢迎，主要有录音解说、感应式电子导游、无线接收、微信语音导览等形式。

3.4.2.4 景区投诉服务管理

景区投诉服务管理也是景区接待服务管理的重要内容。旅游容量大且类型复杂、接待服务工作多都会使景区出现接待不周的地方。投诉服务管理工作就是正确处理游客的不满和抱怨，努力将其变成景区服务质量提升、竞争力提高的巨大动力。景区投诉服务管理主要包括重视游客投诉心理、分析游客投诉原因、掌握投诉处理技巧等几个方面。

A 重视游客投诉心理

景区在处理游客投诉时，首先要重视游客的投诉心理。无论投诉事件如何处理，游客都希望能够得到尊重、获得心理上的平衡和相应的物质补偿。因此，景区在处理投诉时：首先，要认真倾听，了解事情经过，明白游客的诉求；其次，要对游客所经历的事情致歉；最后，要对游客所提出的诉求表示理解，并承诺还游客以公道，让游客在心理上得到冷静和平衡。

B 分析游客投诉原因

景区应主动分析游客产生投诉的原因，一般大致分为三大类：一是针对景区服务人员的服务投诉，包括服务人员的服务态度、精神面貌、服务技能操作等方面；二是针对景区服务产品的投诉，包括景区产品价格、餐饮和住宿条件、交通管理等；三是景区环境和设备设施方面，包括设备设施配备不全或损坏、景区存在安全隐患、景区环境脏乱差等。当分析完游客投诉的原因后，与游客进行多方面的沟通和交流，积极寻求既令游客满意同时又维护景区合理利益的解决办法。

C 掌握投诉处理技巧

景区接待人员在处理投诉问题时应把握好投诉处理的技巧，归纳起来就是倾听、认同、引导和共赢。首先，要虚心接受游客的投诉，耐心倾听对方诉说，做好记录；其次，要学会换位思考，认同游客的感受，理解游客的心情，并真诚向游客致歉；再次，要善于引导，将话题转移到解决问题的关键点，并用专业的知识、真诚的态度与游客共同寻求解决问题的方案；最后，在为游客解决问题时，也要合理地维护景区的利益，达到双方共赢的目的。此外，问题解决后，景区还必须针对投诉问题改进工作，坚决杜绝此类问题再次发生。

复习思考题

3-1 景区接待管理的主要特征有哪些？

3-2 景区吸引物管理的目标和原则是什么？

3-3 在进行景区接待交通管理时，需要注意哪些事项？

3-4 景区接待服务管理的特点有哪些？

3-5 景区接待服务管理主要包括哪些内容？

4 酒店接待业务管理

学习目标

（1）了解酒店的概念、特征、业务构成和职能。

（2）熟悉酒店前厅的职能、组织结构，掌握酒店前厅接待业务管理的内容。

（3）了解酒店客房部的地位、作用和组织结构，掌握酒店客房接待业务管理的内容。

（4）了解酒店餐饮部的地位、作用和组织结构，掌握酒店餐饮接待业务管理的内容。

4.1 酒店接待业务管理概述

酒店接待业务是由酒店前厅、客房、餐饮、康乐、购物等共同构成的。酒店的接待业务必须为酒店产品的市场竞争优势而服务，以达到社会和经济效益目标。因此，不同酒店的业务内容构成和所占的比重均有所不同，且会随着市场的快速变化而发生变化，酒店接待业务管理先要对酒店业务构成进行决策，在形成酒店业务构成的内容后，再对酒店接待业务的实际运行进行管理。本部分将从酒店的定义、特点、业务构成、职能等阐述酒店接待业务管理的基础。

4.1.1 酒店的定义

酒店是旅游业最基本的住宿业态，也是伴随着人类旅行活动的开展而出现的一种商业形态，虽然酒店业的发展已经历了相当漫长的时间，但人们对酒店仍未形成统一的概念。

一方面，国外权威辞典对酒店给出了定义。如《大不列颠百科全书》对酒店的定义为：酒店是在商业性的基础上向公众提供住宿，也往往提供膳食的建筑物。《牛津插图英语辞典》对酒店的定义为：酒店是提供住宿、膳食等而收取费用的住所。《韦伯斯特美国英语新世界辞典》对酒店的定义为：酒店是提供住宿，也经常提供膳食与某些其他服务的设施，以接待外出旅游者和半永久性居住的人。《美利坚百科全书》对酒店的定义为：酒店是设备好的公共住宿设施。它一般提供膳食、酒类、饮料及其他人们所需要的服务。

另一方面，国内关于酒店的定义目前仍无定论，不同的学者从不同角度对酒店做出不同的解释。如酒店是指达到相应设定标准，能够为旅居宾客及社会大众提供住宿、饮食、购物、娱乐等项目与服务的综合性服务类的企业组织。酒店是提供有形的包含餐饮、客房、各项设施与无形的服务，给离家食宿者消费而获得利润的经济单位。酒店是通过向公众，特别是外出旅游的人提供以住宿服务为主的多种相关服务来实现自己利益的资金密集型服务企业。

综合国内外有关酒店的诸多定义可以看出，作为酒店，应具备以下条件：

拥有一个或多个建筑物组成的接待设施；基本功能是提供住宿和餐饮服务，同时可提供其他服务；服务对象为公众，主要是外出旅行的人，同时也包括本地居民和半永久性居住的人；性质上属于商业性的服务企业，以营利为主要目的，使用者需支付一定费用；拥有独立的经营自主权，是经由法定程序批准的法人代表单位。

综上所述，根据国内外定义以及酒店所具备的条件，可将酒店定义为：以建筑物及其设施、设备为凭借，为宾客提供食宿、娱乐、购物、消费、通信、商务、旅行服务而获得经济效益和社会效益的综合性经济实体。

4.1.2 酒店的特点

酒店业是服务性企业，与其他独立营利性经济组织一样，具备经营上的自主性、组织上的完整性、经济上的独立性及对外关系的法人地位等基本特性，除此之外，酒店还有一些不同之处，具体表现为以下几个特点。

4.1.2.1 服务性

酒店是服务性企业，酒店产品就是有形的设施设备与无形的服务之间的有机结合，其中生产和销售的主要产品就是服务，设施设备所起的作用就是促进服务的销售。酒店服务产品具有无形性、生产与消费的同时性、价值的不可储存性、质量的不稳定性等特点，这些因素都决定了酒店与其他企业的不同，同时也决定了酒店经营管理的独特性。酒店的经营活动是以租借酒店设施使用权的形式进行，也就是说客人只是在一定时间和空间内购得有形设施的临时使用权，却无法像购买其他实体产品那样拥有对有形设施的所有权，酒店员工提供的服务贯穿客人的整个消费全过程。

4.1.2.2 综合性

酒店的综合性主要是指酒店所提供的服务的多样性和复杂性。现代的酒店除了要满足客人最基本的住宿和餐饮的需求，还要满足客人的多种个性化需求，诸如购物、娱乐、会议、健身、交流等。服务质量已经成为衡量酒店优劣的重要标准。随着消费者的要求越来越高，综合服务已经成为酒店参与市场竞争非常重要的手段，也就是说，一家酒店的功能设施越是完备，就越能满足多种多样的消费需求，也就越具有市场竞争力，越能获得客人的青睐。

4.1.2.3 操作性

操作性是指酒店业的手工操作比重大，一般来说，酒店员工的手工操作在酒店产品生产过程中占据了较大比重。随着经济的发展和科学技术的进步，酒店的智能化管理不断升级，所拥有的设施设备和前后台正逐步实现智能化控制。但酒店业是劳动密集型行业，主要产品是服务，而服务的完成以及衡量服务质量高低的关键因素就是员工的表现。尤其是酒店客房部和餐饮部两大部门，更是集中体现了酒店业手工操作的典型特点。

4.1.2.4 享受性

酒店的享受性是指现代酒店的客人的要求一般要高于日常生活，而不只是简单的物质需要，这是现代消费的必然需求，也是酒店产品与一般商品和服务的主要区别。一般情况下，酒店用品的等级要高于日常生活用品的等级。如客房的装修、物品的配备、获得的服务等。客人支付一定的金钱就是要换取相对应价值的服务与享受。在酒店的消费环境下，客人相对日常生活环境较为放松，对硬件设施与服务质量都会提出一定的要求，并表现出不同程度的挑剔，这些都是享受性的典型体现。

4.1.3 酒店的业务构成

酒店作为服务型行业，酒店业务是酒店工作的主要内容，是酒店存在和运行的基础，同时也是酒店区别于其他企业的基本特征。常见的酒店业务包括住宿、餐饮、商务、会议、娱乐、康体、零售等。酒店通过特定的业务向社会提供特定的使用价值，从而实现企业本身的存在价值。根据是否经营所有常见酒店业务，我们可以把酒店分成全服务型酒店与有限服务型酒店两大类。全服务型酒店是指提供酒店所有常见业务的酒店，包括客房、餐饮、酒吧、会议、健身、娱乐、商务等多种功能。有限服务型酒店一般只提供早餐和客房服务，或者只提供客房服务。

4.1.4 酒店的职能

4.1.4.1 决策职能

酒店经营管理的决策是一个系统的过程，其主要内容有：一是进行市场调查、市场分析和市场预测，整理出可供参考的系统性资料；二是在分析这些资料的基础上制定出酒店的经营目标，通常应先拟定几个可供选择的方案；三是根据对几个方案的比较权衡，选择其中一个可以接受的最优方案，确定实现这一方案的基本方针、策略方案、达到目标的几个途径；四是集思广益，共同努力，使目标方向更明确、更现实；五是根据决策方案制订酒店的各级实施计划；六是按计划进行工作，具体落实，逐步实现。

4.1.4.2 组织职能

酒店的组织职能包含两方面的含义：一是指酒店的组织结构和组织管理体制，即酒店管理机构的设置、各管理层次的职能权限、人员的分工协作，以及所有这一切的相互关系；二是指为了达到酒店决策的目标，合理地组织和调配酒店的人力、财力、物力，形成高效的接待能力。组织工作的优劣在很大程度上决定着酒店管理的决策、计划实施的成败。因此，组织职能是管理活动的根本职能，是其他一切管理活动的保证和依托。

4.1.4.3 领导职能

酒店经营管理的领导职能是指酒店管理者为促进和指挥属下员工履行岗位职责，对酒店员工给予指导和监督，以确保最佳的工作效率。酒店领导最有效的方法是实行逐级管理、逐级负责制，每级都应有职、有权。领导应当使下级明白自己的意图，把他们的积极性、创造性充分调动和发挥出来，更好地实现管理目标。

4.1.4.4 控制职能

控制职能是管理人员接受酒店的市场信息和内部信息，按决策目标和核定的标准对酒店经营营业活动进行监督、调节、检查与分析，发现实际情况与目标之间超过允许值的偏差并予以处理的活动。简单地说，控制职能是先确定目标，根据目标实施检验和调整的功能。控制的基本要求是使酒店实际的经营活动能和决策计划相一致。执行控制职能的关键在于信息的反馈，通过信息的反馈，才能对每一个计划的执行情况进行比较，分析产生偏差的原因，对计划进行修正和控制。可以说，没有控制就没有管理。

4.1.4.5 协调职能

酒店是一个多部门、多功能的综合性企业。众多部门在运行时，要保持自身的有效性，同时要注意不偏离酒店的总目标，相互间和谐统一，这就需要管理者执行协调的职能。协调职能是管理人员以决策为依据对不同的人、事、业务之间的联络调整等活动，使之相互配合、协作、和谐一致，以达到酒店经营目标。对酒店的协调职能的认识有两个方面：一方面，管理者执行协调职能是通过信息的传输，及时发现在各部门或各方面的不平衡和矛盾，继而采取一定的措施，做好协调工作，使不平衡和矛盾趋向和谐；另一方面，管理者执行协调职能，要培育全体员工的协调意识，要实现自我调节主动配合，使不平衡和不协调能及时消除而趋于和谐。

4.2 酒店前厅接待业务管理

首先，酒店前厅部是顾客接触酒店的第一站，也是顾客对酒店形成第一印象的重要部门。前厅部的工作是对酒店服务效率、服务质量、服务态度和服务技能的直接反映。前厅部的装修装饰、员工的仪容仪表以及员工的服务水平都会给顾客留下深刻的印象，这种先入为主的印象会对顾客接下来的酒店服务体验产生重要的影响。

其次，前厅部是整个酒店的核心业务部门，担负着销售酒店客房的责任，而客房销售的好坏直接关系到其他部门业绩的高低。前厅部是唯一个贯穿整个服务流程的部门，也是顾客接受酒店服务最多的部门。顾客预订、入住登记、住店期间的各种服务、结账等都离不开前厅部；前厅部协调酒店其他部门做好对客服务，满足客人的各种服务需求。

最后，前厅部还要为酒店管理层提供反映经营管理与服务质量的数据与报表。

总之，前厅部是酒店的门面，是酒店直接对客服务的起点，是客人在店消费的联络中心和客人离店的终点。前厅的综合性服务是展示酒店形象的重要窗口，其对客服务质量将直接影响客房的出租率和酒店的经济效益，甚至在一定程度上影响酒店的声誉和可持续发展能力。

4.2.1 酒店前厅的主要职能

酒店前厅部作为酒店的门面，是直接服务客户最多的部门，其重要性可见一斑，酒店前厅部的主要职能如下。

一是客房销售。主要是受理客房预订并对预订工作进行管理，接待客人并为客人办理入住登记手续，安排客房并确定房价。客房销售是前厅部的中心工作，客房是酒店最主要的产品，是酒店经济收入的主要来源。客房产品的价格受时间、空间和数量等的影响，不同节假日、不同地理位置以及不同房型的客房价格都有所不同。前厅服务人员应充分发挥销售的作用，向客人推荐合适的客房产品，尽可能在满足客人需求的基础上提升酒店的经济收入。

二是掌握房态。前厅的客房销售是基于酒店客房显示系统而开展的，因此，客房状况的正确显示直接关系到酒店的对客服务的质量，也是酒店管理水平的重要体现。因此，前厅部工作人员不仅需要熟练掌握规范的业务操作技能，还需具备认真细致、一丝不苟的职业精神，只有这样，才能确保房态的正确掌握，以及更好地开展一系列的对客服务。

三是联络、协调对客服务。指在销售客房和服务过程中，将掌握的客源信息及时通报至酒店其他相关部门，使各部门能根据客人需要提供针对性的服务。前厅部通常被称为酒店的神经中枢，就是因为前厅部与酒店其他各部门都有着千丝万缕的联系。前厅能将其在销售酒店业务产品过程中所掌握的客源市场预测、客房预订与到客情况、客人的特殊需求、客人的投诉及其处理等信息及时通报或反馈给酒店的其他业务相关部门，使各部门能够相互配合协调、有计划地完成各自的工作任务。

四是提供各类前厅服务。前厅部为客人提供的各种具体的服务有迎送客人服务、行李服务、问讯服务、代购服务、贵重物品的保管、投诉的处理、电话转接、叫醒等各项服务。酒店前后台之间以及各部门与客人之间的联络、关系协调也需要前厅部来沟通。

五是客账管理。酒店前厅部应为每一位住店客人分别设立客账，接受转来的客账资料，及时记录客人在住店期间的消费情况，每天晚上进行累计并予以审核，为离店客人办理结账、收款或转账等服务。一般自顾客在酒店办理入住登记时起，酒店前厅部就应建立顾客的客账信息，为每一位客人建立准确的客账信息是前厅部的一项主要工作职责。

六是处理各种信息、资料。作为酒店的信息中心，应将每天接收到的大量有关客源市场需求情况、产品销售情况、营业收入报表、客人对饭店的意见及建议等信息进行分类并处理，及时向酒店管理结构报告或传递至相关部门；同时还为来店客人建立客史档案，记录客人的基本信息和客人在酒店的消费情况，提供给各其他业务给部门参考；还应将各种信息进行收存归档，以便随时取用。

4.2.2 酒店前厅的组织结构

产品销售情况、营业收入报表、客人对饭店的意见及建议等信息进行分类并处理，及时向酒店管理结构酒店前厅部的组织机构设置主要以酒店的等级、规模、业务量、客源市场定位等为依据而设定。一般来说，按照酒店客房数量和接待规模，酒店可分为大型酒店（大于500间）、中型酒店（200~500间）和小型酒店（小于200间）。根据酒店规模的不同，前厅部的组织机构设置也有很大区别。

4.2.2.1 大型酒店前厅的组织结构

大型酒店前厅部一般由部门经理、主管、领班和普通员工四个层次构成，如图4-1所示。

4.2.2.2 中型酒店前厅的组织结构

中型酒店前厅部一般由部门经理、领班和普通员工三个层次构成，如图4-2所示。

4.2.2.3 小型酒店前厅的组织结构

小型酒店前厅部的组织结构比较简单，一般只设有总台领班和普通员工两个层次，如图4-3所示。

4.2.3 酒店前厅接待业务管理内容

4.2.3.1 预订接待管理

酒店前厅预订接待管理从两个方面进行阐述，分别为客房预订的类型和客房预订业务的流程。

A 客房预订的类型

目前，客房预订是推销客房产品的重要手段之一，随着旅游业的发展和酒店业的激烈

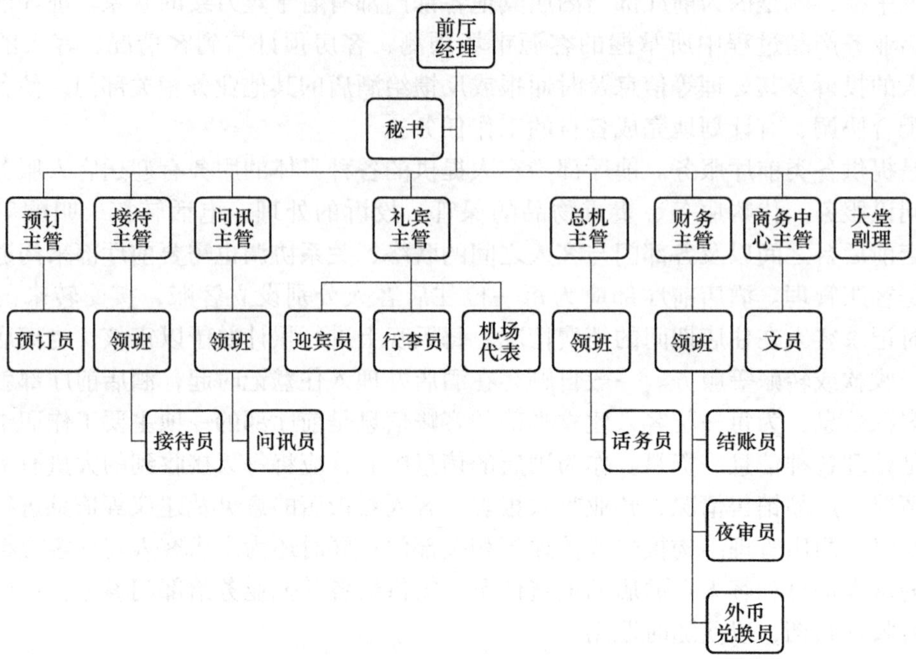

图 4-1 大型酒店前厅的组织结构

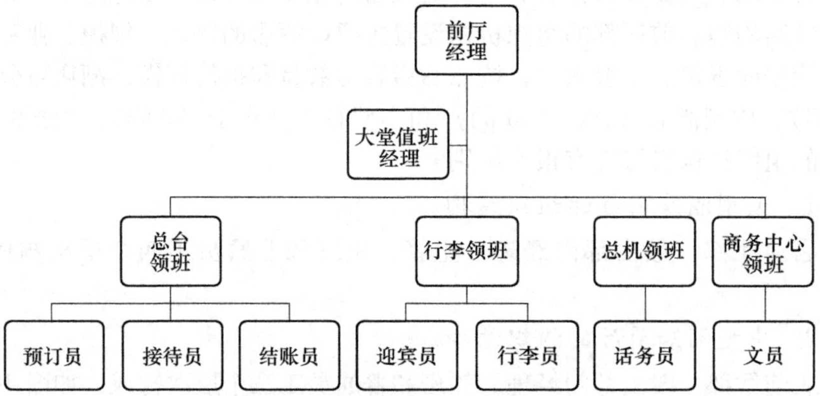

图 4-2 中型酒店前厅的组织结构

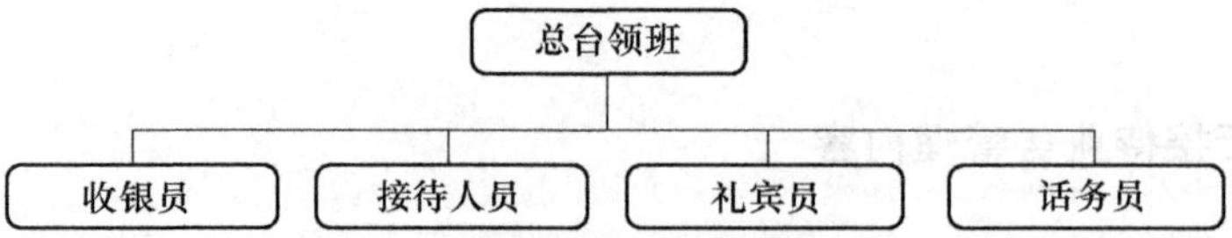

图 4-3 小型酒店前厅的组织结构

竞争，订房已经不仅仅是客人为了使住宿有保证而进行的单方面联系酒店的活动，还成了酒店为争取客源、保证经济效益的实现而进行的主动式推销的双方行为。随着客源市场竞争的加剧，主动式推销客房越来越引起酒店管理人员的重视，订房已成为酒店重要的推销工作。一般客房预订的种类有以下几种形式。

a　保证类预订

通过信用卡、预付订金、订立合同三种方法来保证酒店和客人双方的利益，但使用时要注意其效果。一是信用卡。客人使用信用卡，收银人员要注意信用查询，防止出现恶意透支现象。二是预付订金。预付订金是酒店最欢迎的支付方式，特别是在旺季，一般由酒店和客人双方商定订金。三是订立合同。订立合同指酒店与有关单位签订的供房合同。但应注意合同履行的方法、主要签单人及对方的信用，并注意防止呆账的发生，明确规定最高挂账限额和双方在违约后应承担的责任。

b　确认类预订

客人向酒店提出订房要求时，酒店根据具体情况，以口头或书面的形式表示接受客人的预订要求。一般不要求客人预付订金，但客人必须在规定的时间内到达酒店。否则，在用房紧张的情况下，酒店可将客房出租给未经预订直接抵店的客人，酒店不保证提供房间。

c　等待类订房

酒店在订房已满的情况下，为了防止由于客人未到或提前离店而给酒店带来的经济损失，仍接受一定数量的客人订房，在其他订房客人取消预订或提前离店的情况下予以优先安排。

d　超额预订

酒店在用房旺季时为防止因订房客人未到或住店客人提前离店造成客房闲置，而适当增加酒店订房数量以弥补酒店经济损失。但超额预订会因为客人的全部到达而出现无法供房的现象，并可能使酒店的经济利益损失和酒店形象损坏。

B　客房预订业务的程序

a　受理预订

前厅部接待人员应能熟练操作酒店的客房预订系统，在接到客人的订房要求时，能及时、准确地登记酒店接受预订的各种信息，如客人姓名、联系方式、抵店时间、需要房间种类与数量等。

b　接受或婉拒预订

酒店根据客人的需求与本酒店客房状况，确定能否满足客人的预订需求，倘若不能满足，则应婉言拒绝客人，并请求客人谅解。

c　确认预订

酒店接受了客人的预订后应及时给客人发出预订确认书或预订确认短信/邮件。确认信息中应复述客人的订房要求，申明酒店对客人订房变更及取消预订的有关规定，向确认类预订的客人申明到店的时间，对保证类客人申明收取订金及取消预订的有关规定。

d　记录、储存订房资料

前厅预订人员应按酒店有关规定和操作规范，做好客人订房信息资料的整理、记录和储存工作。

e　预订的变更、取消及客人抵店前的准备

若预订客人要求变更或取消预订，预订人员应按酒店有关规定及时办理相应的手续，手续办理过程应规范、认真、仔细，严防出现差错影响客房的销售。若预订客人未变更预订信息并如约前来住店，预订员应及时提醒总台接待人员做好客人抵店前的准备，同时将客人相关资料及时转交。

4.2.3.2 入住接待管理

酒店的客房预订并没有完成客房产品的全部销售，接待服务和分房管理才是最终完成客房产品的销售工作。分房管理是直接出售客房产品，分房工作管理得好，就能将高价客房或闲置客房出售，从而减少浪费，增加销量。酒店的入住接待管理主要包括客人入住登记管理和客房状况控制管理两部分。

A 客人入住登记管理

客人入住登记是酒店前厅部对客服务的第一个关键点，这一阶段的工作效果将直接影响前厅部客房产品的销售。酒店一旦成功为顾客办理了入住登记手续，就意味着与客人建立正式的关系，具有了为客人提供信息、协调对客服务、保护客人生命和财产安全等的责任和义务。酒店在办理客人入住登记手续时必须做到严格遵守国家法律法规中对户籍管理的有关规定。在某些特殊情况下，酒店为了维护自身和其他客人的合法权益，可以行使“拒绝入住权”。

B 客房状况控制管理

酒店前厅部的业务运转中，客房状况的控制是一项重要内容。客房状况控制是确保客房状态的有效手段，它往往是前厅部业务运转的一个核心。掌握酒店的客房状况及其变化，是管理者应该高度重视的一个方面。在客房状况控制过程中，客房状况信息的传递、有效的信息沟通是十分重要的。因此，涉及酒店前厅部房态控制管理的三大主要岗位前厅接待、收银与客房服务的员工应充分做好信息的传递工作，时刻保持紧密的沟通和联系，确保客房状况控制管理的准确无误。

4.2.3.3 日常接待管理

A 迎送服务管理

迎送工作是酒店凸显档次与服务质量的关键。客人抵达或离店时，迎宾员应主动相迎热情服务，将车辆引领到合适的地方，并主动帮助行李员清点客人的行李，以免出现差错。迎宾员还负责维持大厅门前的秩序，指挥、引导、疏散车辆，保证酒店门前的交通畅通无阻。

B 问讯、邮件服务管理

客人遇到疑难问题，会向酒店有关人员询问，酒店有责任与义务帮助客人排忧解难。酒店应对问讯处的工作人员进行相关知识的培训。问讯员除了应有较广的知识面，还需要掌握最新的信息和书面材料，以保证在工作中给客人以准确而满意的答复。问讯处还设有钥匙信件架，按房号顺序排列，存放客人的钥匙及信件。

C 行李服务管理

行李服务是由前厅行李员负责的。行李服务中需要注意的问题：运送行李过程中要得到客人的确认，以防止行李出现差错而给客人的行程带来不必要的麻烦。团队行李交接过程中应注意行李的检查验收工作，并办理必要的手续，防止行李的损坏和财物的丢失。多个团队出现时，应采取必要的方法加以区分，防止出现混乱现象。

D 电话总机服务

电话总机是酒店的内外信息联系中心，是酒店与顾客进行沟通、联络的通信枢纽。绝大多数客人对酒店的第一印象是在与话务员的第一次声音接触中产生的。话务员热情、礼貌、耐心、快捷和高效的对客服务，起到了联结客人与酒店的桥梁作用。电话总机服务包括接转电话、问询服务、叫醒服务和联络服务四个方面的内容。

E 顾客投诉管理

顾客投诉是顾客对酒店所提供的产品和服务不满意而提出的意见和建议，一般由酒店前厅部的大堂副理来接受和处理。酒店应高度重视顾客投诉，因为正是通过顾客投诉，酒店可以及时发现和了解自己工作中存在的问题和不足，从而采取相应的改进措施，使酒店的服务质量和管理水平得到提高。正确处理客人投诉，可以加深酒店与客人之间的相互了解，处理好酒店与客人之间的关系，改变客人对酒店工作的不良印象。

4.3 酒店客房接待业务管理

客房部又称为房务部，是负责经营管理酒店客房事务、公共区城清洁卫生、洗衣房与布件房工作，并向顾客提供各种客房服务的部门。客房部的主要管理范围为楼层客房区域、酒店公共区域、客房（房务）中心、布件房、洗衣房。客房部是酒店的核心业务都门，也是酒店经济收入的重要来源，客房管理是联结客房产品生产和消费的纽带与桥梁，客房的服务质量与管理水平直接关系到酒店的客源和经济收益。

4.3.1 酒店客房部的地位及作用

酒店客房部在整个酒店中的重要地位和作用主要体现在以下几个方面。

4.3.1.1 客房部是酒店的重要组成部分

在现代社会中，酒店的功能由最初的提供单一的住宿服务转变为向客人提供住宿、购物、餐饮、娱乐、健身、商务等综合性服务，并形成了拥有各种不同等级、类型规模、经营方式的众多饭店组成的酒店业。但是客房仍然是酒店最基本的物质基础，客房部是接纳客人的最主要的场所，是带动和促进酒店其他部门运转的重要枢纽和中介。

4.3.1.2 客房服务是酒店服务的主体

客房是客人在酒店时的主要活动场所与生活区域，也是客人在酒店中逗留时间最长的地方。客人下榻酒店在客房的时间一般超过60%。其服务活动也是酒店服务活动的主体。目前酒店的客房部的服务系统正在不断地调整和完善，已形成了一个全面而高效的运作体制，因此酒店的客房服务是酒店的一个不可或缺的组成部分。

4.3.1.3 客房收入是酒店经营收入的主要来源

现代酒店，其经济收入主要来自客房、餐饮及综合服务。其中，客房收入是主要来源，占酒店营业收入的50%~60%，有的酒店甚至超过70%。客房部通过把酒店客房出售给宾客而获得的收入作为酒店经营的收入的主要来源，而且收入稳定可靠、利用率高，是酒店中收入最稳定的部分。如果客房部的工作没有做好，工作效率低下，会直接影响到相关部门的工作，最终影响到酒店的整体效益。为此，在工作中保持较高的客房出租率，提供高质量的服务来保证更多的回头客，是提高酒店经济效益的根本办法。

4.3.1.4　客房服务的质量直接关系到酒店的声誉

客房服务质量对酒店来说具有重大的意义。客房是宾客在酒店驻留时间最长的地方，是客人休息和主要的活动场所，也是客人服务需求最多的地方，因此宾客对客房部服务态度的感受最直接、最深刻和最敏感。所谓衡量客房服务的质量，就是看客人对“价”与“值”相符的程度，如果客人觉得价有所值，那么宾客对客房服务就感到满意，反之，则不然，所以酒店的客房部服务的质量优劣对酒店的声誉有很大的影响，进而影响到酒店的经济效益。

4.3.2　酒店客房部的组织结构

酒店客房部的组织结构主要因酒店的规模、档次、业务范围、经营管理方式的不同而有所差别。其差别主要表现在以下几个方面。

一是大型酒店管理层次多，而小型酒店管理层次少。大型酒店可能有客房部经理—主管—领班—服务员四个层次，而小型酒店可能只有经理—领班—服务员三个层次。

二是大型酒店组织机构的内容多，而小型酒店内容少。大型酒店客房部可能设有洗衣房、花房、健身房等，而小型酒店则一般没有上述内容。

三是考虑到酒店前厅部与客房部的联系极为密切，大多数酒店将前厅部和客房部合二为一，称为“客务部”或“房务部”。也有的酒店考虑到前厅部的销售功能，将前厅部划归公关销售部，而将客房部设置为独立的部门。

大、中、小型酒店客房部的组织结构如图 4-4 和图 4-5 所示。

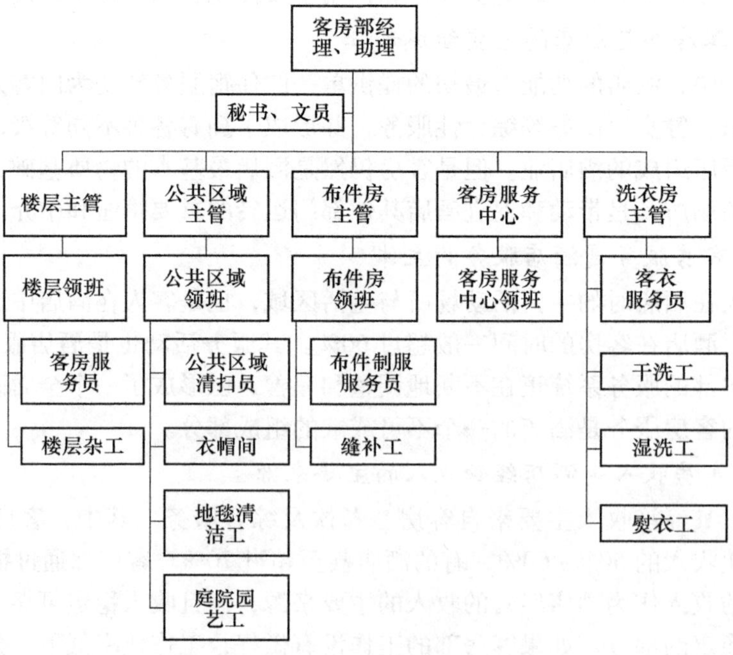

图 4-4　大中型酒店客房部组织结构

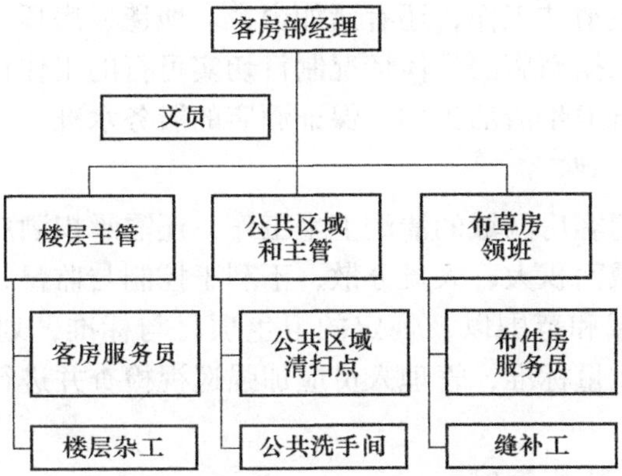

图 4-5 小型酒店客房部组织结构

4.3.3 酒店客房接待业务管理内容

酒店客房接待业务管理的主要内容是满足客人住店期间在客房住宿、使用设施与享用物资的需求，当然还包括为客人提供清洁卫生、设备用品齐全、舒适美观的客房、高效率满足客人享受各种服务的要求，尽可能地为客人提供便利，使客人在住店期间获得物质和精神上的双重享受。本部分将从以下四个方面对酒店的客房接待业务管理的内容进行阐述。

4.3.3.1 客房清洁卫生管理

酒店客房的清洁卫生工作是客房部的重要工作，客房的卫生质量是客人最关心和较敏感的问题，也是酒店服务质量管理的重要内容，因此，酒店必须制定严格的质量标准与操作程序进行管理。

A 客房日常卫生管理

客房日常卫生管理是客房部的重要工作内容，是衡量酒店服务质量的重要标准。卫生工作保持得好，就能满足客人的需要。客房的日常卫生管理，主要内容包括清洁整理客房、更换补充物品、检查保养设备三个方面。根据酒店的具体情况应制定相关的工作程序与质量标准，管理人员要加强监督与指导，其基本程序有以下几个方面。

一是整理、清扫、除尘。按照酒店客房清洁卫生工作的规范要求和物质配备规格收拾和清扫客房的垃圾，整理和铺放客人使用过的床铺，整理客人放乱的个人衣物和各种客房用品，对客房进行抹尘、吸尘等。需要注意的是，在房间整理、清扫、除尘过程中，应严格遵循酒店规定的程序和质量标准，切忌因操作不当引起不必要的麻烦。

二是整理、擦洗卫生间。整理各种卫生用品及客人用具，清扫垃圾，擦洗卫生洁具及瓷砖墙面与地面。卫生间整理、擦洗过程中，应严格按照规定的卫生标准与工作程序进行。

三是更换、补充用品。在房间整理清洁过程中，按照标准要求更换布件以及补充用品。

B 计划卫生管理

客房部除了日常卫生清洁工作，还有诸如窗帘、地毯、房顶、顶灯等卫生项目需要定期循环清洁。因此，应根据酒店的具体情况制订切实可行的工作计划和卫生清洁标准，科学地安排时间、人员进行卫生清洁工作，保证酒店的服务水准。

C 公共区域卫生管理

酒店客房部除了承担客房区域的清洁卫生工作，还需承担酒店公共区域的卫生清洁及整理工作。由于公共区域面积大、人员分散，不利于控制与监督，因此，公共区域的清洁卫生要根据所管辖的区域和范围以及规定的卫生项目与标准，划片定岗，实行岗位责任制，使员工明确责任与质量标准，管理人员应加强巡视检查并进行日常监督，以保证妥善完成任务。

4.3.3.2 客房接待服务管理

酒店客房部的接待服务工作将围绕客人的入住、居住、退房三个时间段进行，那么接待服务工作管理也是以此为基础制定相应的程序与管理办法。

A 客房迎客服务管理

客人到达酒店住宿楼层后，希望在人格上能得到服务人员的尊重，在生活上得到服务人员的关心。而根据“宾客至上”的原则，酒店应制定相应的程序与要求，规范员工的日常行为。员工迎客彬彬有礼，会给客人留下美好印象，使其产生好心情，也会对酒店产生好印象。

B 客人入住期间服务管理

客人在住店期间，一般会希望生活方便、快捷，自己的风俗习惯也得到尊重与满足。而客人的来源与类型复杂多样，其需求也变幻莫测，酒店应针对不同客人的生活特点与需求，在规范化服务的基础上，提供满足不同客人的合理的个性化服务项目。

C 客人离店服务管理

客人的离店是酒店接待客人活动的结束，但服务人员的良好服务会给客人留下美好的印象，促使客人产生重返此地的意愿。因此，客房部员工应按酒店服务程序的规定，做好客人离开客房前的准备工作、送别工作和客人离开楼层后的检查工作。

4.3.3.3 客房安全业务管理

酒店客房部一般管理面积大，接待的客人也比较多，因此工作复杂且容易出问题。从整个酒店来讲，安全保卫工作由保卫部门负责，但客房部应该积极配合，保证客人入住客房期间的人身与财产安全。客房安全是指宾客在客房范围内人身、财产、正当权益不受侵害，也不存在导致侵害因素发生的现象。具体来讲，客房安全业务管理又分为客房安全、走道安全、客人突发情况的处理以及火灾防范等。

A 客房安全

酒店客房是宾客的暂居地以及财物的存放处，所以客房安全至关重要。客房门必须包括能上锁的门锁、广角窥镜以及安全链。客房内电器设备应确保安全，卫生间的地面及浴缸应有防滑措施，所有茶具、杯具等及时消毒，引领客人进房的服务人员应向客人介绍安全装置的作用及使用方法，并提醒客人注意阅读客房内所展示的有关安全的告示及说明，客房服务人员清扫客房时，应将房门开着 ，并检查房内各安全装置。为保证客房安全，还要严格控制钥匙，要求客房服务人员工作随身佩带钥匙，客房部每天应记录钥匙发放及使用情况，由领用人签字等。

B　走道安全

酒店客房走道的照明应正常，地毯应平整干净，酒店保安人员应对客房走道进行巡视，注意有无外来陌生人及违规进入客房区的员工，提醒客人将门关好，楼层服务员如发现异常现象应及时向安保部汇报。

C　客人突发情况的处理

酒店一旦有客人出现伤病，应有紧急处理措施，并且派出能够胜任抢救的专业医护人员或具有急救知识的员工，还应配备各种急救器材与药品。所有员工尤其是客房部员工，在任何场所若发现伤病客人，应立即向保安或经理报告，总机应注意伤病客人的求助电话。如发现伤病客人，应实施急救或送医院治疗。对不同类型及特征的醉酒客人应区别对待，对于轻者，要适时劝其回房休息，对重者，应协助保安使其安静，以免打扰或伤害其他客人，客房服务员应特别注意醉酒客人房内的动静，以免发生不必要的麻烦或安全事故。

D　火灾防范

酒店客房应有严密的防火安全计划，包括成立防火安全委员会，制定防范措施和检查方法，规定各岗位工作人员的职责和任务，制订火警时的紧急疏散计划等。此外，还应培训员工掌握必要的防火知识和技能，并定期举办消防演习，在客房门后张贴安全门通道示意图及在客房内放置防火宣传材料等，一旦发生火情，总机应向消防部门报警并用紧急广播系统通知客人及员工，要求他们从紧急出口和安全楼梯离开酒店建筑物，前厅部应在底层安全梯出口处引领疏散客人，安保人员应严密保护现场。

4.3.3.4　客房设施设备管理

酒店客房的设备用品种类繁多，在酒店固定资产中占有很大的比重。客房设备用品是开展客房服务工作的物质基础，管理好客房的设备和物资是客房业务管理的重要内容之一，也是降低客房营业成本的重要途径。因此，客房部要制定具体的设备物资管理制度，明确规定管理人员职责，严格遵守设备物资管理制度，努力降低成本，力求实现最大化的经济效益。具体来说，客房内的各种设备应始终处于齐全、完好状态，客房服务员及管理人员应时刻注意检查设备使用情况，配合工程部对设备进行保养和维修，管理人员要定时向客房部汇报设备使用情况。客房内各种供客人使用的物品和清洁用品应备足、备齐，以满足服务工作的需要，从而保证服务质量。

4.4　酒店餐饮接待业务管理

酒店餐饮接待业务管理已成为现代酒店企业管理的重要组成部分，现代酒店的规模越来越大，管理工作的专业化程度也越来越高，酒店餐厅功能也逐渐从单一的餐饮产品提供功能转变到兼具休闲、宴会、交际等的多重功能。酒店餐饮接待受物质实体和非物质实体等多种因素共同影响，如酒店餐厅的外观、餐饮产品的生产与服务设施、菜肴与酒水的外观及颜色，还有如酒店餐厅的声誉、特色、气氛、位置和等级等。因此，重视酒店餐饮接待业务管理也成为现代酒店管理工作的重要一环。

4.4.1 酒店餐饮部的地位及作用

酒店餐饮部是现代酒店组织机构中十分重要的部门，其地位及作用主要体现在以下几个方面。

4.4.1.1 酒店餐饮产品是重要的旅游资源

餐饮是一个地区饮食文化的集中体现，它本身就是一种重要的旅游资源，在世界文化不断融合环境下，餐饮产品依然保持着一定的独特性和差异性。客人品尝美食的过程就是了解各地风土人情、文化传统、习惯禁忌和历史沿革等的过程。因此，餐饮产品不仅是酒店产品的重要组成部分，而且还是旅游产品不可或缺的组成部分。从酒店角度来说，餐饮产品作为重要的酒店产品组成部分，完美体现了酒店产品是由有形产品和无形服务组成的这一特性。餐饮产品中不仅包含了一道道美味佳肴，还展现了高超的烹饪技术和精湛的服务技巧，不仅满足了顾客的生理需求，还满足了顾客增加见闻、丰富情感体验等方面的精神需求。

4.4.1.2 餐饮服务是酒店服务的必要组成部分

餐饮业作为旅游业的基础产业，为广大旅游者提供了餐饮服务，在解决了饮食需要的同时丰富了旅游者的旅游体验，提高了旅游者的旅游质量。住宿和餐饮是现代酒店的两大基本功能，餐饮服务是酒店服务的必要组成部分，也是旅游最基本的条件之一，不可或缺。西方各国及我国酒店发展的历程都证实了酒店、餐馆都是随着旅游的产生而产生，又都随着旅游的发展而发展的。在这个发展过程中，酒店必须提供住宿和餐饮服务的模式逐渐形成并确定下来，并且餐饮服务根据酒店类型、等级、规模和地理位置等而有所不同。

4.4.1.3 餐饮服务质量是酒店服务质量的客观体现

酒店餐饮服务质量客观地反映了酒店的服务质量，餐饮服务质量也会直接影响酒店的声誉和竞争力。影响餐饮服务的因素多种多样，总体而言，主要有菜品质量和餐厅服务两大因素，其中厨房烹调技术的高低直接决定了菜品质量的高低，餐厅服务水平的高低则直接影响宾客消费餐饮产品时的感受与满意度。另外，餐厅的环境氛围、设计风格、餐具质量、员工的仪容仪表等都会影响宾客对餐饮服务质量的感知和体验。

4.4.2 酒店餐饮部的组织结构

各个酒店餐饮部组织结构不尽相同，但有些组成部分是相同的。酒店餐饮部组织结构设置的一般模式反映了该部门各成员之间、所属部门之间的相互关系。好的组织结构能够增强部门的业务经营能力，提高组织的凝聚力和员工的工作效率，促进部门经营目标的实现。酒店餐饮的组织结构因酒店的类型、等级规模和服务内容的不同而不同，这里仅根据酒店规模大小列出酒店餐饮部组织结构。

4.4.2.1 大中型酒店餐饮部组织结构

大中型酒店餐饮部组织机构一般具有规模大、业务种类繁多、体系复杂的特点。大中型酒店餐饮部组织结构，如图 4-6 所示。

4.4.2.2 小型酒店餐饮部组织结构

小型酒店餐饮部组织结构具有相对规模小、体系简洁的特点，如图 4-7 所示。因为业

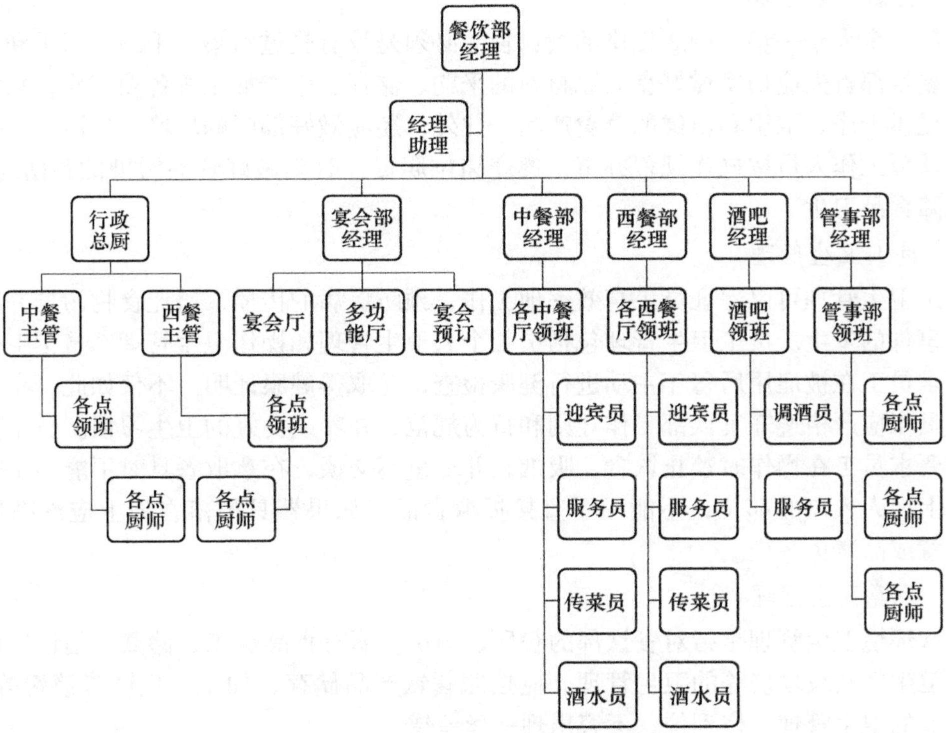

图 4-6　大中型酒店餐饮部组织结构

务量相对较小，因此除了设置最基本的采购部、厨房部和餐厅部来完成原料采购、产品生产与餐厅销售等任务，并无过多的部门与人员设置。

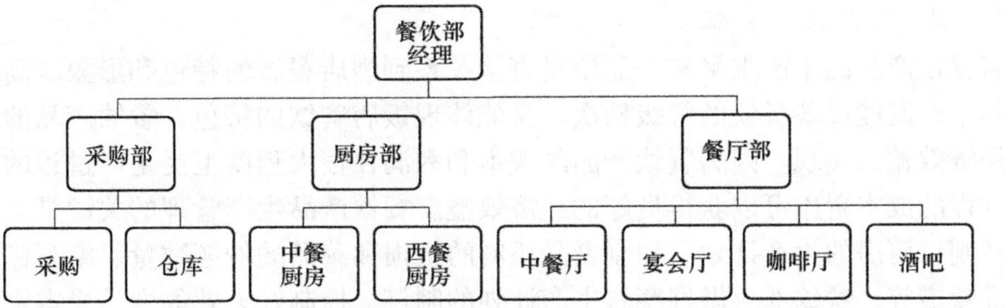

图 4-7　小型酒店餐饮部组织结构

4.4.3　酒店餐饮接待业务管理内容

4.4.3.1　餐饮清洁卫生管理

餐饮卫生是影响酒店餐饮产品质量的重要因素。为了保证食品卫生，杜绝食品污染和有害因素对人体的危害，保障就餐者的身体健康，酒店应切实抓好餐饮卫生管理工作。餐饮卫生管理主要包括食品卫生管理、员工卫生管理、环境卫生管理及设备餐具卫生管理等。

A 食品卫生管理

食品安全大于一切，酒店提供的餐饮食品必须是没有受过污染、干净、卫生和富有营养的。餐饮部首先应切实做好食品原材料的采购、储存、生产加工等各项工作，切实保障为客人提供干净、卫生和新鲜的菜肴产品。此外，还应做好部门的环境卫生清洁，并严格要求餐饮部工作人员按操作规程办事，遵守岗位职责，时刻做好食品污染的预防与管控，切实保障食品卫生。

B 员工卫生管理

员工卫生管理可以保证员工高效率地工作，预防疾病的传播，避免食物污染并防止食物中毒事件的发生。员工卫生管理包括员工个人卫生管理和操作卫生管理，员工卫生管理首先要求员工在被雇用后每年主动进行健康检查，并取得健康证明。不仅如此，在日常生活中，员工应严格遵守餐饮部工作守则和行为规范，并养成良好的卫生习惯。员工操作卫生管理要求员工在操作时禁止饮食、吸烟，并尽量不交谈，在拿取餐具时不能用手直接接触餐具上客人入口的部位，不能用手直接抓取食品，如果器具掉落在地上应洗净后再使用，注意成品避免污染。

C 环境卫生管理

餐饮环境卫生管理是指对餐饮部的餐厅、厨房，所有食品加工、储藏、销售场所，洗涤间、卫生间及垃圾房等的卫生管理。应按照餐饮产品储存、加工、生产、消费等流程，对各环节的卫生管理严格到位，不容出现一丝差错。

D 设备餐具卫生管理

设备餐具卫生管理的关键是制订设备卫生计划及各种设备洗涤操作规程并对员工进行针对性的教育训练。餐饮部应格外重视加工设备、厨具烹调设备及冷藏设备、清洁设备、储藏和输送设备等各类设备与餐具的卫生管理，保证供应食品不受污染并符合卫生要求。

4.4.3.2 餐饮生产管理

酒店餐饮产品的生产水平和产品质量直接关系到酒店餐饮的特色和形象。高水平的餐饮产品的生产既能反映餐饮的等级档次，又能体现饭店餐饮的特色，餐饮产品的生产还影响酒店经济效益的实现。因为餐饮产品的成本和利润在很大程度上受生产过程的支配，控制生产过程的成本费用可以获得良好的经济效益。餐饮产品生产管理的关键是菜肴生产管理，包括制订厨房的生产计划、控制食品原料的折损和菜品的份额数量、编写标准食谱与执行标准食谱等。餐饮部应做好菜肴生产计划的制订，控制好无效的食品成本发生率，同时，还要力求选择适宜的食品原料加工方法，增加材料的净料率提高菜肴的出品率，从而减少对食品原料的浪费。值得注意的是，提高食品原料的净料率必须在保证产品制作质量的前提下进行，应给予高度重视。

4.4.3.3 菜单筹划管理

菜单作为与客人沟通的媒介以及餐饮产品推销的重要工具，应该根据酒店的经营特色进行精心设计，力求外观设计精美且内容清楚真实。在菜单设计中，一定要选择适合不同需求的字体，英语字体也是如此。菜单代表了餐厅的形象，因此，菜单印刷的纸质也应引起管理者的高度重视。菜单的颜色具有促进菜肴推销的作用，使菜单更具吸引力。同时，为增强菜单的营销功能，可适当配备必要的照片与图片。菜肴的命名应注意贴切、易懂，特别是中文菜单要能够反映原材料的配制、菜肴的形状、菜肴产生的历史渊源、菜肴名称的寓意等。菜单上菜肴的排列切忌按价格的高低排列，否则客人会根据菜肴价格来点菜。菜单策划设计的关键还应货真价实，不能只做表面文章。菜单设计得非常好但与菜肴的实际内容不相符合，或者菜肴质量达不到菜单介绍的那样，只会引起客人的不满而失去客人。

4.4.3.4 餐饮服务接待管理

A 餐前准备

餐饮部服务员应在规定的营业时间前 30 分钟完成营业准备工作。打开餐厅灯光并检查完好，包厢需根据预测和预订情况确定打开餐厅空调并检查所设定的温度。备好方巾、茶叶、开水、茶杯、烟灰缸等客人用品，服务员各就各位，做好随时迎接客人的准备。待客人到达餐厅后，应注重做好迎宾引位、挂衣收包、派方巾、问茶水、倒茶水、增减餐位等各项接待工作。所有的工作都要严格遵守服务标准和操作步骤规范要求，为客人提供规范化、标准化的服务，尤其要注意服务细节，力求让客人感到温馨、舒适和周到。

B 餐中服务

餐中服务包括斟酒、上菜、整理台面和上果盘等服务项目，具体如下。

一是斟酒。服务中由服务员为客人斟酒。斟酒的操作要领主要有：斟酒时，站在客人右后侧，右脚在前半小步，身体的正面朝向客人，右手从托盘内取出所斟倒的酒水，五指分开，握住酒瓶的下 1/3 处，向内转体，注意托盘外摆，身体稍前倾，按照倒、提、转、收四个步骤为客人倒酒水，收瓶时以右大臂带动右小臂收回酒瓶，向外转体，将酒瓶置于托盘上。

二是上菜。菜品送至包间后，要先检查菜品有无异物（如头发等），发现有异物时及时撤到厨房。上菜时应从上菜口位置上，上菜时说："不好意思，打扰您了"。上菜姿势为双手端菜盘，保持平稳，不可将菜盘从客人头上越过，将菜盘放在转台上时应做到轻拿、轻放，以免发生大的声响，菜盘放到转台上后，盘边不可越出转台外延，以免在转台旋转时碰到客人酒杯。菜品摆放可遵守一点、二线、三角、四方、五梅花的方式进行。上菜时要求每道菜都必须报菜名，特殊、贵重的菜肴应对吃法、做法及典故进行介绍。

三是整理台面。将台面客人不用的餐具撤下，保持台面整齐整洁。将所剩不多的菜品大盘换小盘。

四是上果盘。根据客人数量配备相应的果叉放置在转盘。

C 餐饮结账

餐厅服务员在获得客人结账信息时确认客人的结账方式和公司会员信息，并立即通知餐厅收银员，将客人的账单在打印前认真核实并确认无误，所有客人账单准备过程应 3 分钟内完成。客人账单上菜品、规格、单价、总额等的打印应清晰可见，账单干净整洁。服务员在接收客人钱款时应当面清点，并准备好笔供客人签字使用。在客人结账后应致以感谢并期待客人的再次光临。

D 送客离店

客人餐后离开时，餐厅服务员应以微笑和语言恭送客人，提醒客人带好随身物品，并期待客人的下次光临。在恭送客人时服务员应主动替客人召唤电梯，无须电梯时则应送至餐厅门外。

复习思考题

4-1 酒店的主要特征和职能有哪些?

4-2 酒店客房部的地位和作用是什么?

4-3 在进行景区酒店前厅接待业务管理时，需要注意哪些内容?

4-4 酒店餐饮部的组织结构和作用有哪些?

4-5 酒店餐饮接待业务管理主要包括哪些内容?

5 旅行社接待业务管理

学习目标

（1）了解旅行社的产生与发展情况。

（2）掌握旅行社的职能。

（3）熟悉旅行社的基本业务。

（4）掌握旅行社接待管理的内容。

章前引例

武汉旅行社周末热情接待万人赏秋团

2020年11月7日，武汉启动“赏秋畅游季 江城万人游”活动，湖北省中国旅行社、中青旅湖北公司、中南国际旅游湖北有限责任公司、湖北康辉旅游四家旅行社相继接待了10200名外省游客。

“万人赏秋团”来自安徽、江苏、河南、江西、湖南、山西、辽宁、山东等地，10200名外地游客在武汉展开为期两天的行程，分别游览黄鹤楼、欢乐谷、海昌极地海洋公园、木兰草原、木兰玫瑰园、花博汇、锦里沟、武汉杜莎夫人蜡像馆等景区（点）。

周末天气晴好，武汉各大景区人头攒动。花博汇景区发布公告“今日已预约32094人，省内门票已预约完毕”。木兰草原景区停车场满满当当，发布“今日预约已满”的告示，提醒游客另行预约、错峰游览。

黄鹤楼景区是外地游客到武汉的必打卡之地，当天，万人赏秋团中打卡黄鹤楼景区的有近5000名游客。为应对外地游客组团来汉必去黄鹤楼景区的需求，旅行社提前和黄鹤楼景区对接商量制定详细的接待方案。导游提前收集好游客身份证进行门票核销，游客直接通过团队通道排队入园。入园流程简化后，一个50人团队3~5分钟就可以入园。为应对周末万人团打卡武汉人流量大的状况，武汉文旅局协调交管部门，为旅游大巴设定了临时停放区域，方便外省大巴车停放；各旅行社提前制定好打卡景区流程，大巴车分流入园，错峰出行。

为保障万人游览的顺利进行，武汉星级导游品牌杨飞虎工作室抽调了上百名导游参与接待，尽最大努力为每一位游客提供贴心专业服务。外省游客不仅欣赏到了武汉美景，还充分感受到了“武汉礼遇”。在锦里沟景区，湖北省中国旅行社的导游忙前忙后，为游客们介绍景区的特色美食，帮助游客寻找最佳拍照打卡点；还随身携带药箱，保障游客安全游武汉。一位来自安徽六安的游客表示自己是第一次游武汉，旅行社的各项接待工作都非常细致，对旅行社的服务赞不绝口。

中南国际旅游湖北有限责任公司相关负责人介绍，“惠游湖北·打卡大武汉”活动启动以来，武汉市文旅局前往外省进行了武汉文旅产品的旅游推介，并开展“高铁之心·武汉嘉年华”万人游武汉活动，几个主要旅行社积极开拓省外市场，省外游客利用周末游武汉的热情高涨。源源不断的外地游客的到来，也让11月的武汉旅游市场持续升温。

（资料来源：央广网）

5.1 旅行社的产生与发展

旅行社是依法设立并具有法人资格的，从事招徕接待旅游者，组织旅游活动，实行独立核算的企业，是为人们旅行提供服务的专门机构。旅行社作为旅游接待业的经典业态，是旅游活动发展到一定阶段的产物。

5.1.1 世界旅行社的产生与发展历程

5.1.1.1 世界旅行社产生的背景

旅游活动的兴盛和旅游产业的发展是旅行社业态萌芽和生长的基础与前提，世界旅行社的产生是经济、科技和社会分工发展的直接结果。

A 经济基础

始于8世纪中叶的产业革命推动了生产力的加速发展，工业资本家等具有较高收入、较多闲暇的社会阶层不断出现，旅游活动不再是封建贵族阶层的特权。随着财富的增加，资产阶级也逐渐加入旅游活动中来，成为旅游活动的重要组成部分和旅游业的重要推动者。

B 交通运输条件

产业革命促进了科学技术的进步，尤其是蒸汽机车技术和轮船等近代交通工具在交通运输中的应用，带来了运输能力的提高和运输成本的下降，减少了人们外出旅行的时间成本和花费，使大规模的流动成为可能，使近代旅游业得以迅速发展。

C 旅游需求

产业革命加速了城市化进程，许多人的工作和生活地点由农村转移到城市，专业化的工作使城市居民产生了休闲和旅游需求。工业化和城市化也产生了新的社会问题，比如，贫富差距扩大、城市人口膨胀和环境污染等。人们为了逃避紧张的工作压力和喧嚣的城市环境，产生了重返大自然、追求休闲的需求。同时，产业革命使旅游群体的阶层日益广泛，工会组织为了使工人阶级享受正常的休闲时间，积极开展了争取带薪休假权利的斗争。因此，随着生产力的提高和带薪休假制度的实现，新兴的工业资产阶级和工人阶级也不断加入旅游的行列中。

根据上述分析，可以认为，产业革命使西方国家的经济结构和社会结构发生了巨大的变化，其中，经济收入的增加、交通运输条件的改善和旅游需求的产生都是世界第一家旅行社诞生的催化剂。

5.1.1.2 世界第一家旅行社的产生

世界上第一家旅行社产生于英国，它就是托马斯·库克于1845年创立的托马斯·库克旅行社（也称通济隆旅行社）。

1841年7月5日，托马斯·库克利用机器化大生产所引起的心理危机，创造性地以参加戒酒运动为号召，组织了世界上第一次团体包价旅游。他包租了一列火车，载运570

人从莱斯特到拉夫伯勒参加禁酒大会，全程24英里。这次活动虽然只有一天的行程并且也不需要住宿，但第一次采用了集体折扣付费方式，每人交1先令，包括交通费用、乐队演奏赞歌、一次野外午餐和午后茶点，因此在旅游史上被认为是近代旅游活动的开端。其重要意义主要体现在以下几个方面：首先，它具备了现代旅行社组团的基本特征，体现了参与人员的规模性和广泛性；其次，库克从铁路公司手中购买火车票，然后将车票转卖出去，已经初步具有了包价的性质；最后，库克在此次活动中作为发起人、筹备者、组织者以及陪同者，自始至终随团陪同，开创了现代旅行社的全程陪同业务。这次活动的目的虽然是非商业性和非观光消遣性的，但其中的成功经验却为库克正式开展商业性旅游活动、创办专业旅行代理机构奠定了良好的基础。

1845年，托马斯·库克在莱斯特正式成立了托马斯·库克旅行社，这是世界上第一家旅行社，成为旅行代理业务的开端，世界上第一位专职的旅游代理商由此产生。同年夏天，库克组织了从莱斯特到利物浦的团体观光旅游，这是第一次以营利为主要目的的商业活动，持续时间超过24小时，参加人数达350人，并配有专职导游。这次旅行成为近代旅行社业务正式开始的标志，确立了团体旅行代理业务的基本模式。

5.1.1.3 世界旅行社的发展历程

A 近代世界旅行社的发展

近代以前的旅行安排多是特权阶级及其附庸阶层所享受的奢侈品，人数相当有限，不具有普遍的社会意义，为其空间移动提供的旅游服务也是非经济性、非市场性的。

19世纪末，近代旅行社业开始在许多国家蓬勃发展起来。随着托马斯·库克父子公司的发展壮大，越来越多的人意识到了旅游业蕴藏的巨大市场潜力。在此后的几十年间，在世界各国，尤其是发达国家，制度创新机制促使类似的旅游组织和代理机构大量出现，开始进入旅游经营活动中来。

到20世纪初，世界旅行社业得到了更大的发展，美国的运通公司、英国的托马斯·库克父子公司以及以比利时为主的铁路卧车公司成为当时世界旅行社业的三巨头。20世纪20年代末，全球已经有50多个国家开展了旅行社业务。

B 现代世界旅行社的发展

现代旅游是指第二次世界大战以后，特别是20世纪60年代以来迅速普及于世界各地的社会化大众旅游。第二次世界大战以后，世界经济在满目疮痍中迅速恢复和发展，中产阶级群体不断壮大，工人阶级为提高工资和争取带薪休假权利的斗争在坚持了100多年之后取得了基本胜利；20世纪60年代带薪休假制度普遍实行，将人们从繁重的工作中解放出来；现代交通运输手段的革命，尤其是民用航空业的发展使人们可以快捷、高效地实现远距离旅行。这些因素都有力地推进了旅游业和旅行社业，使之迈入了前所未有的高速发展时期。

为了主动适应国际旅游业大发展的市场态势，许多旅行社开始跨越国界设立自己的分支机构，并在此基础上形成了许多跨国旅游企业集团。国际旅行社企业的并购和重组活动在20世纪90年代越演越烈。随着旅行社数量的急剧增加和行业规模的不断扩大，在世界范围内形成了由10万余家旅行社组成的国际旅游服务销售网络，并产生了许多国际性和地区性的旅行社组织，如世界旅行社协会（World Association of Travel Agencies，WATA）

和世界旅行社协会联合会（United Federation of Travel Agents Associations，UFTAA）。

C　当代世界旅行社的发展

20世纪90年代以来，以欧美地区旅游发达国家为代表的当代世界旅行社业主要呈现出三大特征。

一是旅游需求促进旅行社产品向个性化发展。随着社会经济条件的改善和人们文化素质的提高，旅游者的旅游经历不断丰富，对标准化产品的需求日益弱化。尤其是以互联网为代表的信息技术的飞速发展，使消费者的信息渠道和消费意识发生了深刻变化，旅游需求的个性化、差异化日益凸显，这就要求旅行社在包价旅游产品之外，为不同细分市场的旅游者安排个性化产品。

二是旅行社行业规模扩大，产业集中度提高。在欧美国家，一般平均每万人就拥有一家旅行社或旅行社经营网点，位于前十的大型旅行社营业收入均已占到其全国旅行社营业收入总额的40%以上。而早在1993年，美国旅游代理商已经多达32446家，营业收入达934.68亿美元。

三是网络化经营普及，科技含量增大。近年来蓬勃发展的信息技术和互联网已经显示了其强大的生命力以及在经营上的巨大优势，从而引起了旅行社行业的极大重视，科学技术的进步和市场分工的细化进一步推动了旅行社的业态创新，产生了一批以金融与科技为支撑的旅行社集团。在世界发达国家，信息技术被广泛地应用于预订机票、饭店客房、交通工具等服务，帮助旅行社将其销售触角延伸到每一个潜在旅游者的家庭。信息技术的深入发展还促使了在线旅行服务提供商等旅行社新兴业态的诞生。可以说，旅行社业务与现代科技的结合使旅行社的经营效率实现了飞跃，而计算机的广泛、深入使用恰恰迎合了旅行社业务经营要求“快、准、简”的特点，使原本信息量庞大而且复杂的业务在最短时间内得到高效处理，也使得这种经营方式成为旅行社经营的主流方向。

5.1.2　我国旅行社的产生与发展历程

5.1.2.1　我国旅行社产生的背景

我国的旅行社产生于20世纪初，其产生和发展与当时中国的经济社会发展环境密切相关。

A　民族资本主义的发展为商务旅行的兴起提供了物质保障

20世纪20年代，由于对各种战略物资需求的增加为我国民族资本主义的发展提供了契机。在当时出现了一批专门从事采购、调运和销售的商务旅行者，他们频繁地进行着各类贸易活动，要求有专门的机构为他们外出旅行活动提供便利和服务。

B　交通运输和旅馆等旅游设施的发展为旅行社的产生提供了必要条件

20世纪初，火车、轮船等新的交通工具在中国实现了由无到有的突破，不仅成为工业生产力的有力支援，也为旅游者的出行提供了便利。随着交通运输业的发展，西式旅馆、中西式旅馆等一批不同于传统客栈的现代旅馆也相继开业。1901年开业的北京饭店成为中国最早的新式旅馆。

C　外国旅行代理商的驻华分支机构为我国成立旅游企业提供了借鉴

1840年鸦片战争以后，中国的大门被列强打开，一批西方的商人、传教士和冒险家来到了中国。进入20世纪后，随着世界主要旅行社海外扩张步伐的加快，英国的托马斯·库克（通济隆）、美国的运通等旅行代理机构纷纷进驻中国，也将旅行代理业务和管理经验介绍到了中国。

在上述历史背景下，中国的旅行社应运而生。

5.1.2.2　我国第一家旅行社的产生

我国第一家旅行社是1923年8月由陈光甫先生在上海创立的上海商业储蓄银行旅行部。

20世纪初，中国人还没有“旅游”的概念，更没有专业旅游服务机构。当时在中国提供相关服务的只有英国的托马斯·库克和美国的运通公司等少数外商机构，他们服务的对象着重于外国人，中国旅客寥寥无几。毕业于美国宾夕法尼亚大学的银行家陈光甫先生，因在外资旅行代理机构购买船票时受到冷遇，暗自立下宏愿，创办一所完善的服务机构。

1923年初，适逢国内在上海举行第一次教育会议。时任上海银行总行总经理的陈光甫获悉后，马上致电上海银行总行，安排工作人员与黄炎培先生接洽，料理所有会议代表至沪后的一切交通、食宿等事宜。可以说，这是中国本土化旅客服务的开始，也是最早的旅游团队业务。

1923年4月，上海银行获批代售铁路车票。4个月后，上海银行旅行社部在总行国际部宣告成立。1924年1月，迁到四川路420号，独立门户，并以五角红星为标志。

1927年，陈光甫决定将旅行部从银行分离出来，成立中国旅行社股份有限公司，并从6月1日起更名为“中国旅行社”。至此，第一家中国人创办的旅行社宣告成立。

中国旅行社成立后，提出“发扬国光、服务行旅、阐扬名胜、改进食宿、致力货运、推进文化，以服务大众为己任”的理念。中国旅行社的创立，开创了中国旅游业的先河，它从诞生之日起，就肩负起自强自立的历史重任。这既是中国旅游集团的初心，也是百年不变的责任与使命。

5.1.2.3　我国旅行社的发展历程

以时间为主轴，结合行业发展的重要事件，可以将我国旅行社业划分为五个发展阶段。

A　第一阶段：从无到有（1927—1977年）

1927年，陈光甫成立了中国旅行社股份有限公司，这是第一家中国人创办的旅行社，该旅行社的创立实现了我国旅行社从无到有的突破。新中国成立后一直到我国实施对外开放以前，我国旅行社数量少，从业人员少，旅游活动少，不具备行业规模，但累积了不少经验，培养了一批人才，为今后旅行社行业的发展打下了基础。

B　第二阶段：从机关到企业（1978—1983年）

1978年3月，中共中央批准了《关于发展旅游事业的请示报告》，报告中指出“将目前的中国旅行游览事业管理局改为直属国务院的管理总局”，这就意味着新成立的中国旅行游览事业管理总局不再隶属外交部，而是旅游经济的管理部门。1982年，国家旅游总局和国旅总社正式分家，标志着我国旅游业真正实现政企分离。1984年，中旅总社也改为企业，旅游业向着统一领导、分散经营、政企分开的管理体制迈进。

C　第三阶段：从垄断到竞争（1984—1996 年）

1985 年，《旅行社管理暂行条例》颁布，将我国的旅行社分为一类社、二类社和三类社，其中一类社和二类社为国际旅行社，但是只有一类社享有外联权。1996 年，《旅行社管理条例》出台，将旅行社类别调整为国际和国内两类，取消了一类社和二类社的界限，至此，外联权得以充分下放，我国旅行社业开始由垄断走向竞争。这一阶段也是我国旅行社行业管理从起步迈向法制化的过程，行业管理不断法制化和成熟化。

D　第四阶段：进一步开放中的旅行社业（1997—2009 年）

1997 年，国务院批准的《中国公民自费出国旅游管理暂行办法》的发布和实施，使得中国旅行社业所面临的旅游市场开始从入境和国内的二元市场转向出、入境和国内游的三元市场。2002 年，我国加入 WTO 以后，旅行社业进一步向国际市场开放，外商开始进入中国旅行社行业，以中外合资和外商独资的形式开展旅游业务。这一阶段也是我国在线旅行服务从萌芽走向成熟的发展历程，一些如今已经在不同细分市场居于垄断地位的在线旅行服务企业均在这一阶段成立，如携程、同程、途牛等。

E　第五阶段：从旅行社业向旅行服务业的拓展（2010 年至今）

2010 年以来，我国旅行社产业正面临着剧烈的市场环境变化，在线旅游商业模式不断创新，传统旅行社业务不断被各类新型经营主体所瓜分与替代，旅行社业务的外延在不断扩大，边界在不断模糊，传统旅行社的经营模式受到了前所未有的挑战，促使我国旅行社业向旅行服务业转变。但是，从旅行服务业的行业属性来说，与以往经营传统业务的旅行社业一样，仍属于中介性、服务增值型产业，其作用是连接食、住、行、游、购、娱等旅游服务供应商和游客，主要目的是为人们的出行提供便捷的服务协助，主要由经营传统旅游业务的线下旅行社企业和经营在线业务的旅行服务企业构成。

知识拓展

旅行社十大品牌排行榜

排行榜 123 网依托全网大数据，根据品牌评价以及销量评选出了 2022 年旅行社十大品牌排行榜，前十名分别是中国国旅、浙江中旅、广之旅、锦江旅游、中旅总社、凯撒旅游、春秋旅游、中青旅、和平国际、众信。各旅行社上榜理由如下。

（1）中国国旅：中国国际旅行社总社有限公司，始于 1954 年，全球著名旅游业品牌，联合国世界旅游组织会员，大型跨国旅游运营商，中国旅游产业领域中拥有旗舰地位的企业集团。

（2）浙江中旅：浙江省中国旅行社集团有限公司其前身杭州华侨旅行社，始建于 1956 年，拥有员工 1000 余名，是浙江省旅行社龙头企业。浙江省中旅集团连续被评为全国百强国际旅行社、全国十大出境组团社、浙江省十佳国际旅行社、浙江省首批五星级品质旅行社等，荣获过杭州市委颁布的大企业大集团综合考核奖、服务业百强称号，夺得过浙江省最佳业绩奖、百家诚信旅游企业等荣誉。

（3）广之旅：广州广之旅国际旅行社股份有限公司，旅行社知名品牌，全国旅游服务质量标杆单位，华南旅游航母岭南集团旗下成员企业，国家电子商务试点单位，华南地区规模较大、实力最强、美誉度最高的旅行社之一。

（4）锦江旅游：上海锦江国际旅游股份有限公司是锦江国际（集团）有限公司旗下主营旅行社业务的上市公司，是中国旅行社行业的龙头企业。

（5）中旅总社：中国旅行社总社是新中国第一家旅行社，同共和国一起诞生，与共和国一道成长。60年来，以满足客户需求为己任，以诚信经营为准则，以卓越品质为追求，赢得无数客户的青睐和支持，品牌知名度、美誉度和竞争力不断提升。

（6）凯撒旅游：凯撒旅游品牌成立于2000年，隶属北京凯撒国际旅行社有限责任公司。凯撒旅游拥有深厚的欧洲背景和独特的服务理念。在保持原有"欧洲旅游专家"品质的同时，凯撒旅游率先倡导时尚旅游新概念，推出个性化产品，追求高品质服务，为渴望体验旅游乐趣的人们打造舒适、理想的旅程。

（7）春秋旅游：春秋旅行是上海春秋国际旅行社（集团）有限公司旗下的品牌。目前已拥有4000余名员工和导游，年营业收入60亿元，业务涉及旅游、航空、酒店预订、机票、会议、展览、商务、因私出入境、体育赛事等行业，是国际会议协会（ICCA）在中国旅行社中最早的会员，是第53、54、55届世界小姐大赛组委会指定接待单位，是世界顶级赛事F1赛车中国站的境内外门票代理，被授予上海市旅行社中唯一著名商标企业，是中国第一家全资创办航空公司的旅行社。

（8）中青旅：中青旅控股股份有限公司，旅行社中的知名品牌，北京市优秀新技术企业，中国服务业500强，中国旅行社协会副会长单位，国际航空运输协会会员单位，国内旅游服务领航者，中国最具发展潜力上市公司之一。

（9）和平国际：中国和平国际旅游有限责任公司，旅行社中的知名品牌，中国公民出国旅游业务的国际旅行社，中国旅行社协会的正式会员单位，全国国际旅行社百强社之一，与多家知名企业建立了良好的合作关系。

（10）众信：北京众信国际旅行社股份有限公司，旅行社中的知名品牌，上市公司，中国旅行社协会会员单位，国际航空运输协会会员单位，出境旅游产品的制造者和服务的提供者，中国较大的出境游运营商之一。

（资料来源：排行榜123网）

5.1.3 我国旅行社的发展现状及未来发展方向

5.1.3.1 我国旅行社发展的现状

A 旅行社市场发展良好

在旅行社数量方面，近几年来我国旅游人数不断增多，对旅游的需求拉动了旅行社数量的不断增长。我国旅行社数量表现出了持续稳定增长的趋势，如图5-1所示。2016—2019年增率逐年上升，2019—2021年受新冠肺炎疫情影响，旅行社增长率出现下降，但数量仍然有所增长。在旅行社接待人数方面，我国旅行社接待人次在2015—2019年逐年增长，到2019年接待人次达到18472.66万人次，如图5-2所示。

B 旅行社经营主体多元化

传统旅行社顺应信息时代发展的要求，加大对互联网技术的应用，加大平台建设投入拓展销售渠道，以获取更多的用户。如中青旅遨游网、锦江旅游、众信旅游悠哉网、中国旅行社星旅网等一批新兴业务平台涌现，为传统旅行社获取了更多的线上用户。此外，一

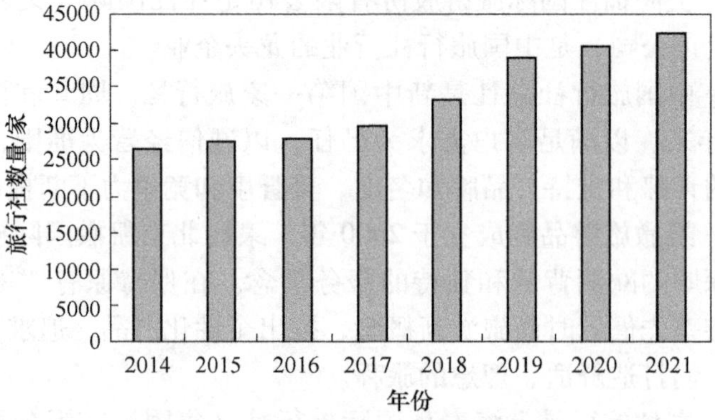

图 5-1　2014—2021 年我国旅行社数量

（数据来源：我国文化和旅游部数据整理）

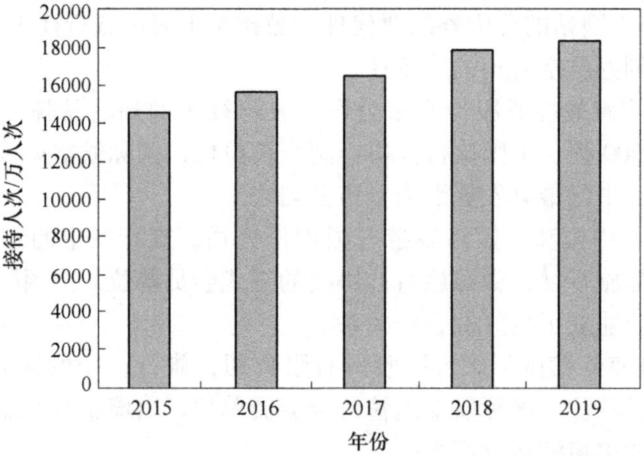

图 5-2　2015—2019 年我国旅行社接待人数量

（数据来源：我国文化和旅游部数据整理）

些俱乐部、留学机构、社团等也获得旅行社资质，外商投资旅行社也陆续以多种形式进入中国市场，进一步丰富了旅行社市场的经营主体。

5.1.3.2　我国旅行社未来发展方向

A　未来旅行社要成为异地美好生活方式的组织者

当前，人们已经从传统的景区—酒店封闭式的游览系统，转变为异地生活方式感受和体验的开放系统。为此，旅行社要以更宽广的视野挖掘旅游资源，打造创新旅游产品，细分市场，往精品化、个性化深耕，提升定制化设计的深度游服务。设计让旅游更美好。好的产品不仅要设计线路，还要构筑全过程体验的内容。实现好的旅行设计，离不开对人的深度理解和充分尊重。旅行社要比以往更重视每一个个体的生命情感、生命体验。要重视个性化、品质化产品的开发，将内在的精神追求与外在的资源相连接，重构旅游方式与旅游价值。

B 未来旅行社要成为新型旅游服务的供给者

要转变传统旅游服务观念，在自助行的旅游市场寻找更宽阔的服务空间，承担起更贴合游客需求的个性化、高品质服务职能，如通过提供订房、包车等阶段性、半自助过程服务，提升游客的出行体验感。要重视培养建立优秀的旅行设计师与导游队伍。未来旅游行业最核心、最激烈的竞争一定是对优质旅行设计师及导游的竞争。我们要加速培养来自各行各业的优秀独立旅行设计师，让他们成为优质旅游的创造者、组织者，成为行业变革的驱动者、推动者。导游的水平决定了旅游体验的深度和高度，要高度重视导游队伍建设，提升导游业务素养水平，要让导游成为传播文化、传递美好的使者。要加强关键技术运用，推动5G、大数据、人工智能等新技术在旅游服务中的运用，增加游客的游览时间，提升游客游览品质。

C 未来旅行社要成为文旅融合发展的建设者

只有文化赋能的旅游产品才具有核心持久生命力和核心竞争力，未来的旅游目的地定是文化高地。相应于文旅融合发展的大背景，旅行社也一定要成为具有高度文化内涵、能创造优秀文化体验的文化型企业。旅行社要成为"以旅化人"的心灵培育者。要在服务游客的过程中，讲好文化故事，实现文化和旅游的真融合、深融合与广融合。在移动的旅行课堂中，引导游客学会与大自然同频，与深厚的文化共振，与不同的文明触碰，进而实现以旅化人，提高人的涵养和素质，让人变得更美好，推动社会进步。

D 未来旅行社要成为旅游经济创新发展的引领者

旅行社要充分认识旅游在国家"双循环"战略中的重要作用，把旅游放到经济社会发展的大局中来看，发挥旅游"兴一业旺百业"的作用，推动旅游与文化、农业、工业、教育、科技、金融、健康、体育等深度融合。广大旅行社要成为旅游全产业链上的核心运营者，探索旅游服务供给和旅游产品打造相结合的新发展模式。要充分发挥行业协会整合资源的能力，探索建立资源共享、市场共拓、优势互补的机制。要积极开拓新市场，培育新业态。在关注年轻群体的同时，还要重视老人等群体市场开发。要放眼未来，高度重视发展入境旅游。旅游是"和平使者、友谊桥梁"，一次旅游能改变人们对一个地方甚至一个国家的认知。旅行社要充分发挥旅游"传播文明、交流文化、增进友谊"的独特作用，大力发展入境旅游。

知识拓展

露营业务——疫情冲击下旅行社的第二增长曲线

2019年末，突如其来的新冠肺炎疫情使得出入境旅游业务遭受较大冲击，国内旅游市场竞争进一步加剧。在旅游消费逐渐被激发和释放的中长期趋势下，叠加疫情影响，大众旅游出行和消费偏好发生变化，国内城市周边游、新业态旅游等需求持续攀升。这一形势激发着旅游传统项目加速转型升级，催化着传统旅行社业务加速变革。

在常态化疫情防控的大背景下，人们出游半径变小，但向往大自然、亲近山水的心态没变。因此，城市近郊依山傍水、风景优美的地方成了人们首选出游目的地。国内部分旅行社将目光转向了本地游、周边游市场，并紧紧盯住了"90后""00后"热衷的露营市场。

2022 年 6 月 1 日，中青旅遨游网正式发布露营品牌“遨游露营家”，进军精致露营市场；2022 年 6 月 18 日，北京春秋国际旅行社的“春野秋梦”露营品牌在北京顺利开营，春秋集团非常重视这项业务，并将在全国开发建立统一品牌、统一服务、统一产品，使“春野秋梦”营地在 30 多个城市落地，成为旅行社的第二增长曲线。

北京春秋国际旅行社的总经理杨洋认为，传统旅行社特别适合做露营业务，因为现在大多数露营营地实际上只是在卖资源，产品雷同，非常缺少专业的、有温度的服务，而旅行社最擅长的就是服务，对客人比较了解，而且善于服务，可以把很多旅行服务和商务会展接待方面的经验和好的元素应用到露营产品当中，给客人提供露营时需要的那种氛围、惊喜和主题策划等，能很好地解决原有露营市场存在的痛点，这些都是旅行社切入露营业务的机会和空间。

未来，露营行业对产品和服务的要求也会越来越高，露营将不再局限于单一的家庭聚会，其功能将逐渐拓展到公众社交、商务应酬等。露营+景区、露营+乡村、露营+研学、露营+演艺、露营+垂钓等新形势也将顺势产生。

（资料来源：腾讯新闻资料整理）

5.2　旅行社的职能和基本业务

5.2.1　旅行社的职能

旅行社最基本的职能是设法满足旅游者在旅行和游览方面的各种需要，同时协助交通、饭店、餐馆、游览景点、娱乐场所和商店等旅游服务供应部门和企业将其旅游服务产品销售给旅游者。具体来说，旅行社的职能包含以下五个方面。

5.2.1.1　生产职能

旅行社是旅游产品生产线的源头，其生产职能也可以称为组装职能。在我国，旅行社大多以不高于市场价的价格向饭店、旅游交通和其他相关部门批量购买旅游者所需的各种服务项目，然后进行组装加工，并融入旅行社自身的服务内容，形成具有自己特色的旅游产品。旅行社在生产其自身产品的过程中，利用了相关企业包括景区、酒店、交通部门、旅游目的地旅行社及娱乐企业等的产品和服务，但并不是将产品进行简单相加，而是结合市场需求进行合理组合。就这个意义而言，旅行社具有和制造业类似的生产职能。旅行社的生产职能体现在其生产的流程中，旅行社完整的生产流程包括市场调查、市场细分、目标市场的确定、市场定位、产品组合设计、服务采购、接待服务、售后服务。

5.2.1.2　销售职能

旅行社是销售者。一方面，旅行社招徕旅游者，促进了单项旅游产品生产企业的销售；另一方面，作为旅游产品的销售渠道，旅行社有代客预订各种单项旅游产品，便于旅游者进行统一购买，大大简化了旅游过程中的交换关系。这种旅游产品的无形性和生产与消费的同一性，使旅游产品的销售较物质产品更为复杂，同时也使旅游产品的销售对销售渠道的依赖变得更强。

5.2.1.3　组织协调职能

旅行社是组织者。旅游活动涉及食、住、行、游、购、娱等众多方面，旅行社要保障旅游活动的顺利进行，就离不开旅游业各部门和其他相关行业的合作与支持。旅游业各部门之间以及旅游业与其他行业之间存在的都是一种相互依存、互利互惠的合作关系，旅行社作为其中的一个组成部分，并不具备对其他部门的管辖指挥权。旅行社要想确保旅游者旅游活动的顺利进行，就必须进行大量的组织与协调工作，在确保合作各方实现各自利益的前提下，协同旅游业各有关部门和其他相关行业，保障旅游者旅游过程中各个环节的衔接与落实。

5.2.1.4　分配职能

旅行社是分配者。旅游者旅游活动过程中的消费是多种多样的，特别是在包价旅游的情况下，旅游者通常为其各种旅游活动一次性预付全部或部分费用。这意味着旅行社不仅要根据旅游者的要求，在不同的旅游服务项目之间合理分配旅游者的支出，最大限度地满足旅游者的需要，而且要在旅游活动结束后，根据接待过程中各相关部门提供服务的数量和质量合理分配旅游收入。

5.2.1.5　提供信息职能

旅行社是信息的发布者。旅行社提供信息的职能主要表现在两个方面：一方面，旅行社作为旅游产品重要的销售渠道，始终处在旅游市场的最前沿，熟知旅游者的需求变化和市场动态，应向旅游者提供旅游供给方面的信息咨询服务，使其了解有关线路、交通、景点、饭店、娱乐等方面的产品情况，激发旅游动机，充当旅游决策顾问，应向旅游服务部门提供旅游市场需求，并将之传递给相关企业，调节供给；另一方面，旅行社应及时、准确、全面地将旅游目的地各相关部门最新的发展和变化传递到旅游市场去，才能让旅游者进行正确的选择。

5.2.2　旅行社的基本业务

按照旅行社的业务流程，旅行社的基本业务可分为市场调查、产品开发、服务采购、产品销售、接待服务等几个环节，而质量管理、风险控制、人事管理及战略制定等都是旅行社涉及每个业务环节的基本任务。

5.2.2.1　市场调查业务

市场调查是市场经济条件下任何企业开展业务的基础性工作，旅行社业务也不例外。旅行社在市场调查的基础上，根据自身的战略目标、竞争态势及本企业可利用的资源，做好市场细分、目标市场确定、市场定位等工作，为旅行社开发恰当的旅游产品做好准备工作。

5.2.2.2　产品开发业务

产品开发业务包括产品设计、产品试产与试销、产品投放市场和产品效果检测评价四个环节。旅行社的产品开发是在市场调查的基础上进行的，在综合考虑旅行社战略、市场需求与竞争对手产品状况等因素的前提下开发出相应的旅游产品。产品试产与试销是指先在市场上对刚设计出的新产品进行小批量投放。产品投放市场是把经过试产试销的旅行社产品大规模投放市场。产品效果检测评价指的是在产品服务的过程中及结束后，对产品质量的各个环节进行调查、跟踪并不断改进质量的过程。

5.2.2.3　服务采购业务

旅行社产品设计出来以后，旅行社向上游旅游服务企业（如航空、铁道、酒店、景点、娱乐、旅游商店等）采购旅游产品，同时也要向旅游线路沿途的各地接待旅行社采购当地的旅游接待服务。

5.2.2.4 产品销售业务

在设计好产品、完成旅游服务采购后，旅行社紧接着就是进行旅游产品的销售与推广业务，这部分业务包括产品价格的制定、销售战略与渠道的选择、旅游产品的促销等内容，其根本任务是促进更多旅游者对旅行社产品的购买与消费。

5.2.2.5 接待服务业务

接待服务业务是旅行社产品的最终实现，包括团体旅游接待服务和散客旅游接待服务。团体旅游接待服务包括旅途生活服务与导游讲解服务。散客旅游接待服务包括单项代理服务、旅游咨询服务和选择性旅游服务等内容。接待服务水平的高低决定着旅游者对整体旅游产品质量评价的高低，关系到旅游者旅游需求的满足程度，影响到旅行社乃至一个国家或地区旅游业的声誉。

5.3 旅行社接待管理

接待是旅行社的基本业务之一，旅游接待过程是旅行社的直接生产过程，对于旅行社接待业务的管理，主要围绕接待人员的管理和接待过程的管理而展开。旅行社的接待业务管理主要包括旅行社门市接待管理、旅行社团队接待管理旅行社散客接待管理等。

5.3.1 旅行社门市接待管理

门市是旅行社的第一线，是旅游者与旅行社第一次面对面亲密接触的地方，是旅行社给旅游者留下第一印象的地方。门市对于整个旅行社的经营具有重要意义，门市服务的好坏直接影响到旅游者对旅行社的评价，旅游者经常通过门市来了解旅行社的整体水平。因此，门市是旅行社的形象代表，做好门市接待是旅行社的首要工作。

5.3.1.1 咨询服务

旅行社门市接待员要做好回答游客来电或接待来访游客的咨询服务，做好记录，广泛收集信息，参与企业组织的推广活动，宣传和展示旅行社的最新旅游活动和旅游产品线路，负责来电或来访游客的业务推荐、产品营销等事宜。咨询服务的步骤为谈话（或电话）倾听需求、预测游客动机、提出方案、展示线路、预订产品、编制旅行日程表、核定产品价格、商议购买事宜。

5.3.1.2 销售手续办理

确认购买后，旅行社门市接待员应把线路准备好，给游客报价（如遇到团队，一般一团一议，因为人数不一样，票价也不一样，应随时核算）；签订旅游合同时要提醒游客仔细查看行程内所有包含项目、不含项目、自费项目等，以确认行程，并根据游客年龄填写相应的协议（如老年人旅游补充协议、未成年人旅游补充协议等）；及时给游客上保险（自愿），给游客安排交接。手续办理完成后要给游客开具收据/发票，提供一式三份的旅游合同、确认的行程单、旅游告知书、保险单证和旅游包/帽等。

5.3.1.3 售后服务

售后服务包括将游客的资料归档，将团号、日期、人数记在动态版，将游客资料写入名单表，将报名资料录入电脑，并通知相关业务人员：接受游客投诉，将所掌握的投诉迅速而有效地转告专门的投诉处理部门和管理者，对投诉处理的进展要时刻关注，及时把处理结果反馈给游客；收集、整理游客的反馈信息，对游客的旅游偏好、个性化要求、旅游接待的意见和建议等进行汇总、归类和综合整理，形成书面文字留存备案，为后续开展客户关系管理，维系良好客户关系打下基础。

5.3.2 旅行社团队接待管理

团队旅游是旅行社或旅游中介机构将购买同一旅游路线或旅游项目的10名以上（含10名）游客组成旅游团队进行集体活动的旅游形式，一般包括入境旅游团队、出境旅游团队、国内旅游团队三种类型。团队旅游一般以包价形式出现，具有方便、舒适、相对安全、价格便宜等特点，但游客的自由度小。团队旅游接待业务是旅行社接待业务很重要的一个方面，是一项综合性系统性很强的工作。

5.3.2.1 领队的接待服务

领队是旅游团队的组织者和发言人，既是旅游团队的服务人员，又是旅游者合法权益的维护者。领队在客源地组团旅行社与旅游目的地组团旅行社和接待旅行社之间、在旅游团成员与全陪和地陪之间充当联系人和协调人的角色。

A 准备阶段

领队在旅游团出发前应做好充分的准备工作，以便在随后到来的旅游接待阶段，能够比较顺利地完成接待任务。在准备阶段，领队应该认真研究旅游团的情况和旅游接待计划，做好各项物质准备，并在旅游团离开旅游客源地前往旅游目的地之前，向旅游团介绍旅游目的地的情况。

领队在准备阶段的主要工作包括以下几个方面。（1）熟悉情况。领队在率领旅游团前往旅游目的地之前，应该认真研究该旅游团的旅游计划，以便对即将进行的接待工作做到心中有数。此外，领队还应设法了解有关旅游目的地及当地组团旅行社和各地接待旅行社的情况。（2）物质准备。领队应做好旅游接待工作所需的各种物质准备，主要包括旅游计划、有关票证、资料、日常用品、导游器具和少量现金等。（3）介绍情况。领队在旅游团启程前往旅游目的地之前，应向旅游团介绍有关旅游目的地的情况及各种注意事项。此外，领队还应向旅游团成员分发一些有关旅游目的地的资料，并提醒旅游者注意遵守客源国海关、动植物检疫等部门的有关规定。

B 实际接待阶段

实际接待阶段，是指旅游团从原出发地到达旅游目的地，再返回原出发地的旅游活动的全部过程。在这个阶段，领队应主动配合旅游目的地组团旅行社和各地接待旅行社派出的全陪和地陪，在生活上和游览参观活动中照顾好旅游者，使旅游团的旅游活动获得圆满成功。领队在实际接待阶段的工作分为第一天的工作、在旅游目的地旅游期间的日常工作和整个旅游活动最后一天的工作三项内容。

第一天的工作：在旅游团预定启程的当天，领队必须根据旅游计划提前到达预订的交通集散地，并向有关部门询问交通工具离开的时间有无变化；向旅游者进行自我介绍；帮助他们办理登机、乘车或乘船手续和行李托运手续；与旅游团一起核实旅游计划的各项内容，并宣布旅游团全体成员在旅游期间应共同遵守的一些规定。领队在此期间应向旅游者表示愿意为他们服务，并将尽力维护他们的正当权益，随时为他们解决旅途中的各种困难，使旅游团对领队产生良好的第一印象，这对于领队日后工作的顺利进行具有十分重要的意义。

日常工作：除了第一天和最后一天的工作外，领队在旅途中其他时间的工作基本相同。这些工作包括：每天向旅游团通报当天的活动日程；在旅游团抵达旅游景点下车游览时，提醒他们返回汽车的准确时间和地点；在旅游者返回后及时清点人数，并通报接下来的活动内容；在前往下一个旅游景点途中，如果时间较长，可以组织一些娱乐活动，以活跃气氛，融洽旅游团成员之间的关系；同全陪或地陪核实下一项或第二天的活动日程；向旅游团通报第二天的活动日程，特别是次日早上要进行的第一项活动内容及出发时间和乘车、船地点；当旅游者全部下车后，同其他导游一起对车船内进行细致的检查，妥善处理旅游者遗忘在车上的物品。

最后一天的工作：在旅游活动的最后一天，经过较长一段时间的旅行和游览活动，无论是旅游者还是领队都已经十分疲劳。领队必须克服旅途中的疲劳，竭尽全力地为旅游者提供优质的服务，使旅游团的整个旅游活动善始善终。对于领队，在旅游者离开前给他们留下一个良好的最后印象是十分必要的，能够让领队及其所代表的旅行社在旅游者心目中的形象保持完美。只有这样，旅游者才有可能再次要求这家旅行社甚至该领队继续为他们提供服务，或者介绍他们的家人、亲戚、朋友参加这家旅行社组织的旅游活动。领队在旅游活动的最后一天要做的工作很多，主要包括：调动旅游者情绪；帮助旅游者整理行装，提醒旅游者不要将物品或行李遗忘在乘坐的交通工具上；主动征求旅游者对旅游活动的意见和建议；与旅游者相互交换联系地址或电话，以便继续保持联系；代表旅行社举行告别宴会，致欢送辞，感谢旅游者在一路上给予的支持与合作，并表达希望能再度为他们服务的意愿。

C 总结阶段

送别旅游团后，领队应立即回到旅行社，处理各种遗留事项，并就旅游团接待经过及在途中发生的各种问题和处理的经过进行总结。在总结阶段，领队需要做的工作主要包括处理旅游团接待过程中的各种遗留问题，如旅游者的委托事项、可能的投诉等；向旅行社结清账目，归还启程前从旅行社借到的物品；填写领队日志，总结旅游团的接待经过，如旅游者的表现及反映，旅游目的地组团旅行社和各地接待旅行社执行旅游计划的情况，全陪和地陪的服务态度、知识水平、语言表达能力、处理问题的能力及与领队合作的情况等。

5.3.2.2 全陪导游的接待服务

全程陪同导游（全陪）是旅游目的地组团旅行社派出的旅游团接待人员。全陪负责监督旅游接待计划的全面落实，并在沿途照顾旅游团的生活，协调领队、地陪、司机等旅游接待人员的协作关系等。全陪的接待服务程序分为四个阶段。

A 准备阶段

全陪在准备接待阶段的工作主要包括熟悉情况、物质准备和联系地陪三项。

熟悉情况：全陪在接受旅游团的接待任务后，应首先熟悉和研究旅游团的接待计划，熟悉旅游团的情况和旅游路线的情况，了解各地承担接待任务的旅行社情况，从而确定接待计划的重点和服务方向。

物质准备：全陪在准备阶段还应做好物质方面的准备，以便在以后的几个工作阶段中能够较好地完成接待任务。全陪所需准备的物品基本上与领队相同，这里不再赘述。

联系地陪：在旅游团抵达前一天，全陪应主动设法与负责接待的地陪进行联系，了解第一站接待工作的详细安排情况，并确定集合的地点和时间，以便在第二天准时前往旅游团抵达的地点迎接。如果由全陪兼任地陪，则应亲自同旅游汽车公司的调度人员联系，落实接站事宜。

B 迎接服务阶段

在旅游团抵达旅游目的地的前后一段时间里，是全陪接待工作程序中的迎接阶段。在这个阶段中，针对不同类型的旅游团，全陪需要提供不同形式的迎接服务。

入境旅游团的迎接服务：全陪在迎接入境旅游团时，应与地陪（如全陪兼任地陪，则由全陪单独前往迎接）一起提前半小时到达接站地点迎接旅游团。在接到旅游团后，全陪应主动与该旅游团的领队联系，了解并核实旅游团的实际到达人数，旅游团有无特殊要求和需要给予特殊关照的旅游者；与领队、地陪和接待旅行社的行李员一起清点和交接行李，代表旅游目的地组团旅行社和个人向旅游团致欢迎辞，做自我介绍，表达向全体旅游者提供服务的真诚愿望并预祝旅行顺利、愉快，协助地陪带领旅游团乘车前往预订下榻的饭店。当旅游团所乘坐的汽车抵达饭店后，全陪应协助地陪和领队将旅游团带入饭店。在旅游团进入饭店后，全陪应协助旅游团领队办理入住手续；协助有关人员随时处理入住过程中可能出现的各种问题；与领队核对并商定旅游团的活动日程，掌握领队所住的房间号和电话号码，以便随时进行联系；掌握旅游团的住房分配名单和饭店总服务台电话号码；同地陪确定在紧急情况下的联系方法。

国内旅游团的迎接服务：参加国内旅游团的多数旅游者按照事先同组团旅行社商定的旅游计划，在规定的时间从组团旅行社所在的城市或地区汇集到双方同意的地点集合，开始旅游活动。因此，全陪向国内旅游团提供的迎接服务同其向入境旅游团提供的迎接服务有所不同。在迎接地点，全陪主要提供的服务包括进行自我介绍，并代表组团旅行社向旅游者表示欢迎，介绍旅游线路及沿线主要旅游景点概况、旅游目的地的风土人情、旅游线路沿途各城市或地区的接待条件、旅游目的地居民对外来旅游者的态度及旅游者应注意的其他有关事项等，向旅游团成员分发一些有关旅游目的地的资料，为旅游团分配饭店住房，介绍地陪，并请地陪向旅游团介绍在当地的活动日程，协助地陪办理旅游团入住饭店的手续。

C 途中服务阶段

途中服务接待是全陪向旅游团提供旅游接待服务的主要阶段。在这个阶段，担任入境旅游团接待工作的全陪，应建立起与旅游团领队和地陪之间良好的合作关系：而担任国内旅游团接待工作的全陪，则应同各地的地陪进行紧密的合作。全陪在旅游途中向旅游团提供的服务，主要是监督各地接待旅行社，严格按照旅游接待计划向旅游者提供符合合同规定和国家有关服务标准的导游讲解服务和生活服务。另外，全陪还要承担起与各地旅行社联络和在旅行时对旅游团进行生活关照和讲解服务的任务。

全陪在旅游途中提供的服务主要包括：做好旅游线路上各站之间的联络，通报旅游团旅游情况和旅游者在参观游览和生活上的特殊要求；协助各地地陪的工作，提醒他们认真落实旅游团在当地的抵离交通工具、饭店的入住与离店手续、旅游景点的导游讲解服务等；照顾旅游者的旅途生活，并解答旅游者提出的各种问题；注意保护旅游者的人身和财物安全，提醒旅游者保管好自己的随身物品及行李；征求旅游者对整个旅游接待工作的意见和建议；在旅游团预订的离境口岸送别入境旅游团，或带领国内旅游团返回原出发地；代表组团旅行社对旅游者在旅途中的合作致以谢意，并欢迎他们再度光临。

D 结束阶段

全陪在送别旅游团后，应尽快返回旅行社，处理结束工作阶段的各种事务。在这个阶段，全陪所要做的工作包括结清账目、处理遗留问题、填写“全陪日志”和归还所借物品等。

5.3.2.3 地陪导游的接待服务

地方陪同导游（地陪）由旅游目的地接待旅行社派出，并负责具体执行旅游接待计划，在地方旅游过程中起着关键的作用。地陪在当地的旅游接待过程中，应根据旅游接待计划和全陪反映的意见和建议，做好旅游团在当地食宿、购物、娱乐等各项活动的安排，落实旅游团离开当地前往其他地方交通票据的预订或确认事宜，并提供优质的导游讲解服务。地陪的接待服务程序分为准备、迎接服务、导游讲解及生活服务、结束四个阶段。

A 准备阶段

地陪在接受接待旅游团的任务后，应及时、充分地做好各方面的准备，以便在旅游团到来后能够为他们提供良好的服务。在准备阶段，地陪的主要工作包括研究旅游接待计划、安排和落实旅游活动日程、做好知识储备和物质准备等。

B 迎接服务阶段

在迎接服务阶段，地陪应做好下列工作：出发接站前，再次核实旅游团所乘交通工具抵达当地的确切时间，并通知旅行社的行李员，在旅游团抵达当地前半个小时到达接站地点，并与司机商定停车等候的位置；当旅游团乘坐的交通工具抵达后，应持接站标志牌（旗）站立在醒目的位置上，迎接旅游团的到来；旅游团出站后，主动上前同旅游者及领队和全陪联系，进行自我介绍，向他们表示热烈欢迎：与领队和全陪核实旅游团成员的实到人数和托运的行李件数，并与旅行社行李员办妥行李交接手续；及时引导旅游者上车，协助旅游者就座并清点人数，待全部人员到齐后，请司机发车；致欢迎辞并进行沿途导游，在汽车行驶到旅游团预订下榻的饭店或旅馆的附近时，向旅游团介绍饭店的概况；旅游者下车并进入饭店后，引导他们办理入住手续，介绍饭店的各项服务设施及其位置和营业时间，介绍用餐时间和就餐形式；旅游团的行李抵达后，与行李员进行核对并协助行李员送至旅游者房间；同旅游团领队、全陪一起商定旅游团在当地的活动安排并及时通知每一位旅游者；掌握领队和旅游团其他成员的房间号码，并根据旅游者的要求，安排第二天的叫早服务；带领旅游团到餐厅用好第一餐。

C 导游讲解及生活服务阶段

导游讲解及生活服务阶段，是地陪的主要工作阶段。一般来说，地陪应在每次活动前的10分钟到达预定集合地点，督促司机做好出发前的准备工作。旅游者上车后，地陪应及时清点人数，向旅游者报告当日的重要新闻，天气情况，活动安排，午、晚餐的就餐时间及地点。当全部旅游者到齐后，地陪应请司机发车，并开始介绍沿途的风景、建筑物等。到达景点后，地陪应介绍景点的历史背景、风格特点、地理位置和欣赏价值，并告知旅游者在景点的停留时间、集合地点和游览注意事项。在游览过程中，地陪应始终同旅游者在一起活动，注意旅游者的安全，随时清点人数，以防旅游者走失。与此同时，地陪还应使用生动形象的语言向旅游者讲解景点情况，使旅游者获得美的享受。

除导游讲解服务外，地陪还必须在旅游者就餐、购物和观看文娱节目时提供相应的服务，如介绍餐馆、菜肴特色、酒水类别、餐馆设施、当地商品特色、节目内容及特点，回答旅游者的各种问题，解决随时出现的问题等。旅游团结束在当地参观游览活动的前一天，地陪应向有关部门确认交通票据和离站时间，准备好送站用的旅游车和行李车，与领队或全陪商定第二天叫早、出行李、用早餐和出发的时间，并提醒旅游者处理好离开饭店前的有关事项。在旅游团离开饭店乘车前往飞机场（火车站、船舶码头）前，地陪应主动协助饭店与旅游者结清有关账目，并与领队及全陪和接待旅行社的行李员一起清点行李，办好行李交接手续，然后招呼旅游者上车。上车后，地陪应清点人数，并再次提醒旅游者检查有无物品或旅行证件遗忘在房间里。

当为旅游团送站的旅游车到达飞机场（火车站、船舶码头）后，地陪应与领队、全陪和接待旅行社的行李员交接行李，帮助旅游者办理行李托运手续，并将交通票据和行李托运票据移交给全陪、领队或旅游者。旅游团离站前，地陪应致欢送辞，感谢旅游者在当地停留期间给予的合作，诚恳地征求旅游者对当地接待工作的意见和建议，并祝愿旅游者旅途愉快。如果旅游团乘坐国内航班（火车、轮船）离开当地前往国内其他城市或地区旅行，地陪须等到旅游者所乘的交通工具启动后，才能离开送别地点。如果旅游团乘坐国际航班离境，则地陪应在将旅游者送至海关前与旅游者告别。当旅游者进入海关后，地陪即可离开送别地点。

D　结束阶段

送走旅游团后，地陪应及时返回旅行社，认真、妥善地处理旅游团在当地参观游览时遗留下的问题，按规定处理旅游者的委托事项，与旅行社结清账目，归还所借物品，做好旅游团在当地活动期间的总结工作，并填写“地方陪同日志”。

5.3.3　旅行社散客接待管理

散客旅游与团队旅游在接待服务工作和管理上有许多相似之处。但也有很多不同之处，散客部导游随时都在办理接待散客的业务，按照散客的具体要求办理单项委托服务的事宜，并填写旅游委托书，地陪则具体按照委托书（即接待计划）的内容进行操作。总体来说，散客旅游服务接待的流程和管理要求包括服务准备、接待服务和善后工作。

5.3.3.1　服务准备

导游员应明确接待的日期、航班或车船的抵达时间及班次，游客姓名、人数和下榻的酒店，了解游客的职业、年龄、性别、宗教信仰、特殊要求等，此外，还应了解需要提供的服务接待项目有无变更及是否与其他散客一同前来等；在充分了解情况后，导游员应做好出发前的准备，携带迎接散客的接站牌、导游 IC 卡、导游旗等，检查所需的票证和经费以及餐费、游览券等；与接站的司机联络，约定出发的时间、地点，了解车牌号和车型；与游客联系，确认接站时间和地点，确保接客准确无误。

5.3.3.2 接待服务

导游员应提前抵达接站地点，由于散客人数较少，没有领队和全陪，因此，导游员应与司机站在不同的出口，选择易于被游客发现的地方举牌、等候，确认接到散客后，应热情、主动地问候，并介绍所代表的旅行社和自己的姓名，向他们表示欢迎。同时，询问游客行李件数并进行清点，帮助游客拿取行李，引导其上车。在散客乘车到酒店的途中，导游员应做好沿途导游讲解服务，介绍城市的情况、下榻酒店的地理位置和交通状况，及旅行中应注意的事项等，同时，询问散客在本地的停留时间及需要旅行社为其代办的事项，并表示愿竭诚为其提供服务。到达酒店后，应协助客人办理入住登记手续，再次确认散客的日程安排及需要导游帮忙代办的事宜。在散客游览过程中，导游员应尽心尽力做好沿途导游讲解工作，注重与游客互动、沟通、交流，及时回答散客提出的疑问，做好散客的参谋和顾问，介绍和协助安排散客的晚间娱乐活动，尽可能与散客之间保持和谐、愉快和友好的关系。接待任务完成后，导游员应及时将接待中的有关情况反馈给散客部或计调部，并填写零散游客登记表。散客完成本地参观游览活动后，导游员应按照约定时间到达散客下榻的酒店，协助散客办理离店手续，并清点行李，照顾散客上车离店。在送散客前往机场或车船码头的途中，导游员应真诚地向散客征询在本地停留期间或游览过程中的感受、意见和建议，并代表旅行社向其表示感谢。送散客至安检入口处，应礼貌地向其道别，诚挚地欢迎其再次来游玩。

5.3.3.3 善后工作

善后工作包括向旅行社散客部汇报散客接待工作、总结经验和教训、反馈有关情况、处理可能遗留的问题、认真办理散客委托的代办事宜、与财务部结清账目、归还所借物品等。

复习思考题

5-1 世界旅行社的产生是基于什么背景？

5-2 我国旅行社的发展经历了哪些阶段？

5-3 旅行社的职能有哪些？

5-4 旅行社的基本业务有哪些？

5-5 全陪导游的接待工作有哪些？

案例分析题

接待美国旅游团

一个秋天的晚上，北京一家旅行社的导游员小庄在机场接到了一个20多人的美国旅游团，团内的旅游者大多是退了休的老年人。旅游团的领队是一位30多岁的女士，一见导游小庄的面，就主动打招呼，为客人办理手续和服务时也显得热情勤快。从机场到饭店的路上，那些客人显得很随和，对小庄的沿途讲解听得也很认真。到了饭店，小庄领队讨论了在京的活动日程。领队要求将活动的节奏放慢一些，要让客人们在休闲愉快的气氛中旅游。

第二天约定好早上8时30分从饭店出发，但那些讲究休闲的客人，足足拖延了15分钟才全部到齐。在去长城的途中，小庄照例介绍了当天的天气状况、沿途的建筑和风景，还教大家学了几句常用的中文。游客们现学现卖，车内不时响起洋味的“早上好”“谢谢”和“对不起”的话音。客人们还经常提出一些问题，询问当地市民的生活。对沿途的景象也感到十分的好奇，看到众多的自行车和拥挤的公交车时，有人要拍张照，看到美国快餐馆时也会发出一片惊喜之声。针对大家的提问，小庄给予耐心的问答，有时还用一两句美国俚语，大家的情绪十分高涨。

在接待中小庄发现，那些美国游客比较喜欢消闲、娱乐形式的活动，消费水平也比较高。在商店购物时，有些人买了高档的旅游纪念品。游览过于劳累时，有人会放弃集体吃晚饭的权利，而回房间休息。每次吃晚饭前，他们也总是要求先回饭店休息，再从饭店出发去用餐。针对客人的这些特点，她与领队商量后，改变了一下旅游路线，尽量选择一些路线短的线路，途中还给客人留出休息时间。回饭店的次数也尽量安排得多一些，活动则增加了胡同游、逛夜市和琉璃厂购物等，让美国游客近距离地体验北京的文化生活。美国游客纷纷表示不枉此行。

（资料来源：百度文库）

思考：结合案例，思考导游小庄在接待过程中是如何做到让游客满意的？

6 邮轮接待业务管理

学习目标

（1）理解邮轮、邮轮旅游的概念。

（2）掌握邮轮旅游的基本特征。

（3）了解邮轮的类型、发展历程。

（4）熟悉现代邮轮经营管理、接待管理、卫生管理和安全管理。

章前引例

三亚国际邮轮港：服务优质化 彰显国际范
——回访习近平总书记2013年视察海南时走过的地方·三亚国际邮轮港

习近平总书记2013年视察海南时指出：

改革开放是发展海南的关键一招，希望海南发扬经济特区敢闯敢试、敢为人先的精神，在打造更具活力的体制机制，拓展更加开放的发展局面上走在全国前列。

五年前的那个春天，习近平总书记来海南视察，为三亚国际邮轮港的发展把脉开方，声声嘱托催人奋进！

这个当年仅能容纳一艘8万吨以下邮轮的港口，在五年后的今天，交出了新的答卷：二期码头新增4个泊位，拥有了覆盖全世界所有吨位邮轮的停靠能力。

良好的硬件设施、高效优质的口岸服务，让三亚国际邮轮港成为三亚乃至海南对外开放的重要门户、国际大型邮轮在东南亚航线上经停的黄金站点。三亚邮轮产业发展站在了“快速路”端口。

（1）筑巢引凤：硬件配套搭平台。

走在三亚国际邮轮港二期码头堤岸，顺着岸线由近及远，目之所见分别是两个15万吨的试运行泊位和两个22.5万吨的预留泊位。再加上一期码头原有的1个8万吨泊位，三亚国际邮轮港已具备能停靠目前世界上所有型号邮轮的能力。

“相比2013年，三亚国际邮轮港在硬件设备上已发生了翻天覆地的变化。”三亚国际邮轮发展有限公司董事长曾宪云总会忆起当年，习近平总书记在邮轮码头考察的情景。

“习近平总书记嘱咐我们要加快邮轮母港的建设步伐，加快发展邮轮产业，为国际旅游岛建设做贡献，让我们坚定了发展的信心和动力。”曾宪云说。

于是总投资约180亿元的三亚国际邮轮港二期工程于2015年上马，到2018年基本建成。在今年2月15日，二期码头以央视春晚分会场举办地的身份全新亮相。

在三亚国际邮轮港的成绩单上可以看到：从2006年11月试通航至今，三亚国际邮轮港已接待国际邮轮526艘次，出入境游客超过百万人次。来访邮轮的吨位也越来越大，16.8万吨级“海洋赞礼”号邮轮、15万吨级的“玛丽女王”号、13.8万吨级的“海洋航行者”号等世界知名邮轮先后选择中停三亚，为三亚邮轮经济源源不断添动力。

（2）丰富细节：优质服务留人心。

3月26日上午，首航三亚的“英锡亚”号邮轮缓缓靠港，来自26个国家和地区的434名游客登陆三亚。三亚国际邮轮港联检大厅的入境通道内，边检、海关、检验检疫三道手续关口纵列一线，联检工作人员们如默契的接力赛选手，测量体温、验证护照、检查行李，高效验放每一名游客。

“三亚邮轮港的通关速度非常快，大概两三分钟我就出来了，我还坐邮轮去过其他国家，有的甚至要花上三四十分钟！而且工作人员对我微笑，让我感觉非常亲切和温暖。”加拿大游客芭芭拉欣喜之情溢于言表。

旅客的感受也是习近平总书记视察邮轮港时十分关心的问题。5年前，习近平总书记在这里专门了解了检验检疫、海关、海事、边检和出入境办证窗口的服务情况，并关注“验放一名旅客需要多少时间”这样的细节问题。

由于大型邮轮在港区停靠时间短、通关人数多，往往一船下来就是数千人，庞大的旅客疏散，对口岸通关效率不断提出新要求。

因此，三亚的口岸服务能力也在市场召唤中不断迭代，不仅在设备上采用了智能验证台和智能系统，服务模式也在不断改革创新。比如三亚边防检查站，从2013年以来，相继推出了大型邮轮快速通关法、大型邮轮人像识别电子通关法、赴境外登邮轮随船办检等创新性的勤务模式。满足了境外大型邮轮不同通关实际需求，实现来港邮轮“零时间下客”“零等候通关”和旅客入境边防检查手续“无指定通道候检”以及“无顺序快速验放”，近千名旅客验放不超过一个半小时，实现了大型邮轮通关效率的最大化。

（3）提升层次：阔步迈向国际化。

作为21世纪海上丝绸之路建设的排头兵，三亚借助政策东风，开拓国际邮轮市场势在必行。“在习近平总书记2013年视察海南之后，一批开放政策纷纷落地三亚。”三亚市海防与口岸局局长左正和介绍，借助26国免签证、落地签证、邮轮海上边境旅游、外籍邮轮多点挂靠等政策东风，三亚邮轮产业迎来了蓬勃发展新机遇。

先是2017年底，以三亚为邮轮母港，开通了三亚至菲律宾马尼拉、长滩岛的六天五晚邮轮游。紧接着2018年初，三亚再开通至越南岘港、芽庄、下龙湾等3条邮轮航线。与此同时，运用“外籍邮轮多点挂靠”政策，三亚作为经停港，与国内多个邮轮港联合打造了“香港—三亚—广州—下龙湾—三亚—香港”等一程多站邮轮产品。

航线拓展为三亚带来了更丰富的游客资源。而国际游客的增加对三亚旅游服务的国际化水平也提出了更高要求。

近年来，三亚市旅游委完善了多种语言的道路标示、标牌工作，并发动涉旅政府部门、旅游企业开展英语培训、授牌10家“全域旅游英语角”机构，营造了“全民学英语”的活跃氛围。“另外，我们近期启动国际化检测体系和国际旅游智囊库项目，这两项工作的完善，将为三亚提升国际化水平、打造国际旅游环境起到积极推进作用。”三亚市旅游委主任樊木透露。

省旅游委主任孙颖表示，下一步，海南将探索最优惠的免签和落地签政策，通过制定促进邮轮产业发展实施意见、完善开辟旅游航线“一事一议”奖补政策、开发“飞机+邮轮”新兴产品等多项创新举措，助推海南邮轮旅游升级转型。

（资料来源：三亚日报）

6.1 邮轮概述

6.1.1 邮轮

6.1.1.1 邮轮的概念

早期的邮轮（cruise）是指海洋上的定线、定期航行的大型客运轮船，是一种交通工具。现代邮轮具有旅游性质，是指航行于水域中、配备了较为齐全的生活与娱乐设施、专门用于旅游休闲度假的豪华船舶。现代邮轮设施设备豪华，而且功能齐全，就像一个流动性的大酒店，能够满足游客休闲度假等多样化需求。

6.1.1.2 邮轮的类型

目前，邮轮类型划分的方法主要有以下三种。

A 按照规模划分

邮轮规模大小的划分主要是从注册总吨位数、载客量两个指标考虑，可以划分为以下7种类型的邮轮，见表6-1。

表6-1 邮轮分类

分　类	注册总吨位数/吨	载客量/人
最小型邮轮	1000以下	200
小型邮轮	10000~30000	200~500
中型邮轮	30000~60000	500~1200
大型邮轮	60000~80000	1200~2000
特大型邮轮	80000~120000	2000~2500
巨型邮轮	120000~200000	2500~5000
特巨型邮轮	200000以上	5000以上

资料来源：赵序．国际邮轮服务与管理［M］．北京：旅游教育出版社，2017.

B 按照邮轮航行的水域划分

按照邮轮航行的水域，可以将邮轮划分为远洋邮轮、近洋邮轮和内河邮轮。远洋邮轮一般航程较长，航期在10~15天，甚至更长；近洋邮轮和内河邮轮航程较短，航期一般在7天左右或7天以内。

远洋邮轮多用于跨越大洋的洲际或环球航行，一般吨位较大，性能优越，内部设施豪华，造价也较高。

近洋邮轮多航行于局部区域，比如加勒比海、巴哈马、墨西哥、百慕大、阿拉斯加、夏威夷、地中海、北欧等海域。航程一般是从某个港口出发，到达一个或几个旅游港口，再回到出发港口，重新开始一个航程。

内河邮轮指航行于江、河、湖等内陆水域上的，用于运送旅客，也装运少量货物。

C 按照功能划分

按照功能来划分，邮轮可以划分为远洋奢华型邮轮、现代海上度假邮轮、专业型邮轮和经济型邮轮。

远洋奢华型邮轮一般尺寸、吨位都较大，船形多为流线型，抗风浪能力强，航行速度快，通常能提供管家服务。精致的美食、舒适的环境、优质的服务、最宽敞的生活空间等往往是这类邮轮的典型特点。住宿和公共区域都是经过精心设计的，所以，在豪华且带有阳台的特等客房、套房或双层公寓里，容纳的客人一般相对较少。这些邮轮其实相当于"五星"酒店的标准，但现在一般都采用"六星"来标注，以彰显其特殊的服务质量品质。"海洋和谐号""海洋绿洲号"等是这类邮轮的典型代表。

现代海上度假邮轮相当于漂浮的度假地，邮轮的规模从中等到巨型不等，但船形美、体积大、设施齐全、活动丰富、航线广、技术含量高。邮轮上配备具有现代气息的设施设备，如溜冰场、高尔夫球场、攀岩墙等，通常能给游客留下深刻的印象。

专业型邮轮是针对邮轮的某一特定方面而开发出的独特邮轮产品。如针对目的地而开发出的近海邮轮，这些邮轮在近海绕圈行驶，起点与终点是同一港口。它们体积小，载客量不多，缺少丰富多彩的娱乐活动，经营灵活，可以自由进出浅水区。这种类型的邮轮对于满足特定市场的需要，具有极大的开发价值。

经济型邮轮通常是使用中等规模、经过翻新的、较旧的邮轮，邮轮上的设施比新邮轮要少得多。这类邮轮因采用自助式餐饮等形式，因此雇佣的员工较少。经济型邮轮因为投入成本较低，所以定价相对比较便宜，对那些邮轮旅行经历不够丰富、中等收入的群体具有相当的吸引力。

知识拓展

世界十大超级邮轮

01"海洋和谐"号

"海洋和谐"号豪华邮轮造价8亿英镑，所有权为美国皇家加勒比邮轮公司。这艘豪华邮轮共有18个甲板，长约362米，宽约66米，有2747间客舱房，载客容量达6000人，重达22.7万吨，是迄今为止最宽的邮轮，也是目前世界上最大的邮轮。

02"海洋魅力"号

"海洋魅力"号豪华邮轮造价15亿美元，所有权为美国皇家加勒比邮轮公司。这艘豪华邮轮长361米、宽66米，水面高72米，排水量达22.5万吨，共有16层甲板和2704个客舱，可搭载6360名游客和2100名船员。有模仿纽约中央公园修建的绿色植物区、家庭户外娱乐区、4处风格不同的游泳区域、2座攀岩壁、1个篮球场，还有数十家酒吧和餐厅。

03"海洋绿洲"号

"海洋绿洲"号邮轮造价9亿欧元，所有权为美国皇家加勒比邮轮公司。这艘豪华邮轮长约360米，宽约47米，高出吃水线约65米，总吨位达到22.5万吨，可搭载6360名乘客及2160名船员。整船共有16层甲板，每层甲板上都建有客舱，客房更是多达2700间。这艘巨轮设计别出心裁，带有剧院、商店、游泳池、露天公园以及攀岩场地等。

04"海洋独立"号

"海洋独立"号是皇家加勒比国际邮轮自由系列中的一艘超级游轮。这艘豪华邮轮总吨位为16万吨，总长339米，船体高度72米，有18层楼高，船舱近2000个，可搭载乘客4375名，船员1000名。"海洋独立"号邮轮堪称是一艘极尽奢华的海上城市，船上的设施几乎是应有尽有。

05“玛丽王后”2号

“玛丽王后”2号豪华邮轮造价8亿美元，所有权为卡纳德邮轮公司。这艘豪华邮轮长345米、宽41米、高72米、吃水10米、满载排水量为15万吨，可容纳2000名乘客和1000名船员。

06“海洋量子”号

“海洋量子”号豪华邮轮所有权为美国皇家加勒比邮轮公司。这艘豪华邮轮全长348米、宽度41米、重约16.8万吨，可容纳4180名乘客。“海洋量子”号豪华邮轮拥有诸多前所未有的突破性设施。

07“挪威史诗”号

“挪威史诗”号是美国邮轮运营商“挪威邮轮公司”建造的一艘豪华邮轮。该邮轮规模和奢华程度居世界领先地位，有大剧院、夜总会、雪茄俱乐部、顶级美容院、图书馆、高尔夫球场以及商店等，感觉就像把整个城市搬到了海上。

08“嘉年华梦想”号

“嘉年华梦想”号豪华游轮是嘉年华邮轮旗下最新、最大的邮轮。这艘豪华邮轮全长306米，全宽36米，排水量13万吨，可以载客3646名，船员数量1367名，共14层，1823间客房，平均航速40节。

09“MSC地中海辉煌”号

“MSC地中海辉煌”号豪华邮轮全长333.3米，高66.8米，重13.8万吨，共有18层甲板和1637间舱房，能容纳多达3959名乘客。它最出名的就是接待区的台阶，总共72层，全部都是用施华洛世奇水晶铺成，耗资1821万元，整艘邮轮的价格更是高达数十亿元，里面的服务和设施丝毫不逊于五星级酒店。

10“海洋自由”号

“海洋自由”号豪华邮轮隶属于美国皇家加勒比邮轮公司，造价5.1亿英镑，总吨位15.8万吨，长339米、宽56米、高72米，可容纳4375名乘客和1365名船员。这艘豪华邮轮拥有丰富的水产品，如水滑梯、众多的泳池、按摩浴缸、儿童乐园等；海景舱房均有观景窗可欣赏海上美景；阳台舱房可以拥有个人私密的专属阳台，提供豪华舒适的宽敞空间。

（资料来源：科普百科网）

6.1.2 邮轮旅游

6.1.2.1 邮轮旅游的概念

欧洲的贵族在18世纪末就开创了邮轮旅游，后来，邮轮旅游成了欧洲人最喜欢的度假方式之一。目前，关于邮轮旅游，国内外还没有形成统一的概念，但是在根本性质上没有太大的分歧。国外学者Petrick（2005）指出邮轮旅游由有形的和无形的两部分组成，有形部分包括邮轮本身、邮轮上的各种服务设施和娱乐活动项目等，无形的部分包括邮轮上的服务、邮轮旅游线路的设计等。程爵浩（2006）认为邮轮旅游是指在传统远洋客轮的基础上逐渐发展起来的，以海上大型旅游客船为旅游工具和主要目的地，以沿线港口为陆上目的地和中转地的一种旅游方式。张言庆、马波等（2010）将邮轮旅游定义为以大型豪华游船为载体、以海上巡游为主要形式、以船上活动和岸上休闲旅游为主要内容的高端旅游活动。本书所指的邮轮旅游是指以大型豪华游船为载体，将交通运输、住宿餐饮、康乐活动以及观光游览等有机结合而形成的一种豪华的休闲度假模式。旅游者享受到的服务不仅包括停靠沿途的港口城市、旅游名胜地以及上岸的观光游览，还包括以游船为服务平台的各类度假休闲综合服务。

6.1.2.2 邮轮旅游产品的特点

邮轮旅游产品可以看作一种以邮轮为载体，为满足游客的休闲度假、观光游览而提供的综合性旅游产品，既包括邮轮本身、邮轮硬件设施设备、各种邮轮活动以及岸上游辅助项目等有形产品，又包括邮轮上食、住、行等软性服务以及游客感受等无形产品。

从总体上来看，邮轮旅游产品具有特殊性、综合性、多样性、体验性与文化性五方面的特征。

A 特殊性

服务设施的特殊性。与其他的旅游产品不同，邮轮旅游产品必须借助邮轮这一特殊的交通工具才能发挥其应有的功能，游客的一切旅游活动才能开展，这就是邮轮旅游产品的特殊性。

B 综合性

邮轮旅游产品与一般的旅游产品一样，是有形产品与无形服务的综合体，具有明显的协调统一性。邮轮能够为游客提供住宿、餐饮、观光、娱乐、购物等有形产品，同时邮轮上的工作人员是经过严格的专业训练而挑选出来的，服务技能娴熟、态度端正，能够为游客提供所需的、优质的无形劳务服务。

C 多样性

从整体上来看，邮轮旅游产品集度假、娱乐、会议、休闲等功能于一体，涵盖了食、住、行、游、购、娱等方面的内容，活动内容丰富多样，能够满足游客多样化的需求。同时，旅游者来自全世界各地，其文化水平、旅游动机、生活习性等方面不一样，使得邮轮服务工作具有一定的复杂性，需要工作人员细心观察，综合了解服务对象的不同需求，才能为其提供优质的服务。

D 体验性

邮轮旅游产品依托于邮轮这一特殊的交通工具，能够给游客带来生理上和心理上的体验。生理上的体验，主要是各种餐饮美食、住宿产品、娱乐项目以及美景给游客带来的各种不一样的体验。心理上的体验主要是满足游客求新、求奇、求异的心理。

E 文化性

邮轮旅游产品的文化性表现在其内在文化与外在文化两方面。内在文化主要是指邮轮旅游产品能够体现邮轮自身的文化主题设计，以及邮轮停靠的港口城市、旅游景区的地域文化特色。外在文化主要是指邮轮外在的设计、装修、色调以及为旅游者提供的设施、活动等所体现出来的文化特征。

6.2 邮轮的发展历史

整体上来看，邮轮的发展历史可以划分为产生、兴起、发展间歇期、衰落期、转型兼并期、繁荣期六个阶段。

6.2.1 邮轮的产生（1801—1881年）

邮轮产生于1801年，作为远洋运送邮件（有时也运载移民）的交通工具。当时，水手们为了打发时间，设置了简易的酒吧、健身器材，形成了邮轮的雏形。最早的邮轮可以追溯到1818年美国的黑球轮船公司，其开辟了美国至英国的定期客船航线，以运送海外移民、邮件和货物等，当时的邮轮只是一种比火车、飞机历史更为悠久的交通工具，“速度”是它们最优先的追求。

1837年，英国铁行渣华公司（P&O）创办海上客运兼邮件运输，经营载客的同时兼营运送国际邮件业务，标志着国际邮轮的诞生。1839年，加拿大人塞缪尔·卡纳德（Samuel Cunard）取得了英国与北美之间运送邮件的承包权，并且于1840年创办了世界上第一家邮轮公司——英国北美皇家邮件船务公司，并以“冠达邮轮”（Cunard Line）命名。1844年，半岛和东方蒸汽航运公司组织了从英国到西班牙、葡萄牙、马来西亚、中国的航行，这次航行被称为人类第一次邮轮航行，也标志着邮轮从人货混运到真正意义上客运的开始。1846年，世界第一家旅行社的创始人——英国人托马斯·库克包租了一艘邮船，组织了350人的团队到苏格兰旅游，这是世界上公认的首次商业旅游活动，也标志着邮轮作为商业旅游载体的开始。

6.2.2 邮轮的兴起（1908—1912年）

这个时期，虽然经济社会发展水平有限，邮轮的海上运输主要是以实现交通为目的的旅行，但也掀起了跨洋航行的热潮。“泰坦尼克”号、“利维坦”号等邮轮都是这个时期的产物，同时也涌现出一批著名的邮轮公司，如注重速度的英国丘纳德公司（Cunard）、注重内部装饰和乘坐舒适度的英国白星航运公司（White Star Line）、注重现代感的德国北德意志劳埃德航运公司（NDL）等。

英国白星公司1912年建成的“泰坦尼克”号是当时世界上最大的豪华邮轮，尽管其首航成为历史上最著名的一次海难，但其巨大的船身与极尽奢华内部，依然堪称彼时贵族邮轮礼仪与邮轮文化的典范，除装设有餐厅、酒吧、咖啡厅外，还率先在邮轮中引入舞厅、游泳池和健身馆等游憩设施，堪称现代邮轮的典范。

6.2.3 邮轮的发展间歇期（1913—1949年）

在著名的“泰坦尼克”号沉船之后，这个时期的邮轮业遭到重创；同时，随着飞机的出现，作为交通工具的邮轮开始逐渐衰落。在两次世界大战期间，邮轮大多被国家征用，改装成运兵船和炮舰，如其中的“奥林匹克”号被英国皇家海军征用，在甲板上安装了火炮；“玛丽皇后”号、“维多利亚女王”号等邮轮纷纷被美军征用，成为运兵船，从美国本土向欧洲战场运送了大批军人，为“二战”做出了巨大的贡献。这个时期邮轮业的交通功能凸显，旅游功能停滞不前。

6.2.4 邮轮的衰落时期（1950—1985年）

随着飞机技术日益成熟，有钱休闲的贵族喜欢上航空这样快速的旅行方式，移民则选择邮轮这种快速、经济、舒适的横渡大洋的方式。1952年，英国海外航空公司使用了“彗星”号飞机，投入了跨大西洋航线，客运航班迅速抢夺了邮轮客源，几乎所有的邮轮公司开始出现巨额的亏损，一些邮轮班次竟然出现了船员多过乘客的现象。但在这个时期，随着现代旅游业的兴起，邮轮业也找到了新生的机会，在20世纪70年代开始日趋发展，不再以竞速与运输为主要目的，而是从“邮”到“游”转型，世界最大的邮轮公司——嘉年华邮轮公司和第二大邮轮公司——皇家加勒比邮轮公司相继成立。在20世纪80年代，国际豪华邮轮首次停靠中国港口，成为国内邮轮游的开始。

6.2.5 邮轮的转型兼并期（1986—2004年）

20世纪80年代，欧美国家经济高速发展，产生了大量中产阶级和富豪，为经历衰落阵痛、寻求转型发展的邮轮业提供了市场机遇，并进入了一个崭新的时代，成为世界经济增长幅度最大的产业之一。这个时期，一些邮轮巨头公司通过兼并形式不断扩大经营规模和提高竞争实力。世界最大的邮轮公司——嘉年华邮轮公司先后收购了丘纳德邮轮、歌诗达邮轮、公主邮轮、冠达邮轮、世鹏邮轮、风之颂邮轮、半岛东方邮轮等邮轮公司。皇家加勒比邮轮公司则先后兼并了名人邮轮、精致邮轮、路易斯邮轮，丽星邮轮公司兼并了挪威邮轮、克罗斯特邮轮，成为世界第三大邮轮公司。20世纪90年代，现代的国际邮轮已到达了世界各地1800多个港口。

6.2.6 邮轮的繁荣期（2005年至今）

21世纪，世界各地出现了很多豪华邮轮，邮轮业进入了繁荣发展时期。“海洋自由”号、“海洋绿洲”号、“海洋魅力”号等巨型邮轮不断下水，邮轮旅游呈现出良好的发展前景。据统计，2018年，全球邮轮游客量达到2850万人次，同比增长7%。同时，抵达中国港口的国际邮轮数量持续增加，2005年，国际豪华邮轮停靠上海、天津、青岛、大连、宁波、厦门等港口共计40港次。2006年7月，意大利歌诗达邮轮公司在中国开辟了第一条以上海作为母港的邮轮客班轮航线。排名世界前十五大豪华邮轮之列的“蓝宝石公主”及“钻石公主”号分别两次、四次访沪，带来的出入境人员总量接近2005年全年从海港口岸入境人数。同时众多国际邮轮公司为开发新兴的邮轮市场，纷纷将关注的焦点转向中国。

作为一种舶来品旅行方式，从2008年开始，国内邮轮旅游基本完成了从引入到本土化落地的过程，国际市场份额从0.5%增至9.6%，已成为仅次于美国的全球第二大邮轮客源市场。

知识拓展

永不沉没的“泰坦尼克”号

“泰坦尼克”号（RMS Titanic）又译作铁达尼号，是英国白星航运公司下辖的一艘奥林匹克级游轮，排水量46000吨，1909年3月31日在哈兰德与沃尔夫造船厂动工建造，1911年5月31日下水，1912年4月2日完工试航。

“泰坦尼克”号将乘客分为三个等级。三等舱位在船身较下层，也最便宜，这一类的乘客身份多为计划在大西洋对岸营造新生活的移民；二等舱与一般客房的装潢摆设，其实具备与当时其他一般船只的头等舱一样的等级，许多二等舱乘客原先是在其他船只上定为头等舱，却因为“泰坦尼克”号的航行，将煤炭能源转移给“泰坦尼克”号而作罢。一等舱是整艘船最为昂贵奢华的部分，当时世界最富有的几位名人就在这趟旅程上。

“泰坦尼克”号是当时世界上体积最庞大、内部设施最豪华的客运轮船，有“永不沉没”的美誉。然而不幸的是，在它的处女航中，“泰坦尼克”号便遭厄运——它从英国南安普敦出发驶向美国纽约。1912 年 4 月 14 日 23 时 40 分左右，“泰坦尼克”号与一座冰山相撞，造成右舷船艏至船中部破裂，五间水密舱进水。4 月 15 日凌晨 2 时 20 分左右，“泰坦尼克”号船体断裂成两截后沉入大西洋底 3700 米处。2224 名船员及乘客中，1517 人丧生，其中仅 333 具罹难者遗体被寻回。

“泰坦尼克”号沉没事故为和平时期死伤人数最为惨重的一次海难，其残骸直至 1985 年才被再度发现，受到联合国教育、科学及文化组织的保护。2021 年 7 月 2 日，据美国哥伦比亚广播公司报道，船体一直在受到洋流和细菌的侵蚀，沉船“泰坦尼克”号的残骸正在逐渐消失。

6.3 现代邮轮管理

6.3.1 邮轮企业经营管理

6.3.1.1 邮轮企业的经营业务

总体来看，目前邮轮企业的经营业务主要包括岸上业务与海上业务两个方面。

A 岸上业务

邮轮企业的岸上业务是为邮轮旅游的发展而开展的日常系列业务，主要包括邮轮产品开发设计、市场拓展与销售、巡航运营保障、公共关系维系、财务管理控制。为确保业务的正常开展，邮轮公司一般都直接设置相应的部门来完成对应的岸上业务，如销售部、机务部、安监部、公关部、财务部、行政事务部等。

B 海上业务

邮轮企业的海上业务包括海上航行业务、海上饭店业务。海上航行业务是邮轮的后台服务，是不直接与旅游者接触、间接为旅游者提供安全航行保证的部门所提供的业务，这些二线部门主要包括驾驶部、甲板部、轮机工程部等。海上饭店业务是邮轮的前台服务，是直接与旅游者接触、为旅游者提供面对面的服务，主要由前厅、客房、餐厅、酒吧、娱乐、康体、商品等前台部门提供。

6.3.1.2 邮轮企业的经营模式

经营模式是邮轮公司为了实现其所制定的目标对资源进行整合，在为自身创造价值的过程中也为顾客创造价值，包括企业为实现价值定位所规定的业务范围、企业在产业链的位置以及为实现价值定位采用的方式和方法。

A 合作兼并模式

合作兼并经营模式是邮轮公司扩大经营规模，不断提高市场竞争力的必经之路。邮轮公司可结合自身的实际情况，不断地兼并收购以及与其他公司开展合作经营，共同投资，拓展公司在全球各地的邮轮经营业务以及其他旅游业务，从而不断增强市场竞争优势。纵观世界邮轮巨头（如嘉年华、皇家加勒比邮轮集团等）的发展历程，这些巨头公司都通过合作兼并的模式，不断扩大企业的经营规模，业务遍布全球范围。

B 统一管理模式

对于大型的邮轮公司而言，统一管理模式就是要对公司旗下各大品牌的邮轮的设计、建造、服务与管理等实行标准化管理。该经营模式有利于整合公司内部资源，在采购等方面获取优势，从而降低经营成本，并最终获得最佳的规模效益。

C 代理销售模式

邮轮公司可以采取以旅行社代理销售为主、自行销售为辅的经营模式。以旅行社代理为主，能够借助旅行社的销售力量、市场优势来提高邮轮旅游产品的知名度和销售量；同时还可以通过旅行社获得旅游者对邮轮旅游产品的反馈意见，从而更好地、有针对性地改进产品的功能及其服务质量。

D 特许经营模式

为了满足游客的需求，邮轮公司与独立特许经营者、承包人或个体户签订经营合同。这种情况主要针对岸上观光游经营商、船上娱乐演出团体、餐饮经营、美容美发、桑拿、摄影师、商店、矿泉疗养、赌场等项目。

6.3.1.3 世界知名邮轮集团公司

A 美国嘉年华邮轮集团

嘉年华邮轮集团（Carnival Corporation & Plc）成立于1972年，总部位于美国佛罗里达州的迈阿密市；并在英国南安普敦和汉普郡设有欧洲办事处，在澳大利亚、德国和意大利设有地区办事处。嘉年华邮轮以“Fun Ship”（快乐游轮）作为主要的产品诉求来区别丽星邮轮等竞争对手，已经发展成为全球第一的超级豪华邮轮公司，拥有28000名船员和5000名员工，被业界誉为“邮轮之王”，为世界各地游客提供了最好的服务。

嘉年华邮轮集团于2003年由嘉年华公司和P&O公主邮轮有限公司合并。起初，嘉年华公司在1972年成立。在整个20世纪70年代和80年代，公司业务稳步增长，并于1987年开始在纽约证券交易所进行首次公开募股。

嘉年华邮轮集团拥有10个子品牌，不同的品牌服务不同的市场，具体情况如下：

“嘉年华邮轮”（Carmival Lines）、“公主邮轮”（Princess Cruises）、“荷美邮轮”（Hol-land America Line）等主要负责北美洲市场；“歌诗达邮轮”（Costa Cruises）、“铁行邮轮”（P&O Cruises UK）、“阿依达邮轮”（ AIDA Cruises）等主要负责欧洲市场；澳大利亚“P&O Cruises”负责澳大利亚市场；“冠达邮轮”（Gunard Line）、“玺宝邮轮”（Seabourn，也译作世邦）主要服务于全球高端市场；“Fathom”邮轮是公益邮轮，是嘉年华的创新品牌，于2016年4月推出。“Fathom”邮轮将公益事业当作核心，将客人送往多米尼加共和国以及古巴，并在目的地停留数天，让乘客为当地慈善做志愿工作——这在美国邮轮中是前所未见的。

B 皇家加勒比邮轮有限公司

美国皇家加勒比邮轮有限公司（Royal Caribbean Cruises Ltd.）是世界第二大邮轮公司，成立于1969年，总部位于美国迈阿密。1970年，皇家加勒比邮轮有限公司投入了第一艘邮轮“挪威歌曲”号。1997年，皇家加勒比国际邮轮公司收购了精致邮轮公司，把名人邮轮公司作为该公司旗下的品牌。

皇家加勒比邮轮有限公司在全球范围内经营邮轮度假产品，旗下拥有皇家加勒比国际邮轮（Royal Caribbean International）、名人邮轮（Celebrity Cruises）、精钻会邮轮（Azamara Club Cruises）、普尔曼邮轮（Pullmantur）和CDF（Croisieres de France）五个品牌，服务的对象主要是有钱的中产阶级。

皇家加勒比邮轮有限公司旗下的皇家加勒比国际邮轮（Royal Caribbean International）是全球第一大邮轮品牌，共有“量子”号、“绿洲”号、“自由”号、“航行者”号、“灿烂”号、“梦幻”号、“君主”号7个船系的23艘大型现代邮轮，每年提供200多条精彩纷呈的度假航线，畅游全球近300个旅游目的地，遍及加勒比海、阿拉斯加、加拿大、欧洲、中东、亚洲、澳大利亚及新西兰等70多个国家和地区。

C　云顶香港有限公司

云顶香港有限公司前称丽星邮轮有限公司，成立于1993年，总部在香港，以丽星邮轮品牌在亚洲经营邮轮旅游业务，是亚洲邮轮业的先驱，致力于亚太地区发展成为国际邮轮航线目的地。2009年11月10日，丽星邮轮有限公司名称更改为“云顶香港有限公司”。

云顶香港有限公司旗下拥有丽星邮轮、挪威邮轮以及马尼拉名胜世界三个品牌。其中，亚太区领导船队——丽星邮轮有7艘邮轮，包括“处女星”号、“宝瓶星”号、“天秤星”号、“双鱼星”号、“白羊巨星”号、“金牛巨星”号、“挪威之梦”号，在亚太区提供了丰富多彩的邮轮航线。同时，云顶香港有限公司分别于全球超过20个地方设有办事处，包括澳大利亚、柬埔寨、中国、印度、印度尼西亚、日本、韩国、马来西亚、新西兰、菲律宾、新加坡、瑞典、泰国、阿拉伯联合酋长国、英国、美国及越南等。

云顶邮轮集团与海南有着长期和良好的合作关系，共同创造了多个里程碑。早在1994年，集团旗下邮轮就以海南为常规目的地，率先开辟以邮轮的方式带领海内外游客来海南岛观光旅游；2011年，成为第一家以三亚为母港的国际邮轮公司，发展了第一条三亚母港邮轮航线，助力三亚成为国际邮轮母港。2020年，云顶邮轮集团宣布携手国内知名旅游企业在三亚成立合资公司，将其船队的旗舰豪华邮轮引进三亚，推动以海南为中心的国内邮轮航线发展，共同为旅客打造更为舒适的旅游体验，全力支持海南自由贸易港建设，推动邮轮旅游试验区的落实和发展。

D　MSC地中海邮轮集团

MSC地中海邮轮是家族企业MSC地中海航运集团旗下两大邮轮品牌之一，集团拥有300年航海历史，是船运和物流领域的领军者，公司总部位于瑞士日内瓦，并在意大利米兰、威尼斯、热那亚、罗马、巴勒莫、巴里，亚洲区如日本、中国香港地区以及全球其他共36个国家和地区开设办事处。

MSC地中海邮轮是全球第三大邮轮品牌，欧洲、南美、南非和中东邮轮市场的领军者，拥有领先的当地市场份额及运力部署，为旅客提供多种路线及产品选择，以及享受高水平的最具意大利特色的热情服务，被公认为最主要的意大利邮轮公司。同时，MSC地中海邮轮也是全球成长较为迅速的邮轮品牌，目前共有19艘超现代邮轮，未来的舰队投资计划行业空前，预计将在2025年壮大至23艘邮轮，到2030年还有6艘备选造船订单。

MSC地中海邮轮高品质的环球餐饮体验一直广受全球宾客的赞誉。伴随全球餐饮理念的不断更迭，MSC 地中海邮轮也致力于推陈出新，将时下流行餐饮精髓融入舰队餐饮团队的烹饪技艺中，以期为宾客的海上假期再添一份美味新惊喜。全新旗舰“欧罗巴”号更是将 MSC 餐饮体验提升至全新标准。“欧罗巴”号将于 2022 年 12 月正式下水服役。拥有 30 余间餐厅和酒吧，融合创新餐饮理念，甄选季节性新鲜食材，一趟沉浸式的寻味之旅等待宾客前来开启。

6.3.2 邮轮服务管理

6.3.2.1 邮轮的空间布局与设施

邮轮的空间可以划分为客房区域、公共区域、非公共区域。

A 客房区域

邮轮客房通常极为小巧，是“微缩的饭店客房”。大多数客房面积为 10~12 平方米，主要有三大类型的客房：带窗户的外侧客房（海景、江景房），内侧客房（在邮轮内部，通常没有窗户，但经常运用镜子、柔和的淡色、明亮的灯光，甚至假窗帘来使空间显得更加开阔），套房（豪华套房是船上最昂贵的房间）。

B 公共区域

公共区域是乘客汇集的地方，主要包括以下部分。

接待区。接待区相当于酒店的前台或者服务台，设有事务长室（前台或接待处、问询处）。事务长室旁边通常设有岸上观光处，乘客可在此咨询有关港口观光及活动方面的事宜，也可以进行预订。在现代邮轮上，接待区通常设在一个越层甲板的透顶大厅内。

餐厅区。邮轮一般拥有不同类型的餐厅，如主餐厅，为旅游者提供中式或西式餐饮菜品与服务；休闲餐厅，以自助餐为主，为旅游者提供轻松自由的就餐选择；各种特色餐厅，如比萨店、汉堡店、糕点店等；此外还有各式酒吧，为旅游者提供酒水、饮料服务以及休闲放松的环境与氛围。

演出大厅（多功能厅）。演出大厅用于举行各类休闲娱乐活动或各种表演，如放映电影、时装秀、文艺演出等。被称为“海上巨无霸”的“海洋绿洲”号，它最吸引人眼球的当数称为“水上剧院”（Aqua Theatre）的圆形剧场，白天可以作为游泳池使用，夜晚则成了绚丽的表演舞台。

健身俱乐部是大部分邮轮为客人提供锻炼的场地，配有增氧健身区、自行车、健身踏步器和投掷器械等。健身俱乐部通常与一个 SPA 水疗区相连，那里提供按摩、桑拿、芳香疗法、旋涡浴以及美容美发等服务。

礼品商店。礼品商店出售各种杂物、纪念品、免税商品、T 恤衫等。纪念品通常以该邮轮为主题，一些邮轮以有许多购物之处为特色，甚至构成了一条微型商业街。

C 非公用区域

非公用空间一般位于客房甲板之下的甲板上。其中包括邮轮员工用房、员工餐厅、员工娱乐场所和驾驶室（邮轮控制室）、邮轮厨房和邮轮机舱等空间。

6.3.2.2 邮轮主要接待服务

A 邮轮客舱服务

邮轮客舱服务即酒店客房服务，主要是为旅游者提供安全、舒适、卫生、便利的住宿环境与体验。服务的内容包括：客房卫生清洁服务、物品租借、送餐服务、叫醒服务、托婴看护、擦鞋服务、茶水服务、问询服务、洗衣服务、会议服务、VIP 接待服务、病客服务等。要求服务人员必须具备高度的工作责任心和敬业爱岗的精神，熟悉客房服务规定的程序与质量标准，工作细心，有爱心，努力为旅游者提供个性化服务。

B 邮轮餐饮服务

邮轮餐饮服务一般包括船长晚宴服务、特色宴会服务、特色餐厅服务。船长晚宴是邮轮之旅最为隆重和最富特色的议程，是船长与邮轮上的高层管理者共同出席，并与游客一同享用晚餐的宴会。船长晚宴上，所有的服务人员都会换上与往日不同的服装为客人服务，烘托出一种庄严的气氛，同时也表示对游客的尊重。特色宴会是一种重要的交际形式，往往有一定的目的；要求格调高，有气氛，讲排场，服务工作周到细致；注重宾主的关系，赴宴者通常由四种身份的人组成，即主宾、随从、陪客与主人。特色餐厅一般是咖啡厅和西餐扒房。咖啡厅服务，要求服务员备好面包、黄油、果酱、蜂蜜、果汁、热咖啡、热茶、热可可、鲜奶、方糖（或砂糖）及水果等，协助后台厨师共同做好自助餐台的布置和上菜工作。扒房（grill）是邮轮为体现餐饮菜肴与服务特色，满足部分游客需求，增加经济收入而开设的高级西餐厅。西餐扒房的服务程序为：餐前预订—迎接客人—带位—拉椅让座—铺餐巾—推销餐前饮品—上面包、黄油—递送菜单—撤换及摆放餐具—送上酒单介绍酒水—上葡萄酒—上菜—巡台—撤餐碟—询问客人意见—清洁桌面—推销甜品、咖啡、茶—推销餐后酒—结账—送客。

C 邮轮休闲娱乐服务

邮轮由于在海上航行的时间比较长，因此需要给旅游者提供各类休闲娱乐活动，以丰富旅游者漫长的海上假期。目前，邮轮休闲娱乐服务项目主要包括：（1）文化娱乐类活动，如咖啡、调酒、艺术品鉴赏、博彩娱乐、邮轮摄影等；（2）运动保健类活动，如健身房运动、各类球类运动、SPA、保健按摩、美容美发等；（3）岸上观光类活动，邮轮停靠在一些特色旅游景区或特色港口等，供旅游者观光、休闲；（4）休闲购物类活动，邮轮上的礼品店、免税店为旅游者提供购物服务。

6.3.3 邮轮卫生管理

6.3.3.1 邮轮卫生管理的主要措施

邮轮具有载客量大、航行时间较长、环境相对封闭、食品饮用水来源单一、医疗条件有限等特点。因此，邮轮卫生管理直接关系到旅游者的人身安全，在很大程度上还会影响到整个邮轮的运行，与邮轮企业的声誉与形象息息相关。

A 完善卫生管理制度

美国、欧洲对邮轮的卫生检疫及管理政策比较成熟。邮轮企业要根据各国实际情况的邮轮卫生管理政策和相关规范，同时借鉴 WHO 船舶卫生指南、美国疾病预防控制中心的船舶卫生方案，制定符合本企业的卫生管理制度，并按照制度要求认真实施，为旅游者和工作人员提供健康卫生的环境。

B 推行邮轮分级管理

国家相关管理部门制定分级标准，对邮轮等级进行评定，以公开发布的邮轮卫生标准为基础，对邮轮卫生采取定期检查与不定期检查相结合的方式，对没有达到相应等级卫生标准的邮轮实行降级或撤销级别；并将检查结果向全社会公布，使邮轮接受社会公众监督，从而提高邮轮卫生风险管理的水平和管理工作效率，保障邮轮卫生安全和旅游者健康。

C 高度重视食品安全

严格按照国际卫生标准，控制邮轮上各类食物、酒水的卫生状况以及厨房工作人员、服务员的个人卫生；不能将食物储存在衣帽间、卫生间、更衣室、垃圾房、设备房和楼梯间。对食物的烹饪时间、储存温度等应有严格、明确的要求，确保食物安全，避免食物中毒以及肠胃性疾病的发生。

D 做好娱乐项目日常卫生管理

邮轮上设有许多丰富的娱乐项目供旅游者体验、休闲、放松，如儿童活动中心、游泳池、桑拿室、健身房、保龄球馆、游艺厅等。这些娱乐场所每天的人流量大，必须要安排专人负责卫生工作，定时对娱乐场地进行打扫、除尘、拖地、消毒、更换卫生用品等，为旅游者提供舒适、健康的娱乐环境。

E 建立联防联控机制

邮轮载运量比较大，人员高度密集且相对封闭，空调、排水系统相通。在海上航行期间，一旦出现疫情，防控是极为困难的。因此，要事先制定传染疾病突发应急预案，建立联防联控机制。传染病一旦发生，要充分发挥当地政府、海关、移民、海事等相关部门的合力，通力协作，科学、有效地处置。

6.3.3.2 常见传染病的预防与控制

由于邮轮环境封闭、人员密度高，同时人员组成复杂，饮食卫生及医疗条件也有限，为疾病的传播提供了有利的条件。因此，必须要高度重视传染病的预防与控制。从国内外邮轮运营的经验来看，邮轮在运行过程中，容易发生的传染性疾病主要有胃肠道疾病、呼吸道传染疾病。对这些传染性疾病的预防与控制如下。

A 急性肠道传染疾病

诺如病毒感染性腹泻是在邮轮上常出现的一种急性肠道传染病，发病急、传播速度快、涉及范围广，症状多表现为呕吐、腹泻。皇家加勒比邮轮、英国豪华邮轮“维多利亚女王”号等都曾经遭遇过此类病毒的袭击。

“诺如病毒”感染性腹泻没有疫苗和特效药物，个人卫生、食品卫生和饮水卫生是预防该疾病的关键，因此，邮轮工作人员要告知旅游者养成勤洗手、不喝生水、生熟食物分开等健康生活习惯。一旦病毒发生，为防止病毒扩散，被感染的旅游者应在船舱内接受隔离观察与治疗；工作人员要定期给扶手、电梯按键等易藏匿病菌的地方消毒，并为旅游者发放消毒液，督促旅游者常洗手。

B 呼吸道传染疾病

邮轮的特殊环境增加了船员、旅游者呼吸道病毒感染的风险。航行时间越长、旅游者数量越多，呼吸道传染疾病的风险就越大。邮轮相关呼吸道传染性疾病类型主要是流感、军团菌病、风疹和水痘。军团病菌病原菌主要来自土壤和污水，由空气传播，自呼吸道侵入；一般为头痛、发热、咳嗽、全身肌肉酸痛等，严重的可导致呼吸衰竭、休克死亡。流感、风疹、水痘可通过接种疫苗，预防疾病的发生。

为预防邮轮呼吸道传染疾病的发生，政府相关部门、邮轮企业要加强对疾病的宣传，建议有条件的旅游者在旅游前接种相关疫苗；同时要加强船体、各个娱乐场所卫生和供水系统的监管力度，并制定相关的疫情控制法律法规，从而有效保障旅游者和船员的健康。

6.3.4 邮轮安全管理

6.3.4.1 邮轮安全管理的内容

邮轮是公共场所，旅游者在邮轮上的活动时间长，邮轮的安全问题直接关系到旅游者的人身、财产和心理安全，并影响旅游者对邮轮旅游产品的满意度与忠诚度。因此，邮轮安全管理至关重要。

A 旅游者安全管理

邮轮旅游必须要把旅游者的安全始终放在第一位。要提前告知旅游者邮轮上各类娱乐项目的具体要求；要时刻关注旅游者的身体状况；旅游者参与各项活动时，工作人员要对相应的设备进行安全性能检查，并向旅游者说明注意事项；旅游者参加人数多的项目，要适时进行疏导，以免出现踩踏事件。

B 工作人员安全管理

工作人员安全是为旅游者提供安全服务的前提条件。邮轮上的所有工作人员都要经过严格的训练与考核之后才能上岗，设施设备的操作人员还必须由质量技术监督部门考核合格、持证方能上岗。身体不适时，要尽快就医，不要带病工作。

C 设备安全管理

邮轮上的设施设备应当贴有醒目、字迹清晰的游客须知或警示标志，最好有不同语言的标注。工作人员要认真对设施设备进行例行检查，及时排除故障，严禁设备带故障运行。船长、邮轮酒店部门总监要不定期对设施设备进行检查，及时解决出现的各种问题和故障。

D 环境安全管理

邮轮上所有服务场所的环境安全也是安全管理的重要组成部分，环境安全才能预防事故的发生，旅游者的人身和财产安全才有保障。邮轮上的消防通信设备、火灾自动报警系统、火灾应急照明和疏散指示标识系统、视频监控系统、应急广播系统等必须要正常运行；公共区域、娱乐场所要有安全通道，同时通道要保持整洁、干净等。

6.3.4.2 常见安全事故防范与处理

A 晕船

晕船是指乘船时，人体内耳前庭平衡感受器受到过度运动刺激，前庭器官产生过量生物电，影响神经中枢而出现的出冷汗、恶心、呕吐、头晕等症状群。严重的晕船，因呕吐频繁而致水电解质紊乱，发生酸中毒性休克。具体的防治、处理如下。（1）服用药物预防。这是最基本、最常见的防晕方法。（2）睡眠充足，饮食清淡，保持心情舒畅，可以减少晕船的概率。（3）按揉内关止晕。按揉内关穴，即可降逆止吐。内关穴位于前臂正中，腕横纹上 2 寸，在桡侧屈腕肌腱同掌长肌腱之间取穴。（4）保持空气清新。最好少坐船舱，多去甲板船头，减少诱发晕船因素的出现。（5）保持正确身姿。当有大风时身体要随船而动，千万不要逆船而动，即船向左，人向左；船向右，人向右。

B 溺水

溺水是邮轮水上乐园、室外游泳池容易发生的事故；严重者往往导致死亡。邮轮工作人员要时刻提醒旅游者注意安全，并随时留意旅游者的动向。一旦旅游者出现溺水，要立即进行现场急救，过程大致如下。（1）溺水者救至岸上后，应迅速检查溺水者身体情况，立即清除口鼻内淤泥杂草、呕吐物，然后再控水处理。（2）迅速控水，利用头低、脚高的体位，将吸入水分控倒出来。最简便的方法是，救护人一腿跪地，另一腿出膝，将溺者的腹部放在膝盖上，使其头下垂，然后再按压其腹、背部。（3）对呼吸已停止的溺水者，立即进行心肺复苏，尽快进行口对口的人工呼吸和胸外心脏按压。

C 火灾

邮轮上的工作人员日常要严格检查各项工作，及时排查火灾安全隐患。一旦发生火灾，要报警与灭火同时进行，防止火灾扩大和蔓延，应急措施如下。（1）火灾期初火势小，工作人员有把握可以自己灭掉的，就要抓紧时间直接灭掉，避免耽误最佳时机而导致火势蔓延。发现火灾时，如果火势已经很大，就要立马报警，以便及时扑灭，将损失减少到最小。（2）灭火时应当注意先切断通向火场的电源、燃气源；灭火的同时应设法转移火场附近的易燃易爆危险品，转移不了的应设法降温冷却。（3）乘客要听从指挥，向上风向有序撤离；撤离过程中，可用湿毛巾捂住口鼻，尽量弯腰、快跑，迅速远离火区。（4）若是甲板下失火，人员须立即撤到甲板上，关上舱门、舱盖和气窗等所有的空气口，阻止空气进入，然后在甲板上或者其他容易撤退的地方进行扑救。

复习思考题

6-1 邮轮旅游的主要特征有哪些？

6-2 邮轮的发展历史可以划分为几个阶段，每个阶段的主要特征是什么？

6-3 在进行邮轮餐饮服务时，需要注意哪些事项？

6-4 邮轮卫生管理的措施有哪些？

6-5 邮轮安全管理主要包括哪些内容？

案例分析题

400多人感染的"钻石公主"号邮轮

2020年2月17日，在日本被隔离的"钻石公主"号邮轮上已经有1723名乘客接受检查，454人感染。虽然邮轮上所有乘客和船员已被整体隔离，但确诊人数仍不断攀升。新冠病毒不断折磨着乘客的身体和心理。如何处理好这个海上的"孤岛"？邮轮疫情给未来突发公共卫生事件的应急处置带来哪些启示？

在封锁隔离的日子里，被关在闭塞的船舱房间内，很多人都在紧张地回忆，自己登上邮轮后所有的行程，包括在哪几家餐厅吃过饭，星期几在影院看了一场电影，什么时候带着孩子在泳池旁参加了派对……没有人知道，自己是否在某一刻接触到了携带病毒的人，而成为被病毒选中的新宿主。这大概是在日本被隔离的"钻石公主"号邮轮上3711人的真实写照。《卡桑德拉大桥》的桥段在现实中发生了。

实际上，这并不是邮轮第一次遭受病毒侵袭，历年时有发生诸如病毒和流感情况。2015年5月，中东呼吸系统综合征扩散到韩国，前往韩国的邮轮纷纷调整航线，有的将目的地港口调整为日本，即便抵达仁川港的邮轮也因担心感染MERS，取消了下船观光安排。这不禁给公共卫生事件应急机制带来新的研究课题。

历年来，如何对大型邮轮进行防疫就是个棘手的挑战。“源头控制、精准施策是邮轮港防控疫情的关键。”南方医科大学公共卫生学院流行病学系主任毛琛建议，出台港口防疫措施，如将船舶进行分类防控，靠泊国内港口船舶进行重点一级防控，其他航行船舶进行二级防控，相关防控措施包括采购配备防护用品、暂时停止更换船员、禁止家属港口登轮、停止安排非紧急修理和非急用备件物料、停止公司管理人员登轮、对外来人员登轮加强措施防护等。

2020年1月25日，“歌诗达赛琳娜”号驶向天津港，也遇到了类似的情况。天津市新型冠状病毒感染的肺炎防控工作指挥部接到“歌诗达赛琳娜”号的信息：船上有100多名湖北游客，其中15人出现发热症状。接到信息后，天津市新型冠状病毒感染的肺炎防控工作指挥部立即启动应急预案：邮轮停驻锚地暂不进港，组织专家、医务人员登船采样、开展流调，交通运输、卫生健康、公安等部门配合处置。经过检测，送检样本结果显示为阴性，排除了感染新冠肺炎的可能，而从邮轮下来的湖北籍游客也进行了留观处置。这是联防联控机制一次成功的案例。

毛琛建议，边检、卫生健康委、邮轮港公司和邮轮公司、旅行社成立邮轮联防联控小组，讨论应对方案，根据疫情动态进行研判。此外，邮轮公司还应对未启程或已经在路上的来自重点地区的旅客进行劝导，减少重点地区人员的登船数量。早决策、早行动，尽早切断传播源头，为后续防控工作奠定良好基础。有专家还建议，建立健全邮轮突发公共卫生事件应急处置预案，形成“总预案+海关处置流程+邮轮港预案+邮轮公司预案的防控体系”。

（资料来源：光明网）

思考：上述案例，为邮轮应急处置突发公共卫生事件带来哪些启示？

7 汽车营地接待业务管理

学习目标

（1）了解汽车营地的产生与发展情况。

（2）熟悉汽车营地的类型和空间布局。

（3）掌握汽车营地接待业务的内容。

（4）熟悉汽车营地接待业务的特点。

章前引例

林芝华侨城南山国际汽车营地助力乡村振兴

林芝华侨城南山国际汽车营地位于西藏林芝市巴宜区多布村拉林高速公路与318国道交汇处，濒临多布水库，交通便利，位置优越，是集精品酒店（包括院落式客房、木屋与集装箱客房）、房车与帐篷营地、加油站、汽车快修与租赁、越野体验中心、汽配商场、户外体验、垂钓烧烤、环营地自行车道、烧烤区、露天影院、篝火广场等多种业态为一体的高标准汽车主题公园。营地于2019年7月投入运营。

林芝华侨城南山国际汽车营地是广东省重点异地产业扶贫项目，在营地开发经营的过程中，积极吸纳村民参与，结合当地村民的实际经济情况，有针对性地在营地入口的农田上进行青稞种植，将主要收成划归村民个人所有，让村民获得稳定的经济来源。同时，营地还向游客展现了当地工布藏族农耕生态的原始风貌。

作为南山+央企入藏的对口帮扶项目，林芝华侨城南山国际汽车营地从“输血”到“造血”，进行不断的探索，同时，积极聘用藏区大学毕业生和藏族员工，如今营地中，包括曲吉尼玛在内的共有20多个当地员工，共有5个民族。汽车营地在建设发展的过程中，始终立足于高端精品的市场定位，通过坚持生态保护、强调产品与自然融合、持续进行产品优化改良、积极开展精细化管理和塑造营地品牌形象等举措，形成了特色化经营。

经过几年的努力，林芝华侨城南山国际汽车营地吸引了越来越多游客的关注，成为318国道上一处自驾游的网红打卡圣地，为林芝全域旅游树立起新标杆，同时带动了多布村的经济发展，改善了村民的生活水平，为多布村乡村振兴注入新活力。

随着国民收入水平的不断提高、消费意识的逐步转变，人们逐渐进入休闲旅游时代。游客在旅游方式上更加注重个性化、体验化和休闲化，在我国家庭汽车保有量逐年攀升的背景下，自驾旅游、家庭式自助游和散客式自助游渐渐成为常态。大众休闲旅游时代的到来呼唤旅游新业态的产生，汽车营地旅游这一时尚、创新旅游模式也因此悄然兴起。根据国际汽车房车露营联盟（FICC）的专业界定，汽车营地是指在交通便利、风景优美的地方开设的，有一定场地和设施条件，可以为自驾车旅游者和其他露营者提供自助或半自助的露营经营体。

7.1 汽车营地的产生和发展

7.1.1 国外汽车营地的发展

7.1.1.1 国外汽车营地的发展历程

自驾车旅游营地起源于1860年的美国，当时是为了组织青少年在大自然中磨炼意志、锻炼坚强体魄而发起的汽车露营活动，经过长期的发展演化，自驾车旅游露营已经成了西方人士所喜爱的主要旅游方式。自驾车旅游是伴随着汽车工业的快速发展而出现的，在国外经历了四个发展阶段。

第一阶段：早期的初始阶段。20世纪初，福特T型汽车的推广使汽车变得普及，私家汽车旅游成为可能。1910年，“美国露营协会”的前身——“美国露营地管理者协会”成立，汽车露营作为一个崭新的行业在西方国家诞生。

第二阶段：美国国家公园发展阶段。19世纪70年代，美国开始制定国家公园和州立公园制度。1916年，美国内务部国家公园管理局成立。20世纪30年代经济大萧条后，人们对休闲娱乐的需求增加，公园里开始开辟空地供人们露营和休闲娱乐。1930年，房车开始运用飞机的结构设计，推动汽车露营活动进入了一个新阶段。1932年8月，荷兰国际露营总会FICC成立，标志着世界露营活动的正式形成。

第三阶段：1945年后的复苏阶段。1945年以后，经济开始恢复繁荣，许多运动和休闲俱乐部开始联合组成大型的露营协会和联合体，高速公路网的形成也使出行变得越来越方便，汽车露营逐渐复兴。

第四阶段：近年来的兴旺阶段。时代的快速发展使得露营已经成为发达国家主要休闲方式之一，深受人们喜爱。近年来生活方式与观念的转变使人们热衷于外出度假旅游，汽车露营进入兴旺阶段，世界各地已涌现了大量的汽车露营地。

7.1.1.2 国外汽车营地的发展特点

A 数量众多，种类齐全

欧美发达国家露营旅游地在休闲旅游业中的占比远远超过我国。截至2013年，美国就已经拥有2万个左右的汽车营地，全欧洲则有近5万个汽车营地。国外的营地有很多种类，以美国为例，有国家公园（NP）、国际森林（NF）、州立公园（SP）等十几种不同类型的汽车营地，还有只提供给军人使用的军事营地等。

B 经营方式多元，管理体系完善

在经营方式方面，有私营与公营，有单体经营也有连锁经营，并且网络经营的运用也在不断增加。注重对汽车营地的建设条件、功能分区、营地设施进行合理规划，科学设计。而且，国外的汽车营地非常重视建成后的运营管理，有成熟的运营模式和专门的露营管理人才。

C 营地选址合理，注重保护生态

露营旅游地通常建设在发达的交通干线与旅游景点之间的黄金中点，既为露营者提供往返便利，又充分考虑到露营地与景点之间的距离因素。汽车营地的开发，一方面注重拉动相关产业的发展，另一方面注重实施生态性开发，尽量避免破坏自然景观，实施人与自然的和谐统一。

7.1.2　国内汽车营地的发展

7.1.2.1　国内汽车营地的发展历程

随着休闲旅游的快速发展，国内的汽车露营地旅游应运而生。2003 年，我国成立了汽车露营分会，重点提倡在北京、上海、浙江、广东、广西、四川等汽车发达省市率先修建国际汽车露营标准示范营地；2014 年 1 月 1 日，国家体育总局颁布了《汽车露营营地开放条件和要求》，该标准规定了汽车（含旅居车）露营营地开放应具备的基本条件和星级评定要求；2014 年 8 月，国务院发布了《国务院关于促进旅游业改革发展的若干意见(国发〔2014〕31 号)》，文件明确提出“在 2015 年 6 月底前出台相关建立旅居全挂车营地和露营地建设标准”；2015 年，《休闲露营地建设与服务规范　第 2 部分：自驾车露营地》国家标准发布。同年下发的《国务院办公厅关于进一步促进旅游投资和消费的若干意见》明确提出“加快自驾车房车营地建设”“支持少数民族地区和丝绸之路沿线长江经济带等重点旅游地区建设自驾车房车营地”“到 2020 年，鼓励引导社会资本建设自驾车房车营地 1000 个左右”等；2016 年，国家旅游局和国家体育总局共同发布了《国家旅游局国家体育总局关于大力发展体育旅游的指导意见》，该文件鼓励各旅游度假区可因地制宜建设以山地户外营地和自驾车房车营地为重点的特色休闲设施。在一系列政策的支持和鼓励下，我国的汽车露营地建设得到了快速发展。截至 2019 年 3 月，我国汽车营地多达 1690 个（已建成 1239 个，在建 451 个），其中中国汽车摩托车运动联合会命名汽车自驾运动营地 485 个，以华东地区发展最为迅速，星级自驾营地 46 个。归结起来，我国汽车营地的发展经历了观念萌芽、建设探索、行业起步三个阶段，见表 7-1。尽管我国汽车营地发展取得了一些成绩，但与国外汽车营地发展相比，我国汽车营地还处于发展初期。

表 7-1　我国汽车营地发展历程

发展阶段	发 展 情 况
观念萌芽阶段 (20 世纪 90 年代—2002 年)	20 世纪 90 年代，西方自驾游观念传入，国内自驾车旅游兴起，汽车营地概念产生
建设探索阶段 (2003—2013 年)	自驾车旅游迅速发展，由房车发烧友主导的汽车营地开始产生。中国加入世界汽车露营汽车总会，后成立中国汽车运动联合会露营分会
行业起步阶段 (2014 年至今)	2014 年，第 80 届房车露营大会在北京召开，标志着中国露营地发展的元年

7.1.2.2　国内汽车营地的发展趋势

A　规模化趋势

2017 年 5 月 8 号，国家旅游局（现国家文化和旅游部)、国家体育总局等 8 个部门联合发布《汽车自驾运动营地发展规划》（以下简称《规划》)，要求共同做好汽车自驾运动营地建设管理工作，推动汽车运动发展。《规划》提出，到 2020 年，基本形成布局合理、功能完善、门类齐全的汽车自驾运动营地体系；重点打造一批精品汽车自驾运动赛事活动，培养一批专业化程度高的汽车自驾运动俱乐部，推出一批主题鲜明的汽车自驾线路；建成 1000 家专业性强、基础设施完善的汽车自驾运动营地，初步形成“三圈三线”

自驾线路和汽车自驾运动营地网络体系。该规划有利于推动汽车营地旅游接待业的规模化增长。

B　标准化趋势

随着我国汽车营地的快速发展，需要相关行业标准来规范汽车营地健康发展，2015年6月2日，首个自驾车露营地服务的国家标准《休闲露营地建设与服务规范　第2部分：自驾车露营地》正式发布。该标准借鉴了国际汽车联合会（FIA）国际汽车房车露营联盟（FICC）、中国汽车摩托车运动联合会汽车露营分会的有关标准，并结合了我国汽车营地的行业实践经验。该标准规定了各类汽车（含旅居车）露营营地开放应具备的基本条件和星级评定要求，对汽车营地的选址、规划、空间布局、服务设施和服务质量等方面做出了基础性要求。国标的提出有利于促进我国汽车营地的标准化发展。

C　主题化趋势

随着汽车营地旅游接待业的进一步发展，汽车营地在提供食宿补给等基础性服务接待业务的同时，更加注重主题化的营造，从而规避汽车营地产品供给同质化。生态主题、聚会主题、爱情主题、亲子主题、怀旧主题、童话主题等都将成为汽车营地青睐的主题，汽车营地的主题化主要包括营地氛围主题化、服务项目主题化、活动设计主题化等方面。

D　智慧化趋势

互联网技术、物联网技术和先进电子技术等高新科技的高速发展推动汽车营地向智慧化发展。基于上述技术打造的智慧型汽车露营地系统，实现线上预订—移动支付—行程管理—营地自助入住办理—营地自助消费等功能的集成，并将这些功能导入游客手机端。智慧型汽车露营地系统还收集游客的消费使用信息，为汽车营地运营方管理者分析游客属性，进行精准营销和开展个性化服务提供决策参考。随着更多汽车营地接入智慧型汽车营地系统，编织成一张汽车营地网络，营地间的车位和流量信息得以实现共享，进而引导游客合理规划的形成。汽车营地的智慧化发展趋势提高游客体验度，方便游客高效、便捷地享受营地自助生活。除此之外，智慧化汽车营地有效解决目前汽车营地多人值守而造成的盈利能力低下、运营成本偏高等行业“痛点”问题。

E　品牌化趋势

在汽车营地前期的试探和摸索中，我国部分企业尝试创新推动营地品牌化发展、连锁化运营，出现了一些较为知名的、在行业内具有引领作用的连锁品牌，如以港中旅和途居为代表的企业在全国布局自驾车旅居车营地；以川旅集团为代表的企业在重点区域进行连锁化布局；北京首旅集团以西部“丝绸之路”为主线，与当地政府合作开发露营地建设项目，计划在全国布局5~10个国际五星级标准的露营地。未来，国内汽车营地将逐步实现区域品牌化、连锁化发展。

知识拓展

中国最美沙漠主题营地——奈曼宝古图自驾车露营地

奈曼宝古图自驾车露营地被誉为中国最美的沙漠营地，位于通辽市奈曼旗白音他拉苏木西北的包头嘎查，地处我国东北地区最大最美的沙漠旅游区——宝古图沙漠旅游区。宝古图沙漠是距离北京最近，中国东北最大、最美的浩瀚沙漠，是U2汽车越野赛和沙漠那达慕的发祥地，是最早齐备蒙古摔跤、蒙古赛马、角弓射箭传统“蒙古族男儿三艺”的民族体育竞技的地方。在古图沙漠曾举办多届民族文化旅游节，包括全国摄影联谊赛、汽车越野拉力赛、UTV 沙漠拉力赛、摩托车场地赛、千人沙漠户外徒步探险、自行车生态沙漠游、民族体育比赛娱乐项目、沙漠环保行、沙漠经济文化展销和消夏之夜篝火晚会等众多特色而又富有魅力的活动。

奈曼宝古图自驾车露营地交通方便，位于国道 111 线旁 22 千米处，是省界旅游和自驾车旅游宿营及中途休憩的首选之地。总用地面积 205 亩（1 平方米＝0.0015 亩），营地可同时容纳 200 人就餐（可品尝当地特色蒙古餐）及住宿。主要功能区综合服务区内游客服务中心可提供票务、租赁、集散、购物、营位管理、盥洗等服务；停车场及汽车修理保养中心主要提供维修、清洗、保养等服务；游憩区分别为沙湖、篝火区，主要为游客提供亲水、嬉水空间和大型篝火晚会场所；营位区主要有房车营区、露营区、青年旅社、花园式集装箱酒店。在营地可以感受大型的汽车影院带来的不一样的感受，沙湖垂钓、户外拓展带来的身体与自然的完美交流；可以品尝蒙古族特色餐饮，感受现代与传统的完美融合；可以参加沙漠民族文化旅游节，感受越野车、摩托车比赛的刺激，蒙古族男儿“三艺”豪迈，还可选择骑乘蒙古马、骆驼，在沙海漫步，感受沙漠的壮阔。

7.2　汽车营地的类型及空间布局

7.2.1　汽车营地的类型

汽车营地的分类标准有很多，根据不同的分类标准可以划分为不同的类型（见图 7-1）。目前比较常见的有按营地资源环境分类、按营地开发主体分类。

图 7-1　汽车营地的类型

7.2.1.1　按营地资源环境分类

根据资源环境的不同，可将露营地分为山地型营地、森林型营地、海滨型营地、海岛型营地、湖畔型营地、草原型营地、沙漠型营地、乡村型营地等。每种类型的露营地根据地形地貌的不同有不同的项目设计，给游客不一样的感官享受。

A　山地型营地

山地型露营地指处于山脉间，以山川地势为主要背景的露营地。除了具有露营区域、生活服务区、通常的休闲运动设施，山地型露营地还会借助地形设置攀岩、山地自行车等活动项目。如东莞鹅夷山房车营地、北京桃花深处汽车营地。

B　森林型营地

森林型露营地是指以森林为大环境的露营地。该类露营地处于茂密葱郁的林木中，环境优美原始，空气清新自然，而露营区域营位间隔较远，是人们静享度假时光、田园生活的理想选择。露营地周围的动物、植物都可以成为很好的娱乐项目。通常针对这种天然的绿色环境，设置一些健身养生、拓展类项目，如瑜伽、球场、真人CS、徒步穿越等项目。如河北省承德市的塞罕坝国家森林公园汽车营地、江苏老山森林公园等。

C　海滨型营地

海滨型露营地是指建于海滨之上的露营地，该类型露营地依海而设，往往以丰富的沙滩、海上活动为特色，沙滩排球、网球、海底探险、船艇活动等是该类露营地所设的具有一定吸引力的项目。如大连金石滩黄金海岸国际汽车露营地。

D　海岛型营地

海岛型露营地以四面环海、处于小岛之上为特征，以水见长。除了基本必备设施，该种露营地还会向人们提供丰富多彩的海上、海底运动项目。

E　湖畔型营地

湖畔型露营地指临湖而建的露营地，湖应该具有一定的规模，没有大海的波涛汹涌与澎湃，湖水大部分时间保持平静状态，因此，湖畔型露营地更多体现的是祥和、宁静，人们在这里可以进行垂钓、划船、皮筏、独木舟等活动。如广东惠州市罗浮山风景区内的凤谷湖畔露营基地、无锡太湖汽车休闲营地。

F　草原型营地

草原型露营地指建设在草原地势上的露营地，具有蒙古包、烤全羊、马头琴、篝火晚会、草原风光等草原特色的项目。如湖北武汉草原汽车露营地。

G　沙漠型营地

沙漠型露营地是指处于沙漠间的露营地，该类型营地往往借助地形条件设置越野车、热气球等活动项目，还能体验当地沙漠、绿洲、异域风情等旅游项目。如内蒙古辽通市的草甘沙漠汽车自驾运动营地。

H　乡村型营地

乡村型露营地指建设在乡村村落中的露营地，这种露营地往往与乡村连成一体，乡村里的生活服务设施（如商店等）成为露营地的设施，人们在这里可以静享乡村独有的休闲、舒缓生活，感受淳朴的民风与独特的习俗。如广西南宁乡村大世界汽车旅游露营地。

7.2.1.2 按营地开发主体分类

根据开发主体属性的不同，汽车营地可分为俱乐部主导式营地、政府主导式营地、公司主导式营地与混合主导式营地，如图 7-1 所示。

A 俱乐部主导式营地

俱乐部主导式营地是指发起、建设、经营与管理是以俱乐部为主导的营地，该类型的自驾车营地的重要客户群就是俱乐部成员。例如，上海圣湖房车露营俱乐部由圣湖俱乐部自建自营，依托原有的圣湖度假村，从面向房车爱好者到面向大众，通过营地体验逐步提高大众对房车的认知。

B 政府主导式营地

政府主导式营地是指发起和建设是由政府职能部门主导，并建立专门的管理委员会或独资景区管理公司来维持日常建设管理的营地。如重庆璧山区的璧山秀湖汽车自驾运动营地是由璧山区政府投资打造的城市型露营地。

C 公司主导式营地

公司主导式营地是指由营利性公司建立并经营管理的营地。根据公司的专业程度又可划分为连锁营地公司主导与非连锁营地公司主导。安徽芜湖龙山露营地由途居露营自建自营，致力于成为国内汽车营地建设的引导者及房车露营消费市场的领导者。

D 混合主导式营地

混合主导式营地是指建设经营主体是由两个或两个以上的法人主体共同完成的营地。例如黑龙江省首家 5C 级汽车营地中国瑷珲国际汽车营地是由黑龙江省交通投资集团权属峰悦公司与黑河市爱辉区政府共同倾力打造的集自驾露营、体育观光、研学康养于一体的汽车营地。

7.2.2 汽车营地的空间布局

7.2.2.1 营地选址

房车露营地规划受道路交通、地形地貌、植被、光照、通风等自然环境影响，尤其是露营区对场地的地形、坡度、排水等要求较高。总体来看，营地的选址主要考虑市场、资源、交通、用地四个条件（见图 7-2)，优美的环境、便捷的交通、优越的区位条件和充足的项目用地是营地成功的必要条件，但是，不同类型的营地对条件选择也需有所侧重。

7.2.2.2 营地功能分区

房车露营地根据其类型、自身特色及目标客源市场的消费特征设置有不同的功能区，一般而言，都设有综合服务区、宿营区、休闲娱乐区（见图 7-3)，各功能区的功能见表 7-2。除以上三大功能分区外，营地还会根据自身资源市场需要等对功能区进行延伸或完善，增设度假、旅游地产等功能分区，提供分时度假等服务。

7.2.2.3 营地布局模式

按空间布局，房车露营地总体规划一般分为均匀发展型、辐射型、主轴线型三种模式。

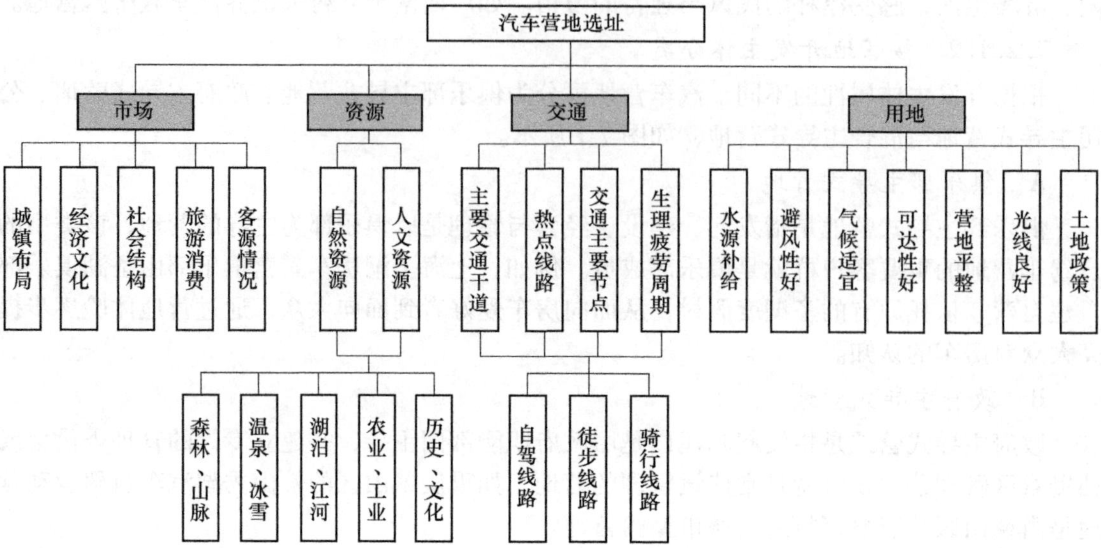

图 7-2 营地选址要素

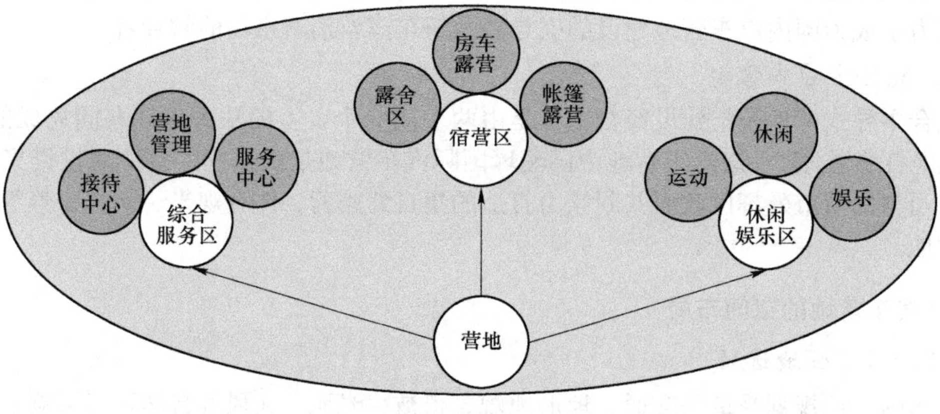

图 7-3 营地功能分区

表 7-2 营地各功能区功能

功能区	功 能	主要服务项目
综合服务区	营地管理和服务中心，承担基本服务功能	预订、购物、餐饮、租赁、房车保养、信息服务等
宿营区	营地的主要功能区，提供宿营服务	相对独立封闭的房产营区、露营区、私家车营区、营宿区等
休闲娱乐区	营地的公共活动区，提供休闲、娱乐等服务项目	垂钓、烧烤、采摘、攀岩、潜水、滑草、赛车等娱乐活动

A 均匀发展型

均匀发展型布局模式的管理中心一般布置在场地的中间或入口处，方便对整个营区的管理。设置中心位置的功能包括服务中心、综合服务区、房车维修服务部等。露营区为游客提供露营休息的场所，通常较规整的分布在服务区周围。娱乐活动区布置在露营地一侧或周围，主要的娱乐活动和露营区相对独立，如图 7-4 所示。

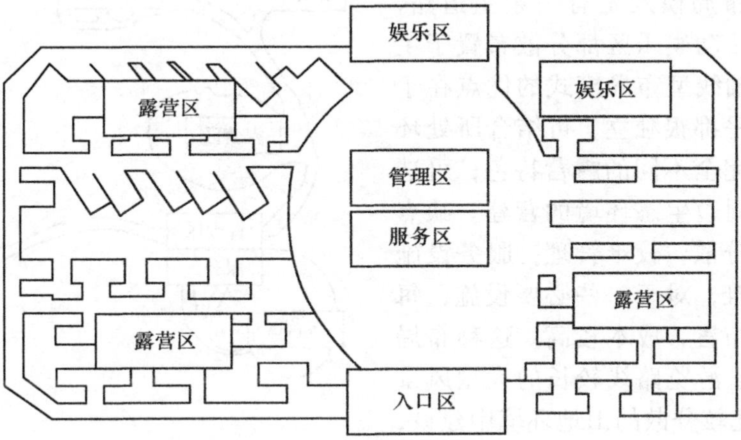

图 7-4 均匀发展型

均匀发展型布局模式的优点在于充分利用土地、易于管理、成本低，容易组织交通，道路通常都相互平行，易于识别方向。缺点在于露营区的景观通常比较单一、乏味，缺少变化和情趣。因此，这种模式适用于比较平整、形状也较规整的场地，像广阔的平原、低缓的丘陵、海滨沙漠、辽阔的草原等。对于一些用地比较紧张的旅游景区也比较适用，能充分发挥其布局紧凑、节约土地的优势。

B 辐射型

辐射型布局模式房车露营地的管理中心和服务设施中心都建在整块场地的中心或是各块地的连接处，以方便对整个营地各个区进行管理和提供服务。各个露营区根据场地的地形和环境特点，不规则的分散布置于管理区和服务区周围，如图 7-5 所示。

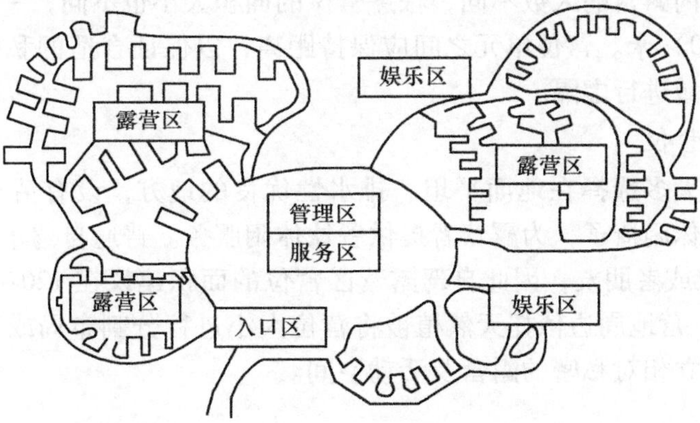

图 7-5 辐射型

辐射型布局模式将分散又相对集中的零散地块有机结合起来，根据地块的自然条件灵活选择场地用途。露营区独立、景观各异，还可结合环境在露营区内增加娱乐活动场。适用于对露营环境要求高的营地以及有分散资源需要保护或景观具有变化和特色的景区。

C 主轴线型

主轴线型布局模式是有一条主道路，各个露营区或活动娱乐区都分散布置于主道路两侧。主轴线型布局模式的优点在于各个露营区几乎都很独立，可结合所处环境特点开发出完全不同的露营特色；可选择性强，易于周边生态环境的营建。缺点在于布局非常分散，较难管理，服务设施布局也较为困难，对于一些必要设施，每个露营区都需布置，成本较高。这种布局模式适合在风景游览路线较长的大型风景旅游区或景点比较分散的山地环境中建设，如图 7-6 所示。

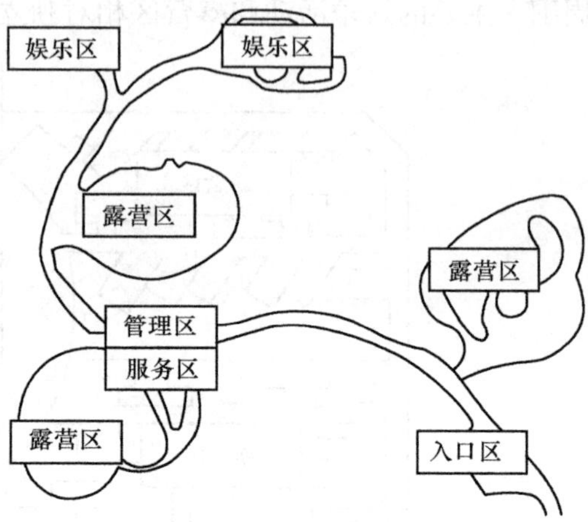

图 7-6 主轴线型

7.2.2.4 营位设置

营位是汽车营地里为客人提供住宿和休闲生活的基本单元，营位对游客的体验尤为重要。有的目的地型营地，游客要在营地停留多日甚至更长时间。营位是他们每天，至少是早晚间休息活动的地方。能否留住客人，使游客感到安全舒适、卫生方便，让游客获得一次新颖、难忘的户外露营生活体验，除了营地的整体感觉，营位的设置也起着关键性作用。

营位的种类很多，按照自驾车型划分，包括普通汽车营位、自行式房车营位、拖挂式房车营位三种类型。按住宿业态划分，包括帐篷营位、移动木屋营位、集装箱营位、木屋别墅营位等类型。这里介绍其中几种营位的设置要点。

A 帐篷营位

根据一个营位内露营的人数不同，帐篷营位的面积大小也不同，一个标准的营位单元面积在 7 米×(7~10) 米。营位单元之间应保持距离，以保证合适的私密性，可以种植花草、灌木，对各区域进行虚隔。

B 普通汽车营位

普通汽车营位大多选择在地面平坦、排水性优良的地方，设有活动所提供的基本措施，如户外餐桌、休闲椅子，为露营者提供餐饮休闲服务。普通自驾车的露营基本人员通常是 4~5 人的一家或者朋友，因此自驾露营区营位的面积建议在 120~160 平方米，最小面积为 80 平方米。营地周边依托天然植被将营位大小进行分割布局或采用人工绿篱对营位进行围合，以建立相对私密的露营及活动空间。

C 房车营位

不同类型的房车营位面积大小与布局要根据接待的房车种类和目标市场人群的特点来

考虑。通常房车营位由房车停车位和日常活动区两部分组成，面积在 120～220 平方米。在停车入位的方向，以及营位与道路的角度方面，最好是遵循车头朝向北或西北方向，这样房车门和车边帐在白天大部分时间背向日照。营位与道路的角度最好是成 40°～45°，驾驶员容易倒车进入为最佳。营位之间的间隔不应小于 2 米并种植高 1～1.5 米的绿植以体现营位的私密性。也可以设置木篱笆，高度在 1.5 米左右。高档营位间甚至可以用砖墙隔开。

7.3　汽车营地接待业务的内容及特点

7.3.1　汽车营地接待业务的内容

7.3.1.1　游客服务中心业务

游客服务中心业务包括咨询、结算、预订、展示等功能。（1）咨询功能，首先，应提供汽车营地的服务手册，包括服务项目、营地地图、收费标准、服务电话、安全须知等内容；其次，工作人员应充分了解汽车营地的各项设施和规章制度，以旅游接待人员的基本素质和礼仪，随时在岗解答游客问题。（2）结算功能，对游客在汽车营地所发生的消费进行统一结算。（3）预订功能，处理好游客现场预订、电话预订以及互联网预订等各个渠道的预订信息，准确记录游客预订类型，包括车位、住宿、餐饮、维修、休闲娱乐等。（4）展示功能，发挥游客中心的平台作用，充分宣传和展示自驾车和房车露营知识，推介相关品牌房车，提高旅游者对自驾车房车旅游新业态的认知。

7.3.1.2　营位业务

营位业务包括引导、补给、维护等功能。（1）引导功能，一些规模较大、营位较多的汽车营地，为避免旅游者找寻营位困难，应有工作人员提供停泊引导服务，并针对游客自身情况，推介适合的服务方案。（2）补给功能，主要是通过提供水电桩，给自驾车和房车提供补给。（3）维护功能，为自驾车和房车提供简单的专业保养和维修。

7.3.1.3　餐饮业务

餐饮业务是汽车营地旅游接待业务的基本内容，一般而言，汽车营地向游客提供能满足游客基本生活需求的简洁便利、安全卫生、具有一定本地特色风味的标准化餐饮。

7.3.1.4　休闲娱乐业务

汽车营地旅游接待业务不仅要提供基本的食宿服务，还应当具备休闲娱乐功能。汽车营地需要策划一系列迎合游客偏好和适合汽车营地开展的休闲娱乐活动，例如，水上运动、沙漠探险、丛林探秘、射击、骑马、打高尔夫球等户外休闲娱乐活动，以及看电影、做 SPA 等室内休闲活动。

7.3.1.5　购物和租赁业务

汽车营地应配备购物设施，向旅游者提供旅途中可能需要的生活日用品、食品等，也提供当地土特产等旅游商品。除此之外，汽车营地还需向游客提供租赁服务，包括帐篷、睡袋、烧烤架、钓具等户外设备，甚至房车的租赁业务等。

7.3.1.6　安全业务

汽车营地人流、车流较为密集，加上游客的自助式户外活动，如露营、野炊、水电使用等较多，容易产生一系列安全隐患。安全业务是汽车营地旅游接待业务安全开展的保证，应通过全天候的监控、巡逻和引导，确保汽车营地接待安全。一旦发现安全隐患要及时消除，出现突发事件要第一时间处理。

7.3.2 汽车营地接待业务的特点

7.3.2.1 综合性和集成性

汽车营地旅游接待业务具有综合性的特点，汽车营地旅游接待业务包含要素十分广泛，基本囊括了食、住、行、游、购、娱等旅游要素。汽车营地在满足基本食宿服务需求之外，会尽可能提供多方面的娱乐设施及活动服务。此外，营地可以针对游客在旅游期间的信息服务需求，如道路交通状况、旅游路线和信息，汽车的租赁和养护的特点，提供相应的服务。

7.3.2.2 实用性和便捷性

汽车营地旅游接待业务讲究服务和产品的实用性，汽车营地中无论是餐饮、住宿、咨询，还是娱乐、维修等服务都应把实用有效作为其标准。游客在旅游期间对道路交通状况、旅游路线和信息、汽车的租赁和养护、娱乐活动以及相关的配套设施都有较多的要求，但在汽车营地的驻留非长期活动，甚至只将汽车营地作为停留补给的驿站，因此，并不会过多地追求服务的高端和舒适，相反，游客更需要便捷、有效的接待服务。

7.3.2.3 专业性和规范性

汽车营地所提供的自驾车游客集散、自驾车旅游管理、住宿接待、餐饮、购物、文化娱乐、自驾车旅游信息采集与发布、自驾车旅游咨询服务、自驾车游线道路安全保障、应急救援、金融保险服务、一卡通办理、自驾车租赁、维修等相关配套服务功能，都需要专业的接待人员加以实施。随着汽车营地旅游接待业的不断发展，包括《汽车旅游营地等级划分与评定》《汽车露营营地开放条件和要求》等在内的行业标准出台，上述相关配套服务将进一步规范流程和质量。

7.4 汽车营地的发展模式

根据旅游资源环境特征、乡村旅游发展阶段以及景区向休闲度假转型发展的需要，可将我国汽车营地的发展分为四种模式。

7.4.1 依托高品质生态旅游地的发展模式

依托高品质生态旅游地的发展模式要求汽车营地的选址是在自然生态环境优美且尚未开发的偏远地区，即对环境保护有严格要求，不允许大规模开发，不适宜开发建设高档酒店、度假村等高强度建设，但很适合建设汽车营地。这种地区一般位置偏远，自然环境优越，自然气息浓厚，符合部分游客求新、自主、求静的环境需求，并能为其提供登山等专业活动环境。

该种模式的汽车营地在道路等基础设施方面投资较小，这主要是由于该类营地提供的服务产品比较简单，主要提供补给、露营等基本服务。此外，由于地理位置一般较为偏僻，安全保障工作是营地服务的重点。就市场来讲，采取该种模式的汽车营地主要面向相对高端的房车休闲市场、露营市场或专业自驾车旅游市场。

新疆喀纳斯露营地距乌鲁木齐700千米，是新疆唯一的国家级综合自然保护区——喀纳斯湖自然保护区。该营地所在地一面为喀纳斯湖，三面为广袤无边的大草原，风景优美。营地内可同时停放拖挂式、自行式房车各10辆，提供房车出租业务，营区内拥有简单的接待设施，主要提供汽车露营服务，以满足自驾车游客的基本需求。该营地无大规模的固定建筑，力求保护当地脆弱的生态环境，以中高档消费的自驾车游客为主要客源市场。虽然地理位置相对偏僻，却得益于原生态环境的优美风景，使得该营地在国内自驾车旅游市场享有较高声誉，每年吸引不少自驾车游客前往。

7.4.2 与乡村旅游相结合的发展模式

与自驾车营地相结合的乡村城镇往往是以旅游产业为主导的旅游村镇。这类村镇一般位于大中城市周边区域，卖点在于自然环境良好，远离喧嚣城市，乡村气息浓厚，以乡村体验旅游项目为特色，主要接待城市近郊休闲度假游客，与自驾车出游契合度极高。汽车营地布局在村镇周边，可利用村镇已有的基础设施建设，或依托小镇建成房车小镇，因此开发建设成本较前者低。主要提供房车或移动木屋租赁、帐篷租赁服务，主要休闲活动为田园采摘、休闲垂钓、烧烤等乡村旅游活动。由于村镇住户提供的住宿设施类型、容量有限，汽车营地的建设充实了乡村旅游住宿接待，丰富了乡村休闲娱乐等活动产品。通过乡村汽车营地建设，对乡村旅游资源进行了整合提升，提高了乡村旅游的整体吸引力。

例如，北京平谷桃花深处汽车营地位于平谷山东庄镇大北关村，周边以山地为主，占地9万多平方米，分为房车区、帐篷区、木屋区、野餐区和休闲健身区5个功能区域。房车区可停靠房车30辆，帐篷区设50个营位。营地利用房车、帐篷等住宿设施，演艺场、游戏厅、停车场、餐厅、服务中心、汽车救助站、农副产品销售商店、节点景观园等附属设施，组成10个具有不同文化主题内涵、开放式的汽车露营地群，游客可自由选择路线穿行各景区。该营地以乡村为依托，与原有的乡村旅游吸引物相互弥补，建设强度较小，能够在有效开发乡村自然资源的同时尽量减小给生态环境带来的压力。

7.4.3 与景区相结合的发展模式

与景区结合的汽车营地主要分为两种情况：第一种是在景区内部划出部分特定区域设立汽车营地，提供营地服务产品；第二种是由于景区项目用地受限或相关法律法规限制，在景区外围设立汽车营地项目。采取该种模式主要有以下优势：可最大程度利用既有设施条件，减少基础设施投入；营地依托于既有景区的旅游吸引物和活动提供高质量旅游产品支撑；利用景区现有接待设施提供高品质服务支持；营地可为景区宿营游客提供多样住宿类型选择。依托景区的既有市场开拓客源市场，能更好地提升景区整体经济效益。在20世纪30年代，美国国家公园管理局在许多国家公园内划定相应区域专供自驾车游客露营休闲。在北京近郊，蟹岛度假村2009年开始就在度假村内开辟了一块空间建设房车营地，目前已经形成相当大的规模，这是对蟹岛度假村现有住宿设施类型和容量的重要补充，也是对中端住宿接待市场的填补。该营地以景区为依托，利用景区客源市场的同时也丰富了休闲娱乐的项目，提升了景区吸引力。营地的建设也在一定程度上弥补了景区住宿接待能力的不足。

7.4.4 以营地为中心的综合发展模式

以营地为中心的汽车营地是以自身为主要旅游吸引物，以移动木屋、房车、帐篷等主要旅游产品为中心，配套开发各类型休闲娱乐旅游产品，形成一个综合性的旅游休闲度假地。这种汽车营地一般称为汽车公园或者露营公园，它要求土地开阔、环境优美并且可低强度开发建设。这种营地比较适合建设在大城市的周边近郊林地。采用该种发展模式的汽车营地，其前期建设投入较大，主要是前期规划、基础设施建设、配套旅游服务设施以及整个公园项目场地建设。

此类营地提供的服务与前3种汽车营地相比功能更为齐全，产品更加新颖多样，具有休闲度假的综合功能，是近郊休闲度假综合体。例如北京丰台的北京南苑国际汽车露营公园就是这种类型。

北京国际汽车露营公园位于丰台区南苑村，坐落在0.4万平方千米的天然林地中，园区建成后将设有300辆可移动性露营房车，并可同时容纳150顶露营帐篷，提供1000人同时露营休闲。露营公园还依托原有林木设有英式马术训练基地、儿童活动中心、昆虫馆、红酒窖藏、鸟语林、麋鹿园、四季滑冰场、露天剧场、阳光游泳池，少年先锋营、露天温泉、中医养生堂、花园式养老院等设施和场地。营地是集休闲运动、青少年科普、儿童娱乐、养生养老院、休闲会所、房车营地体验为一体的综合休闲度假营地。

复习思考题

7-1 国外汽车营地发展具有哪些特点？

7-2 国内汽车营地呈现出哪些发展趋势？

7-3 按营地资源环境分类，汽车营地可分为哪些类型？

7-4 汽车营地有哪些基本功能区？

7-5 汽车营地接待业务包含哪些内容？

案例分析题

汽车文化活动带动营地消费新增长——常州太湖湾露营谷

太湖湾露营谷位于江苏省常州市武进太湖湾旅游度假区，是全国五星级汽车自驾运动营地。三面环山，溪水潺潺，植被丰富，生态环境优美，是一个集房车营地、拓展基地、农趣体验和生态游乐项目于一体，满足游客食、住、游、购、娱等综合服务的户外休闲体验一站地，也是一个跨界融合的新型生态休闲公园。

（1）供给消费同升级，打造营地新场景。

1）深挖资源优势，保护生态环境。

太湖湾露营谷是以充分挖掘并保护自然生态环境资源、科学的空间布局、合理延伸的产业链条，打造季节性特色活动，来满足不同人群的消费需求。其作为省级旅游度假区，谷区资源丰富、风景秀丽，先后获得“国家旅游名片”“亚洲金旅奖”“全国龙舟竞赛基地”“全国电子竞技运动基地”“中国创意产业最佳园区奖”等荣誉称号。谷内全部采用集装箱式建筑，更为注重绿色概念建筑的设计，节省能源的同时更加环保，与园区绿色生态的理念一致，最大限度地保留了园区内原生态的自然环境。

2）优化空间布局，延伸产业链条。

按照统筹布局、科学规划、特色发展的原则，露营谷内整体涵盖房车宿营区、生态游乐区、农趣体验区、拓展基地区、格子吧街区五大区域。区别于传统住宿的全新体验，露营谷以五星级营地标准打造的房车宿营区，提供了有别于传统住宿的全新体验，123个宿营单元设置有营地房车、木屋房车、帐篷酒店、木屋别墅、奢野帐篷、户外长篷、离菇屋等8种宿营方式。各种宿营方式随心选择，听虫鸣鸟叫，闻花草芬芳，看漫天星辰。

在娱乐和美食上设有生态游乐区、农趣体验区、格子吧街区等设施。游玩模式不仅是赏花观景，太湖湾露营谷显现了大自然的全感官体验，有溜溜滑草、枪林弹雨、树顶玻璃栈道、垂钓中心、儿童营地、丛林探险、迷你高尔夫、呐喊泉等，又能在“采菊东南下，悠然见南山”的环境中感受“野田春水碧于镜，人影渡傍鸥不惊”的闲情雅趣，也能享受美味的当地野味和各地美食。

3）打造特色活动，满足多样需求。

太湖湾露营谷不仅以惬意自然、清新别致的营地设施出名，更是以活力四射，充满欢乐的活动独树一帜。谷内围绕迎新季（1~2月）、踏青露营季（3~6月）、啤酒音乐季（7~8月）、民族风情季（9~12月）四个方向，积极构建形式多样、丰富多彩、内容新颖、贴近生活的赛事活动体系，满足消费者日益增长的个性化、多样化的体育需求，营造全民健身的浓郁氛围。

2020年中秋国庆双节期间开展了太湖湾露营谷汽车文化节活动，接待游客人数两万多人，活动的门票、餐饮、住宿和游乐等为营地带来了265万元营收。汽车文化节还举办了“小车王·争霸赛”“2020龙城少儿车模大赛”和“2020运动龙城大联赛常州市卡丁车比赛”。此次汽车文化节打破了常规单向独立的单一汽车体验活动，整合汽车文化、音乐艺术、文创产品、旅游休闲、全民健身、健康生活、魅力夜市经济等要素，增加用户生活体验、汽车场景体验、趣味场景体验，在“人”“车”“生活”三方面建立连接。

（2）市场服务一手抓，构建露营新空间。

1）坚持政企互动，突出市场运作。

主动对接政府产业政策，积极谋划业态结构、服务项目和商业模式，激活市场要素，调动主体积极性。太湖湾露营谷把游客满意作为最高标准、第一追求，以一流的体育旅游产品、环境、服务、体验，把“头回客”变成“回头客”，把“过路客”变成“过夜客”，助力体育产业高质量发展，自媒体精准投放，不断扩大市场规模。

2）坚持服务导向，突出消费体验。

以汽车文化为特色包装，使太湖湾具有独特差异化亮点，打造标志性文化符号。创新活动供给群众消费新需求，突出体育服务功能，具有体育产品供给，积极引进和开发趣味性、体验性强的时尚健身消费项目，提升体育消费能级，推动体育产业转型升级。

3）坚持大胆探索，突出创新引领。

自开营以来，秉承“事事争当第一流，耻为天下第二手”的新时期常州体育精神，通过打造特色活动和项目来聚人气、创营收、促推广。当前，太湖湾露营谷目标社群涉及拓展活动、研学教育、旅行社、户外运动、休闲体育赛事，亲子游、自驾游、冬夏令营等各领域，目标地区涉及南京、苏锡常及沪宁杭两小时经济圈城市。

4）坚持以体为主，突出业态融合。

依托区域规划，坚持以体育本体产业为主，积极拓展体育、旅游、文娱、休闲、餐饮、商贸、住宿、教育、生态、农庄等多种业态，大力发展“体育+”“+体育”，提升各业态融合叠加效应，培育特色产业集群，努力打造多功能、复合型、高集聚、创新型体育服务综合体。以多样化的产品形态和特色山水体验，创新露营模式，逐步形成了以生态露营为特色，集生态游乐、特色住宿、美食餐饮、户外拓展、休闲养生等多功能为一体的复合型创新版露营度假空间。

思考：结合案例及所学知识，分析常州太湖湾露营谷的成功经验。

8　会展旅游接待业务管理

学习目标

（1）了解会展旅游的概念、特点、类型和功能。

（2）熟悉会展旅游策划与管理的原则、流程和具体内容。

（3）掌握会展旅游接待业务管理的具体内容。

8.1　会展旅游概述

近年来，会展业的发展取得了飞速的进展，而会展旅游是会展业与旅游业结合的产物，也是当今世界都市旅游的重要组成部分。会展旅游作为一种新型的、高端的旅游形式，其众多优点和特色也日益引起人们的关注与重视，逐渐成为许多重要旅游目的地的旅游核心市场。会展旅游综合会展业和旅游业两大产业优势而在社会经济中发挥着日益重要的作用，它是会展业优先发展的必然结果，也是旅游经济的重要组成部分。

8.1.1　会展旅游的概念

国内外许多学者对会展旅游也做出了各种界定，但目前仍未有统一的内涵。如以研究事件旅游而闻名的学者盖茨（Getz）就认为展览会、博览会、会议等商贸及会展事件是会展业（meeting industry）的最主要的组成部分。同时，有许多学者主张将会展旅游概念泛化。

本书所讨论的会展旅游的概念主要根据国际上通行的概念 MICE，即会展旅游就是会议（meeting）、展览（exhibition）、奖励旅游（incentive）、综合性会展（convention）、节事（event）。目前，我国旅游界普遍将会展旅游定义为：借助举办各种主题的会议、研讨、论坛、交流等会务活动和各种类型的展览会、博览会、交易会、招商会等展会，吸引商业游客前来洽谈贸易、信息沟通、文化交流、技术合作和观光旅游，并带动举办地区交通、旅游、商贸等多项相关产业发展的旅游活动。会展旅游是会展业和旅游业跨界融合的新业态，充分发挥了会展业和旅游业之间良性互动。

8.1.2　会展旅游的特点

会展旅游作为一种新兴的旅游类型，以其产业的结合性、行业的带动性、消费的集中性、收益的显著性和服务的关联性等优势得到了旅游业的普遍重视。在会展、旅游以及其他一些行业的交互作用下，会展旅游在当前的经济条件下渐显繁荣，充满活力与竞争。从旅游业的角度来看，会展旅游呈现出以下特点。

8.1.2.1　*经济效益好*

正是由于会展旅游者的高消费水准，他们给旅游会展举办地带来的经济效益显而易见，会展旅游经济已成为行业新的经济增长点。如中国香港每年的会展人员人均消费额为24826港币，是度假旅游消费的3倍；新加坡一般旅游者平均逗留3天，消费710新加坡元；而会议客人则平均逗留7.7天，消费1700新加坡元。会展旅游已经发展成为旅游业的“拳头产品”，带来了巨额的利润和城市繁荣。

8.1.2.2　带动效应强

现代服务业中，旅游业和会展业都是带动性很强的产业，特别是旅游业和会展业的有机结合，会同时发挥两个产业的联合优势，全面带动交通、住宿、餐饮、商业、金融和科教文卫等第三产业的发展。会展旅游的发展还能为城市带来巨大的社会效益，主要表现在推进城市市政建设、提供就业机会、提高城市知名度等方面。这种高效、无污染和带动型强的产业必然成为旅游目的地新的增长点。

8.1.2.3　停留时间长，出游机会多

会展旅游的实际安排一般依会展活动的举办而定，一些会议、展览，特别是国际性的会议展览，持续时间长，因此会展旅游者停留时间比普通旅游者要长，这就为参会人员在工作之余提供了休闲娱乐的机会。特别是对于初次到会展举办地的参会人员来说，他们更是强烈希望能够到当地的风景名胜区参观游览，这就为旅游目的地的旅行社和旅游景区提供了市场开发的机会。

8.1.2.4　不受季节影响

由于旅游目的地的自然条件和旅游者的闲暇时间分布不均衡，一般类型的旅游具有明显的季节性。例如，每年的春秋两季，尤其是劳动节、国庆节期间，是中国各大城市的旅游旺季。游客可能会因为天气或其他原因而放弃一次旅行计划。但是会展旅游，尤其是会议旅游，因为是在会展或是会议基础上衍生出来的，不会受气候和季节的影响，因此弥补了旅游业的不均衡性，增加了旅游淡季的营业收入，而且还促进了酒店业等旅游服务行业的稳健发展。

8.1.3　会展旅游的类型

会展旅游是会展业和旅游业跨界融合的新业态，会展活动中来自异地的主办者和参与者都符合旅游者的定义。因此，会展活动的参与人员既是在工作，也是主要服务对象，如公司、组织或团体。会展旅游针对个人和散客的较少，其主要类型有会议旅游、奖励旅游、展览旅游、节事旅游四大类。

8.1.3.1　会议旅游

会议旅游是指人们有组织地聚集在一起进行交流信息、联络感情和制定决策的活动，这里不包括带有展览、交易或竞技性质的展览会、博览会、交易会和运动会等。早期的会议旅游只有在大规模高端会议中出现，随着经济全球化发展，国际会议和国内会议的举办频率越来越高，会议旅游逐渐成为会议举办的必备项目。会议旅游是会展旅游的一种，也是典型的商务旅游形式。会议旅游活动能够提高会议的吸引力和会议举办城市的知名度，调节旅游淡旺季客源市场不均衡的现象，拉动会议举办地各项消费需求的增长。会议旅游一般是作为会议的同期活动，指会议接待者利用召开会议的机会，组织与会人员参与的旅游活动，它所涉及的旅游目的地选择、旅游活动安排一般与会议工作内容相关。规模较大、消费水平较高、停留时间较长、不受旅游淡旺季影响是会议旅游的主要特点。

8.1.3.2 奖励旅游

奖励旅游是基于工作绩效对优秀员工及利益相关者进行奖励的管理方法和以旅游方式进行的商务活动。奖励旅游产生于20世纪20年代，根据国际奖励旅游协会的定义：奖励旅游是企业为达到其特定的目标而设立的旅游活动，其参与对象是协助达到企业目标的相关人员，以旅游活动的形式给予他们特殊奖励、培训或者机会。奖励旅游的旅游形式由企业根据自身需求设定，没有统一标准，一般包括商务会议旅游、海外培训、休闲度假旅游等。奖励旅游和传统员工旅游有所不同，奖励旅游是由企业为参与对象提供一定的经费，委托专业旅游公司精心设计的定制旅游活动，以此奖励员工、提升员工能力、调动员工的积极性、增强企业的凝聚力。因此，奖励旅游具备独立成团、参与人数较多、出游多数选择在淡季、消费支出高、接待服务要求高等特点。

8.1.3.3 展览旅游

展览旅游是为参与产品展示、信息交流和经贸洽谈等商务活动的专业人士和参观者而进行的一项专门的旅行和游览活动。大型展览活动可以吸引成千上万的人到举办地旅游，从而带来大量短期直接的经济效益，逐渐形成长期经济效益循环，带动当地旅游产业持续发展。目前，许多国家和政府大力支持展览旅游业发展，争先恐后地争取世界性的博览会和交易会的举办权，以此来提升国际形象、开放对外贸易、吸引外资和促进消费经济繁荣和会展旅游业发展。

8.1.3.4 节事旅游

节事旅游是非定居者出于参加节庆和特殊事件的目的而引发的旅游活动。具体来说，是指借助地方传统文化、习俗和事件，在当地举办的具有地方特色的节事活动，并通过此活动组织当地人民参与，吸引外地游客前来旅游，从而促进地方旅游业发展。节事旅游对自然旅游资源依赖程度小，对人文旅游资源依赖程度高，在自然旅游资源匮乏的地区，节事旅游是旅游业发展的突破口。随着国际全球化趋势日益增强，文化逐渐被同化，节事成为地域特色的代表，节事旅游逐渐被人们所重视。

8.1.4 会展旅游的功能

旅游业以其服务对象的异地流动、异地消费特征和受季节更替的影响，被形象地称为“候鸟经济”，而会展活动也因为商品的流动、贸易与交换具有同样的特征。在世界范围内，会展和旅游的互动是不乏成功案例的，比如瑞士达沃斯、黑龙江亚布力、海南博鳌等，在这里面，会议、展览以及文化活动等均扮演着“旅游吸引物”的角色，其实质是希望通过展览展示来扩大知名度、吸引投资和创造持续消费等目的，尤其是会展的商务特性和其产生的注意力，以及集中的、高档次的消费是其他公共服务产品难以比拟的。会展与旅游的互动性可以更为充分地利用当地的旅游资源，全面地展示所在地的经济、文化和社会风貌，扩大对外的影响力和知名度，促进当地经济的繁荣与发展。在会展与旅游的互动发展中，旅游是会展旅游发展的基础，旅游业的繁荣必将为会展活动提供更为完善的服务，加速会展业的发展。会展业的进步可以优化社会资源的组合，带动其他行业更快的发展，也为旅游业带水更多的客人、更多的消费，延长客人的逗留期，增加旅游业淡季时设施设备的利用率。因此，我们应该十分注重会展业与旅游业的互动性，利用他们的放大效应以谋求会展旅游更快发展。会展旅游对于区域经济的主要作用表现在如下几个方面。

8.1.4.1 有助于提升目的地旅游形象

会展或者大型活动的举办对东道主地区或国家来说就是地区的外交活动，会对地区的形象塑造产生积极影响，有助于形成其作为潜在旅游目的地的良好形象。尽管活动在一个相对短的时间内举办，但是由于全球媒体的关注，这种宣传效应和产生的吸引力巨大。会展在短时间内将人流、物流、资金流、信息流聚集到举办地，成为当地、全国乃至世界关注的亮点。这种积聚性将推动举办地旅游业的快速发展，对展会举办地的知名度和美誉度会有一个大的提升，尤其发展成为名优品牌的展会，其辐射带动作用更是强大。当优秀的旅游资源和知名的会展品牌相结合，将会产生共振效应，使旅游与会展的潜力得以完全释放。如海南的博鳌，虽为名不见经传的小镇，但因“博鳌亚洲论坛”的举办而举世皆知，成为对外宣传的金字招牌。正是这一招牌，使当地的旅游业在短期内获得了快速发展，慕名参观游览的客人也络绎不绝。

8.1.4.2 有助于改善目的地旅游吸引力

会展旅游重要也是最基本的作用就在于吸引旅游者。吸引旅游者前往某特定地区的引力就是旅游吸引力，旅游吸引力一方面是从本源上吸引旅游者前往某个地区进行旅游活动，另一方面是旅游者在某地进行相关的旅游或旅行活动时提供此活动或者会展项目以便其参与，对于会展或者节庆活动而言，对于其吸引力问题则需要引起特别注意，因为它的吸引力不仅与特定的物质设施有关，而且其他诸如拥挤的人群、服务和娱乐等因素可能对于营造一种良好的氛围显得更为重要。每举办一次大型活动，都必须建造能够适应所需活动的场馆以及活动所需的配套设施。这些场馆和设施在活动使用完后，一般就会成为一个新的旅游点。广州为九运会所建的广东奥林匹克体育中心和广州新体育馆已成为广州新的城市标志，“九运体育场馆游”也成为“广州一日游”的经典线路。

8.1.4.3 有助于降低目的地季节性

季节性问题是许多旅游目的地一直非常困惑的问题，从现在旅游经济发展实践来看，已经有许多旅游目的地通过在旅游淡季举办相关会展活动的方法来解决这一问题，会展项目和大型活动甚至还成了目的地延长旅游旺季或者形成了一个新的“旅游季”的重要手段。比如在北方地区，通过在冬季举办一些竞技体育活动、冬季节庆活动等，完全有可能形成一个新的旅游旺季。因此，会展或者大型活动在缓解目的地旅游发展过程中的季节性问题方面具有独特的作用。

8.2 会展旅游策划与管理

策划是人们为实现预定的目标，对与目标有关系的信息资源进行深入分析，并综合运用广告创意、管理、营销和财务等方法，进一步发挥创造性思维，事先谋划、构思和设计有关问题和解决策略，形成最佳行动指导方案的过程，由此引申出了会展旅游策划的内容。会展旅游的策划于管理同样需要遵循一定的原则、流程和方法，最终形成科学合理的会展旅游策划方案，进一步促进旅游目的地社会效益和经济效益的实现。

8.2.1　会展旅游策划的原则

会展旅游作为特殊的旅游项目，在策划上与传统的大众旅游产品有所不同，一般来说，应当坚持以下原则。

一是以会展为主，旅游为辅，参展商前往会展举办地的根本目的是“参展”而非“旅游”，因此，在对会展旅游项目和活动进行策划时，必须秉承“会展为主，旅游为辅”的原则。

二是会展旅游项目须突出会展的主题。一般来说，大型的会展活动每一届都会有一个特定的主题，会展旅游项目策划必须以会展的主题为核心展开。在进行旅游项目策划时，必须对会展的主题有一个正确而充分的认识，在此基础上才可能设计出切合会展中心思想的旅游项目。

三是适应性强，留有较大的选择余地。在做会展旅游策划时，要考虑长远，留有余地，且不能图一时的利益而损害了长远利益。

8.2.2　会展旅游策划的流程

会展旅游项目的策划一般需要经过以下几个程序。

一是收集、分析相关信息。通过媒体、调查、网络等渠道和方式获取关于会展的主题、参展商情况、经济预测等方面的信息。

二是市场定位和确定目标。结合市场供给情况和自身资源等，确定目标群体、会展旅游项目的类型、消费结构等情况。

三是提出项目的初步分析。提出会展旅游项目的初步方案，包括主题、理念以及主要内容等，一般需准备多个方案以供备选。

四是对各备选方案进行论证。对备选方案组织专家进行评估、讨论，可采用头脑风暴法、专家小组法等。

五是选定项目方案。即选定最终的会展旅游项目方案。

六是编写企划书。对项目进行最终的实施（如联络供应商、价格谈判等），并提出阶段性的项目推介方案。

8.2.3　会展旅游策划与管理的内容

8.2.3.1　会议旅游的策划与管理

成功举办一次会议活动至少要经过申办会议、策划会议、营销会议、运作会议和结束会议五个流程，如果按照时间的先后划分，可分为会前的会议旅游活动策划、会议期间的会议旅游活动。

A　会前的会议旅游策划

会议旅游开展之前最重要的事情就是策划和准备会议，主要包括会址的考察、会议的宣传营销活动、预订会址以及为与会者预订房间和交通票、与接待企业洽谈服务事宜和会后的旅游安排、迎接等活动。

a　会址的考察

为了顺利地召开会议，选择适当的会址就显得极为重要。会议举办方不仅要对会议的地点、设施、环境、服务水平等进行评估，而且还要对可能涉及的交通服务、酒店服务、考察及参观等项目进行考察。

b　会议的宣传营销活动

利用会议举办地的旅游资源作为申办会议和吸引参加者是会议宣传营销活动常用的手段，其不仅关乎与会者数量和会议的规模，更为重要的是提高了会议的品质、认可度和对品牌的忠诚度。

c　预订会址

根据与相关对象的谈判，确定会议的举办地，其既可以是专门的会议中心，也可以是会议型酒店。

d　预订酒店及交通事宜

为与会者安排适合其身份的酒店关乎会议能否顺利完成，选择酒店的时候需要考虑很多方面，如地点、价格、设施、服务等因素，有时需要多家酒店为与会者提供房间。同时使与会者顺利返回也是保证会议成功的关键，提供与会者所希望的交通服务既反映了会议对有关方面的重视程度，也体现了组织者的业务水平和能力。

e　与接待企业洽谈服务事宜

会议结束后的游览活动是会议旅游不可分割的一部分，各类会议一般都会在会后为与会者提供这类服务。因此，会议举办者在会前就应当与旅游公司或旅行社进行洽谈，特别是在具体行程和价格方面的问题。

B　会议期间的会议旅游活动

会议不仅是商务活动，而且会议的主办者和与会者都会利用会议期间的旅游活动为以后的合作和业务打下基础，而相对应的这些服务就必须要提供给与会者。

（1）酒店签到。客人签到，发放房间钥匙、会议材料、饭卡、胸牌、礼品、登记返程机票、火车票、会后旅游登记、收取会议费等。

（2）会前准备。会议期间所需要的会议材料、会议用品、会议演讲稿等会议相关物品。

（3）会议场所。专人到会议室检查会议室条幅、灯光、音响、茶饮等。

（4）会议住宿。房间楼层及房间号的确认，询问是否有特殊要求，

（5）会议餐饮。用餐时间、用餐标准及特殊客人的确认。

（6）会议娱乐。娱乐消费形式、消费标准、娱乐地点的确认。

（7）会议服务。会议代表合影留念、为代表提供文秘服务及相关服务，会议现场拍照及视频录制服务。

8.2.3.2　展览旅游的策划与管理

目前来说，主流的商业展览活动基本都是由专业展览公司主办或承接的，作为商业性企业，基本都是根据市场需求进行相关的策划和组织工作。展览旅游的策划可以从筹办阶段和实施阶段分别进行。

A　筹办阶段

展览旅游的筹办阶段其实就是一个调研策划的过程。为了使展会让组展商、参展商和观展者都满意，且能够创造一定效益，就一定要强化展览旅游前期的筹办工作，即调研和

策划环节。前期的筹办阶段工作流程可以简单总结为展览旅游市场调研、寻求合作伙伴、制订展览旅游计划。

a 展览旅游市场调研

展览旅游市场调研是一项极其重要的工作，不仅要尽快确定展会目标和内容，而且要根据市场需求，完成展览旅游的可行性分析。展览旅游的市场调研主要包括以下几方面。

一是收集信息。主要是了解行业发展情况和潜力，能否利用目前的行业发展形势促使展会得以发展。

二是选择优势产业，应当选择本地区的优势产业。优势产业通常是指在一个国家或地区的经济总量中占有一定份额、有发展优势的产业，或是在一定的空间区域和时间范围内具有较高投入产出比率的产业。选择优势产业不仅可以使展览旅游的成功率大大提高，而且也会对地区的经济发展起到很大的带动作用。

三是当地政府扶持政策。考虑所选择的项目是否是政府重点支持的项目，如果是，则会对展览旅游起到很大的支持作用。

四是可行性分析。展览旅游的可行性分析主要包括市场可行性分析和运行可行性分析两方面。市场可行性分析主要是指展览旅游项目未来的市场发展空间，包括市场竞争状况、市场规模和市场辐射力等内容。而运行可行性分析主要是指展览旅游执行过程中所需的各种资源的分析，如人员、资金、物力等内容。

b 寻求合作伙伴

为了扩大展览旅游的营利性，保证其规模和档次，展览旅游主办方一般都会寻求合作伙伴，作为展览旅游的招展组团代理或支持单位。其中，展览旅游的招展组团代理是指有影响力的专业性、大众化以及权威性的大众媒体、专业展览公司以及海外代理机构，这些部门具有办展的丰富经验，能够快速整合资源，提高展览旅游的影响力，还能够有效降低招展成本。展览旅游的支持单位是指行业的政府主管部门、行业的权威协会组织以及有广泛影响力的行业机构等。

c 制订展览旅游计划

展览旅游计划是对整个展览工作所做的全局性、总体性的安排。一个完备、系统的展览旅游计划可以使展览工作有条不紊地进行。同时，展览旅游计划也是整个展览管理流程中重要的环节，对于组展商、参展商都是必不可少的一环。展览旅游计划内容繁杂，没有统一的模式。

B 实施阶段

当确定了展览旅游的前期筹办工作以后，特别是确定了展览旅游计划之后，就进入展览旅游的实施阶段。实施阶段主要包括展览旅游宣传、招展、组团和招商工作。

a 展览旅游宣传

展览旅游宣传工作在整个展览旅游运作环节中居于重要地位，它不仅决定了参展商的数量和质量，而且也决定了观展者的数量和质量，也最终决定了展览旅游的展出效果。展览旅游的宣传应选择合适的方式，有针对性地开展宣传工作。

b 招展、组团和招商工作

招展和组团工作就是展览旅游组展商招徕参展商，组织旅游团前来参加展览活动。招展和组团工作是展览旅游实施阶段的重要阶段之一，其所涉及的利益主体和事件十分庞杂，招展和组团工作主要包括展览会说明及特色介绍、目标市场定位、财务预算、可供给展览旅游采用的市场推广方法等。招展组团工作关键在于参展商的数量和质量，招商工作也是展览会能够成功举办的影响因素之一，主要是指展览旅游对观展者的吸引。招商工作与招展和组团工作是相辅相成的，只是两者面向的对象不一样。需要强调的是，越来越多的国内展览公司开始把专业观众组织（招商）放在首位，以吸引更多、更高层次的参展企业，因而招商工作在展览旅游实施阶段起着十分重要的作用。

8.2.3.3 节事旅游的策划与管理

节事旅游的策划与运作过程主要包括节事旅游决策阶段、节事旅游规划阶段和节事旅游实施阶段三个阶段。

A 节事旅游决策阶段

决策阶段主要是节事旅游活动组织者根据各方面自身情况，决定是否举行节事旅游活动。一般而言，有以下两种情况需要节事活动组织者进行有效决策。

一是原有节事旅游活动的延续。本次节事旅游活动是上一次活动的延续，这种情况下对于组织者来说，决策就显得比较简单，组织者只需要借鉴以往举办类似旅游活动的经验就可以做出决定。

二是举办新的节事旅游活动。组织者决定是否举办一个新的节事旅游活动，这样就比较复杂，一般应包括发起人发起、确定节事旅游活动目标、成立节事旅游活动的管理委员会（或组织委员会）、进行可行性分析（包括市场分析、财务分析等）以及最后的决策。

B 节事旅游规划阶段

在组织者做出举办节事旅游活动的决策以后，就进入节事旅游规划阶段，这个阶段是节事旅游活动运作的关键，主要包括以下内容。

a 确定节事活动产品

所谓节事活动产品是节事旅游活动独特的产物，其有助于实现节事旅游活动的目标和满足旅游者需求。同时，节事旅游活动的规划需以旅游者为中心，最大限度满足潜在旅游者的需求。根据节事旅游活动的内在特征以及全面预算来策划凸显节事旅游活动主题的主要内容，并安排一些次要的吸引人的辅助活动来补充节事旅游活动的整体形象，节事旅游活动要经过长时间的组织，工作量很庞大，越早对节事旅游活动产品进行确定越好。

b 财务分析

节事旅游规划阶段一个很重要的工作就是进行有效的财务分析，财务分析主要涉及三个方面：预期收入和花费、预算、现金流。不同的节事旅游活动，运作模式也不尽相同，因此其收入来源也有所区别，主要有拨款、补助、捐款、基金、赞助等，节事旅游活动的收入可以在举办的不同时间段获得。预算是指关于各种计划安排的财务控制工具，节事旅游活动应当广泛地参与预算的制定以了解各部门的工作情况。做财务分析时，笼统的利润表述是不够的，需要精确地计划各种收入和花费，以确保明确的现金流。

c 制定相关策略

为了保障节事旅游活动顺利开展，还必须制定一系列相关策略，既包括有效的营销策略，也包括在节事旅游活动中发挥至关重要的人力资源管理策略，同时也应当包括节事活动各种安排的策略等。

C 节事旅游实施阶段

节事旅游的实施就是将节事旅游方案付之实现的过程。对节事旅游者而言，就是参加节事旅游活动的过程，对节事旅游组织者而言，就是在节事旅游活动期间为旅游者提供服务的过程。实施阶段主要包括以下三个环节。

a 活动项目组织和管理

为了满足节事旅游者参加丰富多彩的节事旅游活动项目的需求，节事旅游活动主办方应全力组织和管理好每个活动项目，使其按预订计划运作，这是节事旅游的一项基本服务。由于节事旅游活动参与人数众多，且事务繁杂，因此需要众多专业化的组织和人员服务，这也是节事旅游活动能顺利开展的保障。

b 节事旅游接待服务

为了高质量完成节事旅游活动，必须提供高质量的旅游接待服务。旅游接待服务主要包括导游服务、交通服务、住宿及餐饮服务、娱乐服务、购物服务等。节事旅游接待者无论是接待贵宾，还是数量众多的节事旅游者，都应当做好细致的接待任务，这将直接关系到节事旅游活动的举办质量。

c 后勤保障服务

后勤保障服务是指节事旅游活动所需的各种具有公共性质的服务，主要有安全服务、医疗服务、公共交通服务、通信服务、金融服务等。这些服务基本都是由政府部门或公共机构提供的，往往需要当地政府进行统一的安排，以保障节事旅游活动更顺畅地举办。

8.2.3.4 奖励旅游的策划与管理

奖励旅游的策划运作过程和会议旅游、展览旅游类似，大体都包括前期策划和实施总结阶段，具体步骤如下。

A 了解奖励旅游市场需求，开展市场营销

在高度发展的信息时代，各种各样的信息充斥着人们的生活。奖励旅游作为会展旅游业的一个细分市场，了解这一市场的构成和需求，对于奖励旅游公司有针对性地推出受市场欢迎的产品至关重要。一般而言，有以下几种渠道可以获取有效信息。

a 中介机构

大型公司要举办奖励旅游活动时一般都不直接和奖励旅游中心或旅游企业联系，而是委托给相应的中介机构，中介机构再根据需求寻找符合要求的专业奖励旅游公司承接项目。

b 直接客户

一些客户直接找到专业奖励旅游公司，而不经过中介机构。

c 互联网

互联网信息具有丰富、及时、广泛的特点，奖励旅游市场开发人员可以通过网络查找世界各地资料，获取有用的信息，从而有针对性地去争取或开发该市场。

d 其他

除了以上几种渠道外，还可以通过政府指定、客户介绍、行业协会委托等其他形式获取有用信息。奖励旅游市场的构成和需求情况因地而异，因此奖励旅游公司需要仔细地对不同地区的客源市场进行调查研究和分析，以便有效地开展市场营销工作。

B 确定工作目标

奖励旅游已经成为世界很多公司重要的管理手段之一，因而受到越来越多的重视，奖励旅游市场也随之得到了前所未有的发展，首当其冲的就是奖励旅游活动的策划，完整而详细的策划是奖励旅游成功的基础和保障。奖励旅游策划的第一步便是帮助开展奖励旅游的企业制定实现奖励旅游的工作目标，要根据客户提出的要求和实际的经营情况来拟定一个合适的目标，这一目标将是今后选择奖励旅游参加对象的基础，而且需要奖励旅游对象为之努力奋斗。目标的制定应该既富有挑战性，又具有可行性，目标要量化，还要有明确达到的时间限制，这一期限不宜过长。

C 制定绩效标准

绩效标准是用来确定奖励旅游对象是否具备参加奖励旅游活动资格的指标，是根据企业目标的预定完成情况和奖励旅游对象为实现这一目标应做的贡献来拟订的，在企业中最常见的是制定生产和销售定额。在制定绩效标准时，应注意标准不宜过高，并保证公平性，尽量使奖励旅游的激励面和受益面更宽更广。

D 进行内部沟通与宣传

专业性的内部沟通与宣传对于奖励旅游活动的成功实施十分必要。因此，应选择恰当的时机以隆重的形式（如召开动员大会）宣布奖励旅游计划，并鼓励企业全体成员积极投入争取奖励旅游资格的活动中。奖励旅游策划者还要与奖励旅游对象保持经常性的沟通，随时把奖励旅游计划的最新进展告诉他们，并与其进行充分、热烈的商讨，从而赢得支持与配合。

E 精心选择旅游时间

奖励旅游活动的旅游时间安排不应使客户的正常经营活动感到过分的紧张。另外，时间的选择既要利用淡季价格，又要顾及奖励旅游者的愿望。当然，这样的要求有时会有冲突，所以奖励旅游公司必须具备足够的灵活性并善于做出妥协。

F 严格选择旅游目的地

奖励旅游活动所选择的目的地必须令人兴奋，要有广泛的吸引力和某种自我促销性。不同的奖励旅游市场在选择目的地时考虑的主要因素有所差别，目的地的选择必须迎合奖励旅游参加者的兴趣。奖励旅游策划者不能凭自身喜好决定旅游目的地，而应首先尊重奖励旅游者的意见。此外，为了保持奖励旅游对象的兴趣，奖励旅游目的地还必须不时更换。

G 奖励旅游方案和日程的审核与批准

通过与客户的反复讨论和协商，完成奖励旅游方案的预算审核和可行性论证，最终达成共识。奖励旅游活动方案和日程安排获得客户的批准后，奖励旅游公司和客户双方还应根据实际情况的变化，及时对原方案进行调整。

H 奖励旅游活动计划方案的实施

奖励旅游执行阶段的成功关键取决于周密、细致的旅游接待服务工作，搞好各方面协调也很重要。奖励旅游公司在整个旅游活动期间，应派专业代理人员随团工作，负责指导当地接待企业搞好服务，并充当接待企业与奖励旅游团队的联络人。

8.3 会展旅游接待业务管理

会展旅游具有规模庞大、计划性强和效益辐射面广等特点，因此，一项成功的会展旅游活动的运作和发展对接待能力要求很高，会展旅游接待业务管理主要包括会展旅游运作主体业务管理、会展旅游客户接待业务管理和会展旅游项目接待业务管理三个方面。

8.3.1 会展旅游运作主体业务管理

会展旅游运作主体分为需求主体和供给主体。会展旅游需求主体是指会展市场和会展旅游产品的买方，是会展旅游活动开展的中心，需求主体包括参展商、与会者、观众游客。会展旅游供给主体是按照需求主体要求，为需求主体提供策划、组织、举办相关会展旅游活动及周边服务的相关主体，包括政府、行业协会、会展主办者、会展企业和旅游企业。会展旅游对不同的主体管理方法不同，对需求主体而言主要是接待管理，对供给主体而言主要是业务能力管理。

8.3.1.1 会展旅游需求主体接待管理

会展旅游需求主体具有不同的旅游者性质，其消费能力和结构有所不同。参展单位和专业观展商是商务旅游小团体，属于公费旅游群体，消费能力较高，接待标准以与单位和公司对接以达到对方所要求的接待标准为宜。普通观展商是一般旅游者，也是自费旅游群体，在各方面的消费较前两者低，在保证服务质量的同时，提供经济型服务和分类营销旅游产品较为适宜。

8.3.1.2 会展旅游供给主体业务能力管理

政府是会展旅游的宏观调控者，代表国家和地方利益。在会展旅游中扮演着计划者、审核者、基础设施建设者、大型国际会展旅游活动申办者等角色，也是会展旅游接待业务规范化管理的核心部门，需要承担信息服务提供、维护会展旅游各方权益、建立市场秩序等职责。

行业协会代表着行业利益，在会展旅游活动举办中起到主办者或协助举办单位的作用。我国较大规模和较有影响力的会展一般是由行业协会组织举办，行业协会需要管理、规范会员行为，建立会展旅游业的正常秩序，指导并协助会展举办地的接待管理工作。

企业（会展企业、旅游企业和其他相关企业）是会展旅游的联合承办者或服务提供者，需要合理协调、策划、组织、安排会展活动的各项环节，是会展旅游接待的主要职能部门，常常需要引进专业人才，提高服务水平，开发适合会展旅游者的产品，不断满足需求主体和其他供给主体的接待要求。

8.3.2 会展旅游客户接待业务管理

会展旅游的客户是最核心的产品消费群体，与其他物质性生产企业相比，会展企业面对的客户不是实物产品就能满足的客户，而是希望通过会展或旅游活动组织来获取更大市场份额的参展商和贸易商。因此，会展旅游企业在满足客户期望上难度更大，满足客户期望、维系客户关系是会展旅游客户接待业务管理的核心，具体做法如下。

8.3.2.1 收集客户信息，主动挖掘市场

可以说，各行各业都有可能成为会展旅游的客户，因此，会展旅游企业面临着庞大而复杂的客户市场。要保证客户接待业务质量，就需要了解和识别客户群体，利用互联网与客户互动，通过跟踪系统将客户资料、消费偏好和交易历史等资料转化成客户数据库，进而进行客户市场细分和预测会展旅游客户，从而提供针对性的会展旅游接待服务。

8.3.2.2 制定客户方案，实施定制服务

会展旅游企业在收集客户信息的基础上，可以针对客户类别定制客户服务接待计划与市场营销活动。在这一过程中，需要会展旅游企业营销人员以及会展旅游服务团队在展前进行有效准备和在展中提供针对性服务，以良好的服务接待水平向目标客户输送展会各项服务信息。

8.3.2.3 绩效互动反馈，维护客户关系

会展旅游业务面涵盖广泛，客户需求不断变化，会展旅游接待业务需要频繁与客户进行互动，追踪有关参展商或企业的需求变化，获取参展后客户的有关评价和大众评价，不断修改客户接待服务方案。在此基础上，综合分析会展旅游活动绩效，理解客户的预期目的，提供新的解决方案，以此不断改善会展旅游的客户关系。

8.3.3 会展旅游项目接待业务管理

会展旅游项目是会展活动开展的基础保障，具有吸引力的项目加上完善的接待管理，是会展旅游活动成功举办的关键。会展旅游项目接待业务管理就是以会议和展览为中心开展的一系列接待服务和管理工作。由于会展旅游活动具有时效性，因此，会展旅游接待业务管理要求相关工作人员能够在短时间里做好大规模接待服务工作，从而使会展项目目标最大化实现。会展旅游项目按照举办目的不同可以分为专业展览型项目、产品交易型项目、综合博览型项目和会议洽谈型项目，不同项目对接待业务的要求有所不同。

8.3.3.1 专业展览型项目

专业展览型项目主要是指以某种专业领域或优势产业为依托举办的博览会、展示会，或是根据企业具体要求设计的奖励旅游活动或海外培训活动。这类活动的接待业务要求主要有：一是接待专业性要求高，由于参加此类专业展览或专业旅游活动的参展商或旅游者都具备一定的专业性，提供接待服务的会展旅游企业相关人员需要有相关的专业知识，才能保证会展和旅游项目的专业性水平；二是接待服务技术含量高，承办专业型展会或旅游活动不同于一般大众会展旅游项目，其所需的软硬件配置要求高，软件配置包括专业技术、专业术语解读能力等，硬件配置包括展会或场景布置、专业设备配置等。

8.3.3.2 产品交易型项目

产品交易型项目主要是指将某产业与内外贸易相结合而展开的以产品销售为主要目的的产品交易会、展销会等，其间组织的旅游活动大多也与产品营销活动相关。这类项目的接待业务要求有：一是接待营销针对性强，在接待过程中除了保证接待服务水平之外，还要根据客户要求对参展观众和旅游消费者进行针对性营销；二是接待管理以交易目标优先，相关接待管理工作方案要把实现交易目标放在首要地位，设计相关旅游活动要求尽可能达到产品宣传和交易的目的，尽力吸引有购买力的专业观众和游客参与其中。

8.3.3.3 综合博览型项目

综合博览型项目主要是指以宣传本地人文资源（如文化、艺术、体育等）为宗旨的大型展览旅游活动，例如上海世博会等。这类活动的接待业务要求有：一是接待业务周期长，参展商会以静态或动态展示的形式展览较长时间，观众或旅游者数量在此期间也会持续不减，因此项目接待管理的执行需要多方监控和协作完成；二是接待业务成本预算高，由于综合博览型会展旅游项目规模大、周期长，以展示某地人文资源为宗旨，不以交易为目标，因此展品直接受益较小，需要在接待业务管理中投入大量人力、物力和财力，让各方参与者充分感受到无处不在的会展旅游主题，进而发展品牌辐射效应，带动其他产业发展。

8.3.3.4 会议洽谈型项目

会议洽谈型项目是在各国重要城市举办的国际会议或论坛活动。这类项目的接待业务要求有：一是接待业务具有周期性，这类活动周期性强，不同的周期承办国家或城市有所不同，这要求会展旅游接待业务能够在不同的周期持续运转，维系好各方参与者关系和提供优质服务；二是服务全面但规格小，会议一般有具体的服务范围和人数，参与人员规模比展览型项目小很多，但会议是会展旅游中接待质量要求最高的项目，会议接待要求做到全方位服务，包括场地布置、参会人员食宿行安排、信息与通信技术支持、安保服务等均要尽可能全面到位。

复习思考题

8-1 会展旅游的特点有哪些?

8-2 会展旅游的类型和功能是什么?

8-3 会展旅游策划与管理需要注意哪些原则?

8-4 会展旅游策划与管理的主要内容是什么?

8-5 会展旅游接待业务管理主要包括哪些内容?

质量管理篇

9 旅游接待业服务质量管理

学习目标

（1）理解旅游接待服务质量的内涵。

（2）掌握旅游接待业服务质量的内容。

（3）了解旅游接待业服务质量管理的目标。

（4）理解旅游接待业服务质量管理的原则。

（5）熟悉旅游接待业服务质量管理体系的建立。

（6）掌握旅游接待业服务质量全面管理。

章节引例

切实提高旅游服务质量

旅游企业要把眼光放长远，强化打造优质旅游服务品牌的意识。相关部门应加强引导，加快培育一批品牌旅游企业和品牌旅游目的地。

近日，文化和旅游部出台《关于加强旅游服务质量监管提升旅游服务质量的指导意见》（以下简称《指导意见》），对“十四五”时期加强旅游服务质量监管、提升旅游服务质量等工作做出部署。《指导意见》从6个方面提出了29条具体任务，明确将建立以旅游者为中心的旅游服务质量评价体系，促进旅游行业服务质量意识和管理水平不断提升。

旅游服务质量是旅游业作为现代服务业的内在属性，是企业的核心竞争力，是衡量行业发展水平的重要指标。近年来，我国旅游服务质量不断提高。今年“五一”假期，全国国内旅游出游2.3亿人次，同比增长119.7%，按可比口径恢复至疫前同期的103.2%，旅游者满意度达到84.8%。

与此同时，也应当看到，我国旅游服务质量与人民群众不断升级的旅游消费需求还有一定差距。在一些景区，旅游服务质量意识不强、管理水平不高等问题，影响了人们的出游体验；一些旅游企业习惯于赚快钱，品牌知名度和美誉度意识还有待加强；旅游服务基础设施还需进一步完善，监管手段也要跟随新技术的步伐而不断升级。

旅游企业是提高人们旅游服务质量满意度的主体。提升旅游服务质量，要着重落实好旅游服务质量主体责任。在这个过程中，要做好培育企业质量文化、提升质量管理水平、促进企业服务创新、增强旅游服务质量保障等工作，同时发挥好行业组织的作用，更好地调动A级旅游景区、星级饭店、旅行社、在线旅游经营者等市场主体的积极性，真正把提升旅游服务质量当成增强市场竞争力的重要抓手。

提升旅游服务质量是一项久久为功的工作，对于旅游企业来说，要把眼光放长远，强化打造优质旅游服务品牌的意识。相关部门应加强引导，实施好以服务质量为基础的品牌发展战略，加快培育一批品牌旅游企业和品牌旅游目的地。如此，才能更好地发挥品牌对旅游业高质量发展的引领带动作用，推动形成优质优价的旅游消费意识，提升中国旅游服务品牌知名度和美誉度。

科学合理的监管体系是旅游服务的重要保障。要着眼于贯穿市场主体全生命周期、事前事中事后监管全流程持续发力。比如，开展质量监测评价，探索建立旅游服务质量认证体系，充分发挥旅游服务标准、旅游服务质量监测和评价、旅游服务质量认证对提升旅游服务质量的基础性作用；加快推进旅游信用体系建设，不断完善旅游市场信用监管制度和信用承诺制度、推进信用分级分类监管和加强失信名单管理等，加快构建以信用为基础的新型监管机制等，让监管更好助力旅游服务全面持续提升。

提升旅游服务质量没有终点。当前，提升旅游服务质量是推进旅游业供给侧结构性改革、促进旅游消费升级、满足人民群众多层次旅游消费需求的有效举措。要一手抓服务质量监管不放松，夯实发展基础，一手抓优质服务促进不动摇，提升质量标准，以高质量旅游服务供给引领和创造更多新需求，让广大旅游者有更多获得感、幸福感、安全感。

（资料来源：人民日报，2021 年 6 月 4 日 18 版）

9.1 旅游接待业服务质量管理概述

9.1.1 旅游接待业服务质量的含义

9.1.1.1 服务质量

质量是现代质量管理学最基本的概念。关于“质量”的概念，主要代表性的概念有以下几个。

A 著名质量专家朱兰的定义

美国著名的质量管理专家朱兰（Joseph M. Juran）博士从顾客的角度出发，提出了产品质量就是产品的适用性。即产品在使用时能成功地满足用户需要的程度。用户对产品的基本要求就是适用，适用性恰如其分地表达了质量的内涵。

知识拓展

著名质量专家朱兰

朱兰（Joseph M. Juran）博士是世界著名的质量管理专家，生于 1904 年，他所倡导的质量管理理念和方法始终影响着世界以及世界质量管理的发展。他的“质量计划、质量控制和质量改进”被称为“朱兰三部典”。他最早把帕累特原理引入质量管理；《管理突破》及《质量计划》二书是他的经典之作。由朱兰博士主编的《质量控制手册》被称为当今世界质量控制科学的名著，为奠定全面质量（TQM）的理论基础和基本方法做出了卓越的贡献。朱兰博士在世界各大洲的 30 多个国家举办过 300 多期“质量控制管理”培训班，获得的荣誉包括 12 个国家的专业协会和名誉团体所授予的 30 余枚勋章、会员资格和名誉会员资格。当然，这一切的成就都离不开他在“质量科学”领域所做的深入研究和巨大努力。

B ISO 8402“质量”定义

国际标准化组织所制定的 ISO 8402—1994《质量术语》标准中，对质量做了如下的定义："质量是反映实体满足明确或隐含需要能力的特征和特征的总和。"从这个概念可以看出，质量就其本质来说是一种客观事物具有某种能力的属性，由于客观事物具备了某种能力，才可能满足人们的需要，需要由两个层次构成。第一层次是产品或服务必须满足规定或潜在的需要。这里的"需要"实质上就是产品或服务的"适用性"。第二层次是在第一层次的前提下，质量是产品特征和特性的总和。这些特征和特性通常是可以衡量的，全部符合特征和特性要求的产品，就是满足用户需要的产品。因此，"质量"定义的第二个层次实质上就是产品的符合性。

C ISO 9000：2000"质量"定义

国际标准化组织（ISO）在ISO/FDISO 9000：2000标准中，把质量定义为一组固有特性满足要求的程度。定义中特性是指事物所特有的性质，固有特性是事物本来就有的，它是通过产品、过程或体系设计和开发及其之后实现过程形成的属性。满足要求就是应满足明示的（如明确规定的）、通常隐含的（如组织的惯例、一般习惯）或必须履行的（如法律法规、行业规则）的需要和期望。

9.1.1.2 旅游接待业服务质量

服务质量是接待业永恒的主题。从需求的角度来看，旅游接待业服务产品是旅游者为获得物质与精神上的满足，通过支付一定的金钱、时间和精力所获得的一次完整的旅游经历，以及对这种经历的总体感受和体验。从供给的角度来看，旅游接待业服务产品是指旅游经营者在旅游市场上销售的物质产品和提供的各种服务的总和，其核心是食、住、行、游、购、娱。这些产品既有"硬件"服务，又有"软件"服务。"硬件"服务是指以实物形态呈现的服务，即旅游目的地的旅游环境、基础设施设备等旅游活动，如旅游服务中涉及食、住、行、游、购、娱旅游六要素配套产品的供给，包括酒店、餐厅、交通、商场、景区等；"软件"服务则是由旅游目的地的服务人员的服务劳动所提供的、不包括任何实物形态的无形劳务，如礼节礼貌、服务态度、服务技能、服务效率等。

通过对旅游接待业服务产品内涵的分析，我们可以将旅游接待业服务质量的概念界定为：旅游目的地经营与服务主体为旅游者提供服务，从而在使用价值上满足其物质与精神需求的程度，包括旅游目的地的基础设施、旅游产品等实物形态服务的使用价值，也包括非实物形态服务的使用价值。上述概念是一个完整的服务质量的概念，包含以下三个方面的内涵：

A 旅游接待业服务质量是有形产品和无形服务的统一体

从旅游接待业产品的构成来看，旅游接待业产品既包括有形产品，也包括无形服务，两者难以完全割裂开来。以旅游者用餐为例，旅游者既需要享用美味的佳肴，同时也需要餐厅服务员为其提供一系列的餐饮服务，如上菜、酒水等。因此，旅游接待业服务质量是有形产品和无形服务的统一体，必须把两者统一起来，才是一个完整的质量概念。

B 旅游接待业服务质量是一个过程质量

约瑟夫·M·朱兰认为，"产品"这个词可以定义为一个过程的产出物。旅游接待业较大的特点之一是其服务本身就是一系列的活动或过程，在服务实施的进程中，生产者和消费者必须直接发生联系且处于同一时空环境中，因此，生产的过程也就是消费的过程。同时，在这个过程里，旅游接待业经营者要不断完善产品产出前、中、后的每个环节，保持产品特性，进而实现满足客人物质和精神需要的目的。按照“100-1=0”的公式，如果旅游接待服务过程中的某个环节出现了问题，服务的总体效果仍然是零。

C 旅游接待业服务质量是一个全面质量

旅游接待业作为服务行业，其产品的生产不局限于某一个人或某一个部门单方面的工作，而是涉及一个接待经营主体中的多个岗位、部门或领域，必须用全面的观点来理解其质量。以旅游者在酒店住店期间的客房服务为例，旅游者的整个消费除了客房部所提供的床上用品、洗漱用品、房间酒水、卫生服务等诸多内容外，还包括工程部为了使客房正常运营对客房设施设备所进行的及时维护和修缮、前厅部为旅游者提供快速便捷的住店与离店登记服务等。

9.1.2 旅游接待业服务质量的内容

旅游接待业服务质量是有形产品质量和无形服务产品质量的有机统一，有形产品质量是无形产品质量的凭借和依托，无形服务产品质量是有形产品质量的完善和体现，两者相辅相成，即构成完整的旅游接待业服务质量的内容。

9.1.2.1 有形产品质量

旅游接待业有形产品质量包括旅游经营与服务主体的设施设备质量、实物产品质量和服务环境质量，主要是满足旅游者在生理上、物质上的需求。旅游接待业有形产品质量管理的关键在于创新、提升与维护。

A 设施设备质量

设施设备是指旅游经营与服务主体给旅游者提供服务的主要物质依托，是旅游接待业赖以生存的基础。在一定程度上，旅游者对旅游目的地等级评判与配套设施的条件有很大的联系，它反映了旅游目的地的接待能力。旅游目的地应当保证其配套设施设备的总体水平与旅游目的地的等级相匹配。具体而言，旅游接待业设施设备主要包括客用设施设备和供应用设施设备。

客用设施设备是指直接提供旅游者使用的设施设备，如酒店大堂、客房、餐厅、吧台的各种设施设备等。对设施设备质量的管理，要求做到设置科学、结构合理、配套齐全、舒适美观、操作简单、使用安全、完好无损、性能良好。供应用设施设备是指旅游目的地经营管理所需要的生产性设施设备，如消防设施、布草房、厨房设备、制冷供暖设备、闭路电视监控设备等。供应用设施设备管理要求做到安全运行、保证供应，否则也会影响服务质量。

B 实物产品质量

实物产品可以分为两类：一类是旅游经营者加工生产的产品，如餐饮食品。餐饮食品包括菜肴、面点、饮品等一切可以供客人进食的东西，直接满足顾客的物质消费需要。餐饮食品质量主要包括食品的色泽、食品的香气、食品的味道、食品的形态、食品的装具，以及食品的营养与安全；另一类是旅游经营者销售的各种商品，或提供给旅游者的各种日用品。

C 服务环境质量

服务环境主要是指旅游经营场所的美化、商品陈列的艺术性、环境卫生状况、设备设施摆放布局、灯光音响、背景音乐及室内温度的适应性等。良好的服务环境能使旅游者置身于轻松、愉快的享受之中。服务环境质量的要求是整洁、美观、有秩序和安全。为避免旅游者依据环境氛围而判断整体服务质量的好与坏，旅游目的地经营与服务主体应当格外重视服务环境的管理，努力为旅游者提供良好的旅游环境，满足整洁、美观、有序、安全的要求。

9.1.2.2 无形服务产品质量

无形服务产品质量是指旅游目的地经营与服务主体所提供的劳务服务的质量，主要是其适合和满足旅游者在心理上、精神上的需求程度。劳务质量主要包括服务人员的仪容仪表、礼貌礼节、服务态度、服务技能、服务效率和安全与卫生等方面，集中反映了旅游目的地经营与服务主体的信誉和形象，对旅游者的满意度和忠诚度产生重要影响。

A 仪容仪表

仪容仪表是旅游接待业服务人员在服务活动中的姿态外表，既是旅游目的地经营与服务主体接待规格、服务水平的形象体现，又是尊重顾客的显著标志。服务人员的仪表主要体现在形体、容貌、健康状况、姿态、服饰、风度等方面，应符合以下具体要求：容貌端正，举止大方；端庄稳重，不卑不亢；态度和蔼，待人诚恳；服饰庄重，整洁挺括；打扮得体，淡妆素抹；训练有素，言行恰当。

B 礼貌礼节

礼貌是指向他人敬意的一种仪式，也是表示敬意的统称，待人恭敬的态度。礼是由风俗习惯形成的礼节；貌是面容代表，礼貌是处理人与人之间的道德规范。礼节是指人们之间的相互尊敬的形式，有待人接物的规则和方式；人们在公共场所的举止、风度和衣着等。礼节礼貌主要指服务人员的面部表情、语言表达、行为举止三个方面。服务人员在对客服务中要注重仪容仪表、服装发型，使用礼貌用语，讲究形体动作、举止合乎规范，和蔼可亲、友善好客，给宾客一种如归之感。

C 服务态度

服务态度是服务人员在接待旅游者过程中所展现出来的主观意向和心理状态，其好与坏会直接影响旅游者旅游过程的心情，从而影响其对旅游目的地服务质量的评价。好的服务态度能让旅游者感觉如沐春风、宾至如归，整个旅行过程都能以好心情待人接物，而恶劣的服务态度会让旅游者心生怒气，影响其对旅游目的地的满意度与忠诚度。服务态度由员工的主动性、创造性、积极性、责任感和素质高低决定的。日常管理中要特别注重培养员工的“服务意识”，使之形成一种思想，并融入职业习惯，作为工作中的指南。

D 服务技能

服务技能是服务人员在接待服务工作中应该掌握和具备的基本功。技能娴熟、专业化的员工是服务质量的根本保证。旅游接待业是一个非常宽泛的行业，涉及基本的食、住、行、游、购、娱等方面，更随着时代的发展延伸至商、养、学等。服务人员所面对的是具有多样化、个性化和品质化需求的旅游者，服务人员必须灵活运用各种服务技能才能充分满足旅游者的需求，从而使其心理上满足，提高他们的满意度与忠诚度。

E 服务效率

服务效率是服务工作的时间概念，是服务员为顾客提供某种服务的时限。服务效率不仅反映了服务水平，而且反映了管理的水平和服务员的素质，是服务技能的体现与必然结果。服务效率的高低决定了旅游者满意度程度，也是旅游接待业服务质量的重要保证。因此，服务人员应尽可能在最短的时间内为旅游者提供其所需要的服务，高效率的服务将会大大提升旅游者的心理满足感和满意度，从而对接待服务质量有很高的评价。

F　安全与卫生

安全与卫生是旅游者最基本的需要。保证每位旅游者的生命、财产和心理安全是旅游接待服务质量的重要环节。旅游目的地在日常服务中要贯彻预防为主的原则，建立严格的安全保障体系，做好防火、防盗工作，避免食物中毒、侵害骚扰等事件发生；保证经营场所内所有设施设备和用品用具的整洁程度、餐饮食品的卫生状况以及个人卫生等。

知识拓展

湖北旅游景区实施微笑服务规范

湖北省旅游景区首个微笑服务地方标准——《湖北省旅游景区微笑服务规范》2020 年 12 月 1 日起正式实施。这一服务规范结合湖北三峡人家等景区旅游接待服务多年的实践经验，对湖北旅游景区岗位微笑服务以及常用文明用语等提出了具体指导。

这一服务规范由湖北省市场监督管理局发布。根据规范，微笑服务包括在问询、解答过程中须有目光交流，传递出对旅游者的尊重和友善；神情专注，平视旅游者，不可长时间盯视旅游者；应使用普通话，亲切自然；语调高低有序，语速快慢适中；用基本文明用语等。这一规范凸显了对景区高质量服务和温馨服务的要求，特别是对旅游景区现场管理、窗口接待服务、工作人员岗位技能和工作能力有了指导性标准和细则，也成为行业新员工入职和岗位培训的一份基本教材。

有业内专家说，规范的出台弥补了湖北旅游景区及旅游行业服务标准的一些空白，其有效实施有望提升旅游者满意度，让景区获得良好口碑和形象。同时，通过对标，可对景区服务质量进行有效把控，推动景区管理迈上新台阶，提升景区综合效益。

9.1.3　旅游接待业服务质量管理的目标

9.1.3.1　旅游接待业服务质量管理的微观目标

A　核心目标

顾客满意（Customer Satisfaction，CS）就是旅游接待业服务质量管理的核心微观目标。通过实施旅游质量管理，提高旅游质量水平，实现旅游者满意的最大化，就是国家、行业与旅游企业的共同追求。它要求旅游接待企业在质量管理中持续而迅速地获取目标市场的需求信息，不断为企业推出高质量服务与调整经营方针提供依据；建立一套完整的指标，对旅游接待企业各环节的经营管理工作进行目标分解，明确各部门的质量管理职责与任务。围绕“顾客满意”目标，确定旅游接待企业该做什么与怎么做，为提高旅游质量奠定基础。

B　基础目标

在“顾客满意”的核心目标指导下，无论是国家、行业，还是旅游接待企业都将分解形成诸多旅游质量管理的基础目标，切实为质量管理工作提供目标保障。比如在旅游接待企业内应形成品牌识别目标、市场占有率目标、销售增长率目标、资本营运能力目标等各种财务指标以及管理制度目标等。

9.1.3.2 旅游接待业服务质量管理的宏观目标

A 从国家的角度分析

旅游接待业服务质量管理的目标就是增强综合国力，提高社会效益。我国旅游接待业服务质量管理对我国国民经济发展意义重大。首先，它反映国家的经济实力。质量领先就是一个国家综合国力强大的重要体现。当前综合质量水平在国际领先的国家往往就是实力雄厚的发达国家。因此对国家而言，质量管理的目标就是提高质量水平并与国际接轨，从而增强综合国力。其次，它将影响旅游产业的社会效益。旅游接待业作为社会服务业，在旅游生产的过程中产生巨大的社会效益。旅游质量水平的高低又对社会效益产生直接影响。

B 从行业的角度分析

旅游接待业质量管理的目标就是通过规范行业行为，促进市场繁荣。根据我国的国情，大力推行旅游接待行业质量管理工作，宣传相关质量管理标准，能够强化旅游企业的质量竞争意识，加快旅游行业经济由“恶性竞争”向“良性循环”转化，推进旅游接待行业发展快速进入质量驱动阶段。例如，我国先后推行的行业质量规范《旅游涉外星级饭店的划分与评价》《导游服务质量管理》等都起到了规范行业行为、促进市场繁荣的作用。

C 从企业的角度分析

旅游接待业质量管理的目标就是实现市场准入与推动企业创新。质量作为旅游接待企业的核心竞争要素，不仅是顾客评价的重要依据，也是企业进入市场的“通行证”。旅游者的旅游行为就是建立在安全需求之上的实现更高的自我价值的需要，对旅游接待企业有较高的安全质量要求。因此需要建立旅游接待企业进入市场的门槛，以确保旅游者在旅游市场上的安全消费。旅游接待业质量管理工作的目标一方面就是实现旅游市场准入。另一方面，随着旅游者个性化需求的增长，旅游接待企业也产生了服务质量创新的需要。通过实施旅游质量管理在推进质量创新的同时，也带来旅游接待企业在管理理念、管理体制等方面的创新发展，从而实现企业创新的发展目标。

9.2 旅游接待业服务质量管理体系

9.2.1 旅游接待业服务质量管理的原则

9.2.1.1 以旅游者为中心

旅游者是旅游接待业组织赖以生存的依托，正确认识旅游者的现实需求与潜在需求，并竭尽全力满足他们的需求，甚至提供超乎他们期望值的旅游服务，是旅游目的地经营与服务主体需要努力做的事。因此，以旅游者为中心应当成为旅游接待业服务质量管理的首要原则。旅游目的地经营与服务主体应做到以下四点：

一是识别并理解旅游者的需求与期望；

二是确保服务质量目标体现旅游者的需求与期望；

三是通过市场调研、互联网技术、大数据等技术手段全面了解和分析影响旅游者满意度与忠诚度的质量因素；

四是采用直接或间接的方法测定旅游者的消费满意度，收集和分析其意见和相关信息，并采取相应的改进措施，不断地提高旅游接待业服务产品的服务质量。

9.2.1.2 管理者的作用

管理者在旅游接待业服务质量组织的管理活动中起着关键的作用。作为决策层的领导者，不仅需要为行业的未来描绘清晰的蓝图、制定具有挑战性的目标，还需要为实现这些目标创造一个良好的环境。与此同时，还应起到表率作用，爱岗敬业、恪尽职守，并制定科学、合理的激励措施，鼓励员工主动地、创造性地投入接待服务工作中。管理者应做到以下四点：

一是识别和理解旅游者、员工的需求与期望；

二是清晰描绘组织未来的发展愿景，制定具有挑战性的质量目标；

三是建立团结协作、鼓励进取的组织文化；

四是为员工提供所需的培训、资源，制定科学合理的激励机制。

9.2.1.3 全员参与

如前所述，旅游接待业服务质量是一个全面质量。因此，旅游接待业服务质量管理必须遵守全员参与的原则。旅游接待业服务质量是旅游接待企业活动的各个环节、各个部门全部工作的综合反映，任何一个环节、任何一个人的工作质量都会不同程度地、直接或间接地影响产品质量，需要将组织的所有人员的积极性和创造性充分调动起来，不断提高人员的素质，上至最高管理层、下至普通一线员工都关心质量问题，人人做好本职工作，才能为旅游者提供满意的服务。旅游接待企业遵循“全员参与”的原则，应做到以下三点：

一是让每一位员工明确自己在组织中所扮演的角色和所在岗位的重要性，清楚自己的职责范围、工作内容、工作程序和工作要求；

二是建立以员工为本的组织文化；

三是根据员工的工作岗位为其指定质量目标，并及时对其工作业绩进行评估。

9.2.1.4 过程方法

对于旅游接待业而言，服务的过程往往就是旅游者消费旅游产品的过程。旅游接待业服务产品的生产与消费同步的特性，要求以过程管理方法监控旅游接待业的生产与服务过程的质量管理。具体而言，旅游接待企业应做到：

一是为满足旅游者的预期期望值，应确定好服务过程与关键活动；

二是整合所有人力、物力与财力资源以保证服务过程和关键活动的顺利开展；

三是识别并管理行业内职能内部和职能之间关键活动的接口，从而进行协调与控制。

9.2.1.5 持续改进

“持续改进”原则指出：“持续改进总体业绩应当是组织的一个永恒的目标。”持续改进是“增强满足要求的能力的循环活动”。随着时代的不断变迁，各种消费理念的不断迭代更新，消费者的需求也在不断地改变。因此，旅游服务与经营主体应当遵循“持续改进”原则进行服务质量管理，提高接待服务质量管理体系的有效性和效率，实现质量方针和质量目标，增进旅游者和其他相关人员的满意度。具体而言，旅游接待企业应做到：

一是把握旅游者的不同需求层次，将持续的服务改进作为每一位服务人员的目标；二是向每一位服务人员提供有关持续改进的方法与培训，形成“持续改进”的意识；三是测量、评估持续改进的效果。

9.2.2　旅游接待业服务质量管理体系的建立

9.2.2.1　旅游接待业服务质量体系

建立服务质量体系是旅游接待业服务质量管理的核心任务。服务质量体系就是为实施服务质量管理所需的组织结构、程序、过程和资源。管理者的职责、资源、质量体系结构是服务质量体系的三个关键。

A　管理者的职责

旅游接待企业的最高层管理者应提出具体的目标与方针，规定质量管理者的职责与权限，定期组织质量评审活动，促使全体员工积极参与、承担义务、相互合作，确保服务质量体系的建立与实施。

B　资源

资源是服务质量体系的物质、技术基础和支撑条件，是服务质量体系赖以存在的根本，具体包括人力资源、物质资源和信息资源三部分。旅游接待企业拥有的资源中，人力资源是最重要的资源。因此，旅游接待业服务质量管理要实现以员工为本的管理，重视人力资源的开发与保护，充分调动员工工作的积极性与主动性。物质资源是旅游接待企业对客服务过程中所需的设施设备、软件等，需要不断融入现代高技术与高科技成果，才能提升服务的品质，进而形成企业的竞争优势。旅游接待企业可以利用信息资源来完善自己的服务质量体系，获取信息资源的主要渠道包括顾客、一线员工、管理层、社会公众四个方面。

C　质量体系结构

服务质量体系结构包括建立服务质量环、质量文件体系、内部质量审核。服务质量环是对服务运作过程进行的高度抽象和概括，反映了服务质量管理体系运行的最基本的规律，是设计和建立服务质量体系的基本依据，是质量体系结构的核心。质量文件是质量管理工作的基础，包括质量手册、质量计划、运作程序、质量记录等。严格的内部质量审核是质量体系有效运行的保障。旅游接待企业管理者要对服务质量体系进行定期和独立的评审，以便确定质量体系的服务过程文件的有效性和具体实施情况，并强调持续改进的重要性。

9.2.2.2　旅游接待业服务质量管理体系的建立

建立服务质量管理体系是旅游接待企业的一项战略性决策，一般包括准备与策划、文件的编制两个阶段。

A　服务质量管理体系的准备与策划

这一阶段包括领导决策、组织安排、动员发动、制订工作计划、培训骨干、制定质量方针和质量目标、过程识别、确定组织机构与明确管理职责和权限八个步骤。其中，质量方针和质量目标尤为重要。

质量方针是由旅游接待企业的最高管理者正式发布的该企业总的质量宗旨和方向。质量方针应与旅游接待企业发展的总方针保持一致，并为制定旅游接待企业的质量目标提供框架。质量方针的制定要结合旅游接待企业的产品、过程和体系，突出本企业的特点，最好能通俗易懂。如“真情服务，旅游者第一”“美景如天堂，品质铸辉煌”等。

质量目标是在质量方面所追求的目标，可以分为总体的质量目标、产品的质量目标以及部门或班组的质量目标和岗位的质量目标。质量目标应建立在旅游接待企业质量方针的基础上，其制定要考虑产品要求或确保上一级质量目标的完成。如河南信阳市鸡公山景区将服务质量总体目标指定为打造5A级中国山地休闲度假旅游目的地，并围绕这一目标对员工岗位服务质量提出了具体的“三先服务”“五员一体”的目标和要求。“三先服务”即先注视、先微笑、先问候；“五员一体”是指景区的每位员工不仅仅是服务员，还是集安全员、服务员、救护员、宣传员、保洁员于一身的工作人员。

B 服务质量管理体系文件的编制

服务质量管理体系策划的输出是一系列完整的服务质量管理体系文件，是体系的文件化形态。服务质量管理体系文件一般以书面文件为主，分为受控文件（编制、发放、使用、修改、作废、处置等都受到控制的文件）和非受控文件（发放后不控制其使用、修改、作废、处置等的文件），一般有名称、编号、版本号、审批签字与生效日期等。受控文件（如法律、法规、质量手册、程序文件、管理办法、规范、制度、作业指导书、服务流程图等）一般应有版本号、修改状态、控制标志等受控标志。但也有不需要控制标志的受控文件，如记录（住宿登记表、餐饮登记表、行李寄存登记表等）和一般工作计划及通知等一次性使用的文件。

知识拓展

质量手册

质量手册是旅游接待服务质量管理方面的纲领性文件，是质量战略的体现，是对产品实现的相关过程实施控制的基础。质量手册是旅游接待企业质量工作的唯一“基本法”，旅游接待企业的一切质量活动都必须严格遵循。质量手册对外提供了旅游接待企业质量保证能力的说明，同时也是旅游接待企业产品销售的有益补充。

质量手册描述旅游接待企业服务质量管理体系覆盖的过程及过程间的相互作用，清楚说明每个过程应开展哪些控制活动，每项活动需要控制到什么程度，能提供什么样的质量保证等。质量手册不是保密文件，应注意适度，既要清楚描述服务质量管理体系的全貌，又不过多涉及控制的具体细节（特别是不能涉及保密的技术）。

9.2.2.3 旅游接待业服务质量管理

著名质量管理专家朱兰博士在82岁高龄时发表了一篇著名论文《质量三部曲》，其副标题为“一种普遍适用的质量管理方法”，这就是被世界各国广为推崇的“朱兰三部曲”，即质量计划、质量控制和质量改进三个过程组成的质量管理，每个过程都由一套固定的执行程序来实现。朱兰博士的“质量三部曲”适用于旅游接待业服务质量管理。

A 服务质量计划

朱兰博士指出质量计划从认知质量差距开始，看不到差距就无法确定目标。而这种差距的定位，要从顾客的满意入手，追溯生产设计和制造过程，就能使存在问题清晰化。旅游接待业服务质量计划可以看作是服务质量设计。服务质量设计是为了提高服务质量而对服务过程的系统设计，是对服务过程中所涉及的人、物、信息等各类要素在时空上进行合理高效整合的过程，具体包括三个过程。

一是企业研究和顾客研究。旅游企业必须根据服务质量目标和自身的实力条件，确定服务设计的要求。服务设计的起点是顾客需求，旅游企业必须深入研究目标顾客的需求特点和行为方式。

二是完整服务产品的设计。旅游接待企业要在充分分析自身条件和顾客需求的基础上，明确服务的内容。比如去“海底捞”就餐，等待就餐时服务生会为顾客修指甲和擦皮鞋，落座时会为顾客递上手机保护套，这些注重细节的极致服务当然都是经过精心设计的。

三是在确定提供服务内容后，旅游企业要进行整个服务提供系统的设计，包括在哪里提供（如选址和场地设施），什么时候提供（如服务时间），如何提供（如服务流程、岗位职责），如何保障提供（如人员管理、组织框架、服务质量体系）等。

B　服务质量控制

朱兰将质量控制定义为：制定和运用一定的操作方法，以确保各项工作过程按原设计方案进行并最终达到目标。在旅游接待业服务质量管理中，应该把工作的重点放在对服务全过程的有效控制上，包括服务前的预防控制、服务过程中的标准化与统计控制以及售后服务过程中的调整与监督。旅游产品具有生产和消费的同步性特征，因此，服务提供过程成为质量控制的重点和难点，要求旅游接待企业做到：服务人员提供给旅游者的服务应遵循已规定的服务规范；管理者对提供给旅游者的服务是否符合服务规范进行监督；当服务需求和服务提供出现问题和偏差时，要进行及时分析和必要的调整。

C　服务质量控制

质量改进与质量控制效果不一样，但两者是紧密相关的，质量控制是质量改进的前提，质量改进是质量控制的发展方向，控制意味着维持其质量水平，改进的效果则是突破或提高。质量改进为本企业及其旅游者提供增值效益，在整个组织范围内所采取的提高活动和过程的效果与效率的措施。质量改进能够对旅游接待企业现有的质量水平在控制的基础上加以提高，使质量达到一个新水平、新高度。质量改进的步骤本身是一个 PDCA 循环，即计划（Plan）、实施（Do）、检查（Check）、处置（Action）四个阶段。对于没有解决的问题，转入下一轮 PDCA 循环解决，为制订下一轮改进计划奠定基础。

知识拓展

莲花台景区“五到位”着力提升景区服务质量

2022 年以来，甘肃莲花台风景名胜区管理局持续以打造打响“康养大关山、祈福莲花台”旅游品牌为目标，以 AAAA 级旅游景区创建为契机，不断优化旅游环境，完善旅游设施，强化服务功能，全面提升服务质量。上半年，莲花台景区共接待游客 2 万人次。其中，省内游客占比 84.28%，省外游客占比 15.72 %。同比增长 20%。

一是接待服务机制完善到位。规范了旅游景区从业人员标准，制订了讲解员培训计划，健全完善了管理服务培训制度，及时处置游客投诉和应急事件，统一了景区工作人员着装，规范了服务流程，实行了“全天候接待”工作机制，有效保证了游客随时游览随时接待的服务需求。

二是景区基础设施建设到位。扎实开展基础设施提升行动，重点对祭天文化广场、玄凤山上山破损区域进行维修改善，对景区内游步道、厕所、休憩凉亭和景观桥梁进行维修改造，完善了景区导游全景图、导览图，规范了景区售票、验票流程，在游客中心设置“党员示范岗”、志愿者服务站和母婴室，免费为游客提供咨询、文明宣传、游客疏导等志愿者服务，不断提升服务游客的能力。

三是讲解服务水平提升到位。扎实开展了“岗位大练兵、业务大比拼”活动和导游实地讲解活动，邀请工委纪念馆优秀讲解员从讲解技巧、礼仪接待、导游词创作等方面进行授课指导，参加了关山经济区管委会组织的迎“五一”导游讲解人员技能大赛和市文旅局组织的华亭市导游员（讲解员）服务技能竞赛，通过互学互促、业务交流、以赛代练、以训促学等形式修炼内功，提升能力。截至目前共计开展实地讲解 10 次、开展互学互促活动两次、进行业务交流 6 次，参加技能大赛两次，不断提升讲解人员的服务水平和服务质量，推动景区旅游服务向标准化、优质化、品牌化转变。

四是景区旅游环境优化到位。以文明城市创建为契机，持续落实景区“周进山”环境整治制度，按照全面清理、突出重点、因地制宜、标本兼治的原则，对莲花台、玄凤山景区道路、道路两侧排水沟渠、上山游步道两侧林地、凤凰谷等主要景观节点积存的垃圾和枯树残枝进行全面治理，彻底清除卫生死角，组织干部职工开展环境整治 30 余次；同时严格落实安全巡查制度，定期对游客中心、办公场所、监控室等重点场所的设备安全情况和莲花台上下畤、玄凤山庙宇消防安全及上下畤游步道、排洪渠、易滑坡路段等重点部位的隐患进行排查整改，对景区内倾倒的树木、排洪渠淤泥及道路落石进行了全面清理，在重要路口、地质灾害频发路段设置警示标识，为游客营造一个安全、舒适的旅游环境。

五是景区营销宣传氛围到位。制作了专业全面的宣传片、宣传稿在甘肃频道、甘肃省广播电视总台等电视媒体和甘肃经济日报等平面媒体进行专题宣传报道；依托省、市旅游网平台，搭建与相关知名旅游网站链接通道，利用微信公众号、抖音等网络平台发布景点信息、咨询服务等信息，扩大宣传范围，激发游客消费动机，形成旅游产品的口碑，吸引更多游客驻足，塑造景区竞争优势。

9.3 旅游接待业全面质量管理

9.3.1 全面质量管理

9.3.1.1 全面质量管理的定义

20 世纪 50 年代末，美国通用电气公司的费根堡姆和质量管理专家朱兰提出了“全面质量管理”（Total Quality Management，TQM）的概念。全面质量管理就是一个组织以质量为中心，以全员参与为基础，目的在于通过让顾客满意和本组织所有成员及社会受益而达到长期成功的管理途径。

9.3.1.2 旅游接待业全面质量管理的内容

A 全员参与的质量管理

产品质量的好坏是旅游接待企业各生产、服务环节和管理工作的综合反映。企业中任何一个环节、任何一个人的工作质量，都会不同程度地直接或间接地影响产品质量。全面质量管理中的“全面”是指企业各部门、各阶层的全体人员共同参加的活动。因此，旅游接待企业的质量管理活动必须是使所有部门的人员都参加的“有机”组织的系统性活动，同时，要发挥全面质量管理的最大效用，除了需要不断加强内部各职能和业务部门之间的横向合作之外，还应该延伸到包括企业外部、顾客和旅游供应商。

B 全过程的质量管理

旅游接待业的服务质量是以服务效果为最终评价的，是游客对旅游目的地所提供的服务的全过程进行综合评价，因此，要实施全过程的质量管理。旅游接待业全过程包括服务前期的组织准备、服务阶段的对客服务和服务后期的售后服务三个阶段。每一个阶段、每一个环节都必须符合相应的服务质量标准，并满足旅游者的个性化、多元化的需求。

C 管理对象的全面性

旅游接待业全面质量管理的对象是质量，而且是广义的质量，不仅包括有形产品质量，而且包括无形劳务质量。此外，管理对象全面性的另一个定义是，对影响产品和服务质量因素的全面控制。影响旅游接待业产品质量的因素很多，概括起来包括工作人员、设施设备、服务环境等方面，只有对这些因素进行全面控制，才能提高产品和服务质量。

D 管理方法的全面性

影响旅游接待业服务质量的因素既有物质的因素，又有人的因素；既有生产技术的因素，又有管理的因素。因此，要做好全面质量管理，应该要根据不同的情况、针对不同的因素，灵活运用各种现代化管理方法和手段，将众多的影响因素系统地控制起来，实现统筹管理，全面管好。在全面质量管理中，除通用的方法之外，还应充分利用数字经济的优势，将大数据技术等应用到旅游者消费行为的调研、服务质量管理效应的评估与分析等。

E 经济效益的全面性

旅游接待业全面质量管理的目标就是实现旅游接待业的全效益，不仅要实现经济效益，更应实现社会效益与生态环境效益。旅游接待企业不仅要考虑经济效益、提高企业的利润水平，还应为当地的文化遗产保护、促进就业等方面做出积极的贡献。此外，加强生态文明建设，构建绿色产业体系是当前时代背景对各行业所提出的要求。旅游接待业作为现代服务产业应当与时俱进，推动旅游接待业的绿色发展模式，树立环境保护意识，以绿色服务理念为游客提供绿色服务产品，以绿色服务行为潜移默化地影响游客的行为。

9.3.2 旅游接待业全面质量管理方法

9.3.2.1 PDCA 循环工作法

A PDCA 的含义

PDCA 循环又叫“质量环”，它是管理学中的一个通用模型，由美国质量管理专家休哈特博士首先提出的，由戴明采纳、宣传，获得普及，所以又称戴明环（也称为持续改进螺旋），如图 9-1 所示。PDCA 是由英文 Plan（计划）、Do（执行）、Check（检查）和 Act（处理）四个单词的首写字母组成的。所谓 PDCA 循环是指质量管理活动的全部过程，按照计划、执行、检查、处理这四个阶段的顺序进行，并且不断循环，周而复始地动态运作，使质量不断改进。

PDCA 循环法的优点是这四个步骤形成了一个发现问题、解决问题的闭环，并且通过循环使用，在第一阶段遗留下的问题可以通过循环到第二轮继续解决，有些复杂事情毕竟都是通过多次的完善才达到一个完美境界，很多研究发明也是通过很多次的摸索改进，最终才得以创造。

B PDCA 的特点

一是大环带小环。如果把整个企业的工作作为一个大的戴明环，那么各个部门、小组还有各自小的戴明环，就像一个行星轮系一样，大环带动小环，一级带一级，有机地构成一个运转的体系。

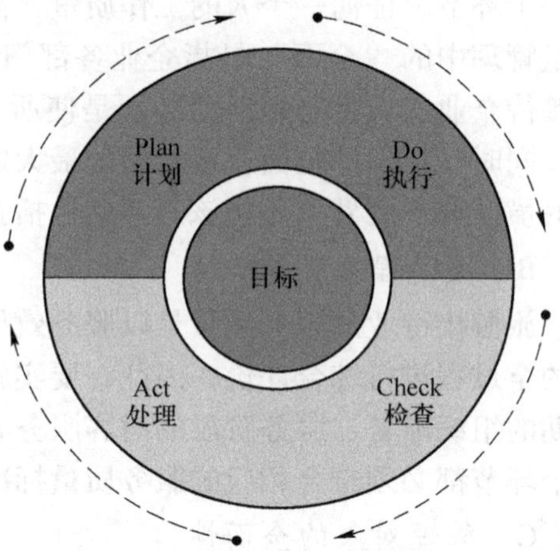

图 9-1 戴明环

二是阶梯式上升。戴明环不是在同一水平上循环，每循环一次，就解决一部分问题，取得一部分成果，工作就前进一步，水平就提高一步。到了下一次循环，又有了新的目标和内容，更上一层楼。

C PDCA 循环法在旅游接待业服务质量管理中的具体应用

运用 PDCA 循环法进行旅游接待业服务质量管理，一共可以划分为 8 个步骤。

计划阶段

步骤 1：对企业服务质量的现状进行分析，找出主要的质量问题。

步骤 2：运用因果分析法分析质量问题产生的原因。

步骤 3：从分析出的原因中找到关键的原因。

步骤 4：制订解决质量问题要达到的目标和计划，提出解决质量问题的具体措施和方法以及责任者。应明确 5W1H 内容：为什么要这样做（Why），做什么（What），谁来做（Who），什么时间做（When），在什么地方做（Where），怎样去做（How），要对这些问题做出明确具体的规定并形成文件。

执行阶段

步骤 5：按照已经确定的目标、计划和措施执行。

检查阶段

步骤 6：在步骤 5 执行以后，对企业的服务质量情况进行分析，并将分析结果与步骤 1 中所发现的质量问题进行对比，以检查在步骤 4 中提出提高和改进质量的各种措施和方法的效果，同时检查在完成步骤 6 的过程中是否还存在其他问题。

处理阶段

步骤 7：对已解决的质量问题提出巩固措施，以防止同一问题在下次循环中再出现。对已解决的质量问题应给予肯定，并使之标准化，即制定或修改服务操作标准，制定或修改检查和考核标准以及各种相关的规程与规范。对已完成步骤 5 但未取得成效的质量问题，也要总结经验教训，提出防止这类问题再发生的意见。

步骤 8：提出步骤 1 所发现而尚未解决的其他质量问题，并将这些问题转入下一个循环中去求得解决，从而与下一个循环步骤衔接起来。

9.3.2.2 零缺陷管理法

A “零缺陷”概念的产生

“全球质量管理大师”“零缺陷之父”和“伟大的管理思想家”菲利浦·克劳斯比(Crosbyism)在20世纪60年代初提出“零缺陷”思想，并在美国推行零缺陷运动。后来，零缺陷的思想传至日本，在日本制造业中得到了全面推广，使日本制造业的产品质量得到迅速提高，并且领先于世界平均水平，继而进一步扩大到工商业所有领域。

B 零缺陷管理的基本内涵与原则

“零缺陷管理法”就是把工作上可能出现的缺点或错误降低到零。克劳斯比理论的精髓包含在他所说的“质量管理四项基本原则”(The Four Absolutes of Quality)。

原则一：质量的定义就是符合要求，而不是“良好”或“很好”。

原则二：产生质量的系统是预防，而不是检验。

原则三：在产品质量面前必须追求“零缺陷”，而不是所谓的“差不多就好”。

原则四：产品质量是用不符合要求的代价来衡量的，而不是用指数。

C 零缺陷管理法在旅游接待业服务质量管理中的具体应用

一是建立服务质量检查制度。旅游接待企业应通过建立自查、互查、专查、抽查和暗查五级检查制度，督促员工执行各项服务质量标准，预防质量问题的出现，提高游客的满意度与忠诚度，以质量取胜。

二是DIRFT，即每个人第一次就把事情做对(Do It Right the First Time)。旅游接待服务具有生产与消费同步性的特征，因此，每位员工都应保证每项服务符合质量标准，不出差错，这是提高和改善接待服务质量的基础。

三是开展零缺陷工作竞赛。一般来说，旅游接待企业服务质量的高低与服务人员所掌握的服务知识以及认真服务的态度息息相关。服务知识的缺乏可以通过培训等途径加以学习和巩固，但态度只有通过个人觉悟才有可能改进。因此，旅游接待企业可以通过开展各岗位的零缺陷工作竞赛，促使员工养成DIRFT的工作习惯。

9.3.2.3 QC小组法

A 什么是QC小组

QC小组即质量管理小组，是指在生产或工作岗位上从事各种劳动的职工，围绕企业的方针目标和现场存在的问题，以改进质量、降低消耗、提高经济效益和人的素质为目的组织起来，运用质量管理的理论和方法开展活动的群众组织。

B QC小组法的发展历史

QC小组活动起源于日本。从20世纪50年代起，日本开始对现场负责人进行质量管理教育，并出现了名为“现场QC讨论会”的组织，1962年正式改名为“QC小组”，开始在全国注册登记，当时第一个注册登记的是日本电电公社松山搬运机QC小组。QC小组活动在我国开展，有深厚的基础。早在20世纪50年代初期，就有马恒昌小组、毛泽东号机车组、郝建秀小组、赵梦桃小组等一大批先进的班组，坚持“质量第一”的方针，对工作认真负责，一丝不苟，在提高产品质量上不断做出贡献，提供了班组质量管理的好经验。1978年9月，北京内燃机总厂在学习了日本的全面管理经验，建立了我国第一个QC小组。此后，随着全面质量管理的开展，QC小组活动逐步扩展到电子、纺织、基建、商业运输、服务等行业。

C QC 小组法在旅游接待业服务质量管理中的具体应用

根据工作岗位和工作内容的不同，我国接待旅游企业可以通过组建以下小组实现服务质量管理目标。

一是现场型：主要以班组、工序、服务现场职工为主组成，以稳定工序，改进产品质量，降低物质消耗，提高服务质量为目的。

二是攻关型：一般由管理人员、部门技术人员和服务人员三种不同人员结合组成，以解决有一定难度的关键质量问题为目的。

三是管理型：以管理人员为主组成，以提高工作质量，改善与解决管理中的问题，提高管理水平为目的。

四是服务型：由从事一线服务工作的员工组成，以提高服务质量，推动服务工作标准化、程序化、科学化、提高经济效益和社会效益为目的。

复习思考题

9-1 如何理解旅游接待服务质量的内涵？

9-2 旅游接待业服务质量主要包括哪些内容？

9-3 旅游接待业服务质量管理的微观目标、宏观目标分别是什么？

9-4 旅游接待业服务质量管理的原则有哪些？

9-5 旅游接待业服务质量全面管理主要有哪些方法？

案例分析题

迪斯尼成功之路：软件和服务质量管理的完美追求

营造欢乐氛围，把握游客需求，提高员工素质和完善服务系统，迪斯尼的经营理念和质量管理模式简明而又实际。把握和了解它们并不难，难的是把它落实到实际工作之中，成为每一位员工持之以恒的追求目标。

享誉全球的迪斯尼乐园（Walt Disney World）每年接待着数百万计慕名而来的游客，人们来到这里仿佛到了童话般的世界。事实上，迪斯尼乐园的成功之处不仅在于其由高科技所提供的娱乐硬件，更重要的在于其服务质量管理的经验和软件。核心部分是迪斯尼的经营理念和质量管理模式，具体包括以下几大方面。

(1) 经营理念之一：给游客以欢乐。

迪斯尼乐园含魔术王国、迪斯尼影城和伊波科中心等若干主题公园，整个乐园拥有大量娱乐设施，32000 余名员工，1400 多种工作（角色）。如此众多的员工和工种，一年 365 天，每天要接待成千上万的游客，夏季高峰时，气温常达 36℃以上，确保服务质量的确不是件易事。因此，必须形成全员管理上的共识，即经营理念和服务承诺。

几十年前，迪斯尼乐园的奠基人——沃尔特·迪斯尼先生，他首先明确定义了公司的经营理念：即通过主题公园的娱乐形式，给游客以欢乐。通过主题公园的形式，迪斯尼致力提供高品质、高标准和高质量的娱乐服务。同时，公司还提供餐饮、销售旅游纪念品，经营度假宾馆、交通运输和其他服务支持行业。

迪斯尼品牌、米老鼠、唐老鸭、古非等动画人物均享有极大的影响力和商誉，包含着巨大的经济利益。然而，整个迪斯尼经营业务的核心仍是迪斯尼乐园本身。而该乐园的生命力在于能否使游客欢乐。由此，给游客以欢乐成为迪斯尼乐园始终如一的经营理念和服务承诺。为了实现服务承诺，迪斯尼公司花大力气对员工工作表现进行评估和奖励。凡员工工作表现欠佳者，将重新培训或将受到纪律处罚。

此外，迪斯尼公司在经营中力求完善，不断改进和提高。任何时候，整个乐园中都有10%~20%的设施正在更新或调整，以期给予游客新的刺激和欢乐。尽管追求完善永无止境，但通过追求完美的努力，可将工作推进到更高境界和标准。

(2) 经营理念之二：营造欢乐氛围。

由游客和员工共同营造迪斯尼乐园的欢乐氛围。在共同营造园区氛围中，员工起着主导作用。主导作用具体表现在对游客的服务行为表示上。这种行为包括微笑、眼神交流、令人愉悦的行为、特定角色的表演，以及与顾客接触的每一个细节上。

引导游客参与是营造欢乐氛围的另一重要方式。游客们能同艺术家同台舞蹈、参与电影配音、制作小型电视片、通过计算机影像合成成为动画片中的主角、亲身参与升空、跳楼、攀登绝壁等各种绝技的拍摄制作等。员工们的主人角色定位。在迪斯尼乐园中，员工们得到的不仅是一项工作，而且是一种角色。员工们身着的不是制服，而是演出服装。他们仿佛不是为顾客表演，而是在热情招待自己家庭的客人。简而言之，员工们的主体角色定位是热情待客的家庭主人或主妇。

(3) 经营理念之三：把握游客需求。

为了准确把握游客需求，迪斯尼致力研究“游客学”（Guestology)。其目的是了解谁是游客，他们的起初需求是什么。

在这一理念指导下，迪斯尼站在游客的角度，审视自身每一项经营决策。在迪斯尼公司的组织构架内，准确把握游客需求动态的工作，由公司内调查统计部、信访部、营销部、工程部、财务部和信息中心等部门分工合作完成。

调查统计部每年要开展200余项市场调查和咨询项目，把研究成果提供给财务部。财务部根据调查中发现的问题和可供选择的方案，找出结论性意见，以确定新的预算和投资。营销部重点研究游客们对未来娱乐项目的期望、游玩热点和兴趣转移。

信息中心存了大量关于游客需求和偏好的信息。具体有人口统计、当前市场策略评估、乐园引力分析、游客支付偏好、价格敏感分析和宏观经济走势等。其中，最重要的信息是游客离园时进行的价格/价值随机调查。正如沃尔特·迪斯尼先生所强调的，游园时光决不能虚度，游园必须物有所值。因为，游客只愿为高质量的服务而付钱。

信访部每年要收到数以万计的游客来信。信访部的工作是尽快把有关信件送到责任人手中。此外，把游客意见每周汇总，及时报告管理层，保证顾客投诉得到及时处理。

工程部的责任是设计和开发新的游玩项目，并确保园区的技术服务质量。例如，游客等待游乐节目的排队长度、设施质量状况、维修记录、设备使用率和新型娱乐项目的安装，其核心问题是游客的安全性和效率。

现场走访是了解游客需求最重要的工作。管理层经常到各娱乐项目点上，直接同游客和员工交谈，以期获取第一手资料，体验游客的真实需求。同时，一旦发现系统运作有误，及时加以纠正。研究“游客学”的核心是保持和发挥迪斯尼乐园的特色。把握游客需求动态的积极意义在于：

其一，及时掌握游客的满意度、价值评价要素和及时纠偏；

其二，支持迪斯尼的创新发展。从这一点上说恰是游客的需求偏好的动态变化促进了迪斯尼数十年的创新发展。

（4）经营理念之四：提高员工素质。

迪斯尼制定5~10年中长期的人力资源规划，每年更新一次。在经营管理中，每年都拨出足够的经费预算，进行人员培训。

1）明确岗位职责：迪斯尼乐园中的每一工作岗位都有详尽的书面职务说明。工作要求明白无误，细致具体，环环紧扣，有规可循。同时强调纪律、认真和努力工作。每隔一个周期，严格进行工作考评。

2）统一服务处事原则：服务业成功的秘诀在于，每一位员工对待顾客的正确行为和处事。基于迪斯尼“使游客欢乐”的经营理念，公司要求32000名员工学会正确与游客沟通和处事。为此，公司提供统一服务处事原则，其要素构成和重要顺序依次为：安全、礼貌、演技、效率，游客安全是第一位的。

3）推进企业文化建设：公司经常对员工开展传统教育和荣誉教育，告诫员工，迪斯尼数十年辉煌的历程、商誉和形象，都具体体现在员工们每日对游客的服务之中，员工们日常的服务工作都将起到增强或削弱迪斯尼商誉的作用。

4）由游客评判服务质量优劣：迪斯尼认为，服务质量应是可触摸、可感受和可体验的，并且游客掌握着服务质量优劣的最终评价权。公司指出，游客们根据事先的期望值和服务后的体验，加以比较评价，然后确定服务质量之优劣。因而，迪斯尼教育员工，一线员工所提供的服务水平，必须努力超过游客的期望值，从而使迪斯尼乐园真正成为创造奇迹和梦幻的乐园。

5）经营理念之五：完善服务系统。必须完善整个服务体系，迪斯尼乐园的服务支持系统，小至一架电话，一台电脑，大到电力系统、交通运输系统、园艺保养、中心售货商场、人力调配、技术维修系统等。这些部门的正常运行均是迪斯尼乐园高效运行的重要保障。

（资料来源：深圳市智美咨询管理有限公司）

思考：以国内具体的旅游接待企业为例，谈谈如何借鉴迪斯尼乐园的成功经验，提高服务质量？

创新管理篇

10 旅游接待业创新管理

学习目标

（1）理解旅游接待业创新的重要性。

（2）掌握大数据背景下接待业的创新。

（3）熟悉景区、酒店产品创新。

（4）掌握旅游接待业营销创新的六种方式。

章节引例

用精致服务塑造行业典范

青海宾馆于1991年建成开业，建筑面积4.26万平方米，共有391间各式客房、19个不同风格的大小餐厅及8个规格不同的会议室，可以提供1160人同时就餐，可举办各类中西宴会、酒会、婚宴及会议服务。2010年12月被评定为五星级饭店。酒店连续多次荣获中国饭店业最高奖项“金星奖”，先后获得全国旅游系统先进集体、全国青年文明号、全国百家优秀星级饭店、中国服务优秀品牌企业、全国三八红旗集体、“大美青海、放心消费”创建活动示范单位等多项荣誉称号，并在省、市各大型接待活动中发挥着重要的窗口作用，树立了良好的口碑，得到了宾客的广泛认可和赞誉。为了确保五星服务品质，青海宾馆狠抓质量管控体系建设，服务质量得到了稳步提高。

强化制度建设，建立健全服务标准体系。青海宾馆在严格执行国家标准、行业标准的基础上，修订完善了《青海宾馆企业标准》，先后对90多项管控制度、260多项业务流程进行了系统优化，明确了质量标准，细化了服务流程，确保了服务品质的标准化、规范化，是青海省唯一一家服务标准化试点酒店。

强化质量意识，建立全员重视质量的理念。优质的服务质量是酒店事业发展的根基。青海宾馆高度重视质量管理，把培养员工的质量意识作为一项重要工作常抓不懈。酒店每年开展理论授课、研讨交流、案例分析、外出学习等一系列培训活动，增强了员工的敬业精神和严谨作风，并持续加强员工企业文化和服务技能的教育培训，让员工树立正确的服务理念。

强化管理效能，提升管理人员责任意识。青海宾馆不断强化各级管理人员的责任意识，修订完善领导班子总带班制度及中层管理人员夜班巡查等管理制度，每天分三级召开晨会，首先由各部门反馈各种问题，再由总经理对当日各部门服务工作中存在的质量问题进行系统分析，并结合工作实际提出具体要求，然后由部门、班组将工作任务层层传达到每一位员工。

强化客户关注，建立网评监控系统。青海宾馆以提高宾客满意度为目标，制订了“宾客关注计划”，通过预先布置客房、提供针对性的服务等举措，让宾客体验到细致入微的住宿感受。同时，以客评工作为抓手，建立客评监控系统，对各大网站数据情况进行对比分析，全力抓好宾客意见的跟踪反馈，努力提升酒店在各大网站的好评率。

强化服务创新，形成独具特色的品牌内涵。青海宾馆将每年开展的各类主题活动作为质量提升的有效载体，持续加大服务创新力度，不断完善服务项目。为了让酒店提供的服务形成独具特色的品牌内涵，先后开展了“五步十步搭把手”礼仪提升、“赠送生日蛋糕，送去青宾人的祝福”等个性化服务，要求员工走出刻板的服务方式，转换角色，用客人的情绪、情感体验客人的需求，在标准化服务的基础上，用心、用情关爱客人，向宾客提供“个性化+细微化+亲情化”的服务，使客人感受到青海宾馆带来的惊喜和感动。

受疫情影响，青海宾馆整体经营收入较往年有所减少，但青海宾馆坚持品质为先，以“一次体验、一世情缘”的服务理念，依靠精细化管理以及温馨周到的个性化服务，始终在全市酒店市场保持了一定的市场份额，销售经营工作得以稳步运行，品牌影响力不断提升，得到了宾客的认可和赞誉，树立了青海宾馆优质服务的良好形象。

（资料来源：文化和旅游部市场管理司编写的《星级饭店管理与服务典型案例汇编》）

10.1 旅游接待业创新发展的重要性

10.1.1 创新是旅游接待业优化升级的根本手段

创新是引领发展的第一动力，也是推动经济高质量发展的根本出路。改革开放以来，我国旅游接待业在规模总量、结构优化、对外开放等方面取得了长足发展，创新水平不断提升。进入新发展阶段，旅游接待业发展环境发生了深刻变化，要求以创新特别是现代科技创新推动旅游接待业高质量发展。当前，在新冠肺炎疫情常态化的大环境下，微旅游、微度假成为行业热词和市场主体创新的重要方向。同时，疫情给旅游业带来了前所未有的挑战，凸显创新对于旅游业发展的重要性。依靠创新体制机制、应用先进技术，旅游业的管理效率大幅提升，旅游企业经营方式做出调整，全新的旅游产品和服务应运而生。

10.1.2 创新是旅游接待业满足人民美好生活需要的必然要求

“十四五”时期，我国将全面进入大众旅游时代。这不仅意味着出游人群将进一步扩大，出游频次将进一步增加，更意味着人民群众的旅游消费需求发生了改变，将从低层次向高品质和多样化转变，由注重观光向兼顾观光与休闲度假转变。需求的改变对旅游接待业高质量发展提出了新要求。满足大众旅游新需求，需有更完善的基础和配套设施支撑，更富有吸引力的消费场景、更高质量的产品创新和服务，需要依靠科技赋能带来更多虚实结合的全新体验；也需用新理念、新思维将旅游要素融入更多领域，凝聚更多力量，推动“旅游+”发展，以此对接更加多层次、多样化的旅游消费需求。

10.1.3 创新是旅游接待业提高国际竞争力的内在逻辑

改革开放以来，我国旅游接待业从“有”到“好”、从数量规模型发展到质量内涵式发展，但未来还有很长的路要走，还有很多障碍要克服，解决这些关键问题是提升旅游接待业国际竞争力的必由之路。只有在全方位开放的环境和全面竞争的格局中，我国旅游接待业才能具有长久的生命力。我国旅游接待业要服务“我国日益走近世界舞台中央、不断为人类做出更大贡献的时代”，就必须在世界旅游舞台发挥引领作用，这不仅需要有由我国发起成立的国际性旅游组织，能够主导设置国际旅游对话议题，更需要能“为世界各国尤其是发展中国家提供中国旅游方案、中国旅游样本、中国旅游经验、中国旅游智慧”。也就是说，我国旅游接待业未来发展应该走出不同于世界旅游发达国家的创新型路子，才能在国际上树立榜样的力量。我们要大力发展优质旅游，提高国际竞争力，以“把人民对美好生活的向往作为奋斗目标”为指引，为世界旅游业发展贡献力量。

10.2　旅游接待业技术创新

10.2.1　科技赋能旅游接待业创新发展的趋势

10.2.1.1　以科技创新开创新局面

科技革命和疫情肆虐的双重影响成为旅游接待业加快供给侧结构性改革、实现高质量发展的“催化剂”和“加速器”。新冠肺炎疫情使旅游接待业遭受前所未有的冲击。而新一轮科技革命的知识总量、扩散速度和覆盖的深度与广度是前三次科技革命远不能比的，其释放的巨大动能将加快推动生产力发展并跃上新的台阶，也为旅游接待业带来了巨大机遇。以信息技术、人工智能、虚拟技术、5G 技术、大数据等技术创新为引领，对旅游业进行创新性、前沿性和实践性的大胆改革将是旅游接待业摆脱停滞、实现增长的关键。未来，在科技创新成果加快扩散的趋势下，围绕服务意识、服务标准、服务质量、服务流程，其渗透旅游消费的每个环节，加速旅游接待企业数字化、网络化、智能化转型升级，提高旅游服务质量和延伸旅游体验价值。

10.2.1.2　以科技创新在竞争中寻求合作

以大数据、人工智能、5G 技术、虚拟技术和区块链等为代表的新技术呈现多点突破的态势，这些新技术对旅游接待业发展的影响将是深层次、立体化和多维度的，具有良好的发展应用前景。旅游接待企业需要加快技术赋能和创新商业模式的探索，为旅游接待企业的转型升级提供技术支撑。面对诸多不确定性，旅游接待企业需要把握科技赋能规律，在竞争中求合作，在发展中谋共赢。疫情影响下的众多中小旅游接待企业面临生存危机，要顺应科技发展大势，加快对新技术的应用，塑造未来产业科技优势，把握新一轮技术革命和产业变革的红利，不断提高应对突发事件的适应性和协调性。另一方面，大型旅游接待企业和中小型旅游接待企业抱团，以科技应用和创新共享为纽带促进旅游接待企业间的协作将成为重要趋势，在走出危机与停滞的同时，努力拓展旅游产业和其他产业合作的新空间，塑造多元化的开放合作格局。

10.2.1.3　以科技创新寻求高质量发展

疫情肆虐与新一轮科技革命倒逼旅游接待企业进行数字化转型。疫后旅游接待业从发展低谷转变为政策调整下的野蛮生长，科技革命下旅游接待产业供应链的升级和重构，人口老龄化驱动旅游新业态的融合与创新，疫情带来的旅游风险感知和生理心理的安全需要，前期累积的科技和知识进入转化临界点并不断为旅游接待业发展赋能，这些都预示着旅游业正处于创新突破的临界点。对此，各地政府和旅游企业需要积极进行转变，尝试在防控疫情和振兴旅游的平衡中寻找创新空间，做好创造性转化和创新性发展工作。在科学技术“搭好台子”的基础上，旅游接待业要以创新的姿态登上舞台，在危机中把握时代赋予旅游业发展的机遇。马蜂窝报告显示，基于兴趣和社交的玩乐体验在2021年获得了空前的关注，火遍全网的露营凭借其“百搭”属性，成为最受年轻人喜爱的玩法榜单第一名。此外，穷游网报告显示，超过95%的旅行者对于城市内深度旅游项目感兴趣，历史文化、美食探险、古建筑、民族特色、潮流艺术展览成为最受用户青睐的主题。这些主题都需要通过科学技术的融入与创新，才能为现代旅游者提供全新的体验。

知识拓展

数字技术让乡村民宿更火了

随着智能家居的普及，不少乡村民宿变身“智慧民宿”，为消费者提供更加高端化、个性化的服务。多地的智慧旅游平台、数字乡村建设也带动了乡村民宿转型升级，为乡村振兴提供助力。

据悉，湖南省益阳市谢林港镇清溪村着力发展近郊旅游，带动村民增收致富。不久前，村中新建的清溪里智慧民宿正式营业。民宿运用人脸识别、指纹识别等智慧系统，增强了游客居住的安全性。通过遥控窗帘系统，游客躺在床上就能控制窗帘徐徐拉开，看见外面摇曳的竹林、如画的村景。此外，民宿还配备了手工坊、茶室、篝火广场、生态农庄等休闲场地，丰富游客的居住体验。

在浙江省舟山市嵊山镇，一家名为“等风来”的民宿也因智能家居的应用而显得与众不同。这里每间房的门边都装有一个智能面板，游客可以根据自己的喜好，通过手机或遥控器，设置房间内所有智能设备，包括灯光、空调、窗帘等。客人推开房门，房间的灯光就会缓缓亮起，落地窗的布帘和纱帘有序打开，一望无际的海景立马映入眼帘，耳边会传来轻柔的音乐，与此同时，空调也会自动开启，将房间调至舒适温度。该民宿经营者说，这些智能设备让客人的居住体验得到很大提升。

业内人士认为，智能化是民宿发展的必经之路。智慧民宿不仅能为旅客带来更好的居住环境，还能有效解决民宿运营中服务效率低、管理难等问题，实现安全管理、高效管理。如何让高科技与乡村民宿的特色更好融合，让游客既能享受自然风光、田园生活，又能拥有高品质的居住环境，是民宿行业发展需要重点关注的问题。

“我出发前，就有朋友向我推荐了‘徽黄游’小程序，在小程序里可以订票、订民宿，特别方便。”从江苏省南京市来到安徽省黄山市黟县旅游的赵先生，对黟县推出的智慧旅游平台赞不绝口。依托该平台，黟县大力促进民宿的集群发展。当地有140余家民宿酒店接入“徽黄游”小程序，可提供线上预订服务。目前，该县建成8个民宿集群，直接提供就业岗位近3900个，综合收入20亿元，间接带动2万人增收。可以说，由古民居、古建筑改建而成的民宿客栈，已成为黟县推动乡村振兴的“聚宝盆”。

浙江省象山县泗洲头镇墩岙村开发了一款“畅游墩岙”小程序。它能够向合作单位实时输送墩岙村民宿资源、旅游产品和定制个性化旅游路线，吸引更多游客前来旅游。墩岙村党支部书记鲍英钱表示，运用“畅游墩岙”后台大数据可以对客源、游客喜好和购买力等要素进行分析，为旅游管理和农产品营销提供决策支持。“我们希望通过线上平台搭桥，实现村社对接资源。”

10.2.2　大数据背景下的旅游接待业创新

10.2.2.1　大数据的概念

现代科技技术的进步不仅改变了人类生产、生活的方式，也改变了人类认识事物的方式。近年来，随着计算机技术以及互联网技术的飞速发展，人类能存储下来的数据信息量出现了爆炸式的增长。关于大数据（Big Data）的概念，相关的研究机构和学者从技术角度来界定，强调大数据信息体量超过了传统计算机技术处理能力范围。麦肯锡全球研究所给出的定义是：一种规模大到在获取、存储、管理、分析方面大大超出了传统数据库软件工具能力范围的数据集合，具有海量的数据规模、快速的数据流转、多样的数据类型和价值密度低四大特征。研究机构 Gartner 认为，“大数据”是需要新处理模式才能具有更强的决策力、洞察发现力和流程优化能力来适应海量、高增长率和多样化的信息资产。大数据的核心在于能够创造价值，而不是数据集本身。

10.2.2.2　大数据的特点

A　数据体量大

传统统计方法收集的数据信息量一般为 KB 级、MB 级，而大数据的信息量在 GB 级以上，甚至是 TB、PB、EB 级别的数据信息。

B　传统计算机在可接受的时间内无法处理

传统计算机计算能力有限，面对巨量的数据信息，无法有效胜任分析处理工作。

C　数据信息多样性

传统的统计数据一般为截面数据、时间序列数据或面板数据，归结起来都是结构化的数据信息，而大数据的数据信息扩展了范围，不仅包括结构化的数据，还包含文本、图片、语音、视频、网络搜索、日志信息、URL 等。

D　高价值，但价值密度低

一堆无用的、对增强认识事物能力无帮助的数据是不能称之为“大数据”的，高价值体现在“大数据”蕴含的信息能够提供传统数据不能提供的精准信息，但是由于数据量巨大，单个样本或数据单元提供的价值信息降低，只能通过海量的数据分析才能提取出完整的价值信息。

10.2.2.3　大数据在旅游接待业中的应用

A　旅游行业市场定位中的大数据应用

一个成功的市场定位能够使一个企业的品牌加倍快速成长，而基于大数据的市场数据分析和调研是企业进行品牌定位的第一步。旅游接待企业要想在激烈的市场竞争中分得一杯羹，需要架构大数据战略，拓宽旅游行业调研数据的广度和深度，从大数据中了解旅游行业市场构成、细分市场特征、消费者需求和竞争者状况等众多因素，在科学系统的信息数据收集、管理、分析的基础上，提出解决问题的更好的方案和建议，保证企业品牌市场定位独具个性化，提高企业品牌市场定位的行业接受度。

B　旅游营销中的大数据应用

从搜索引擎、社交网络的普及到人手一机的智能移动设备，互联网上的信息总量正以极快的速度不断暴涨。每天在Facebook、Twitter、微博、微信、论坛、新闻评论、电商平台上分享各种文本、照片、视频、音频、数据等信息高达几百亿条甚至几千亿条，涵盖着商家信息、个人信息、行业资讯、产品使用体验、商品浏览记录、商品成交记录、产品价格动态等海量信息。这些数据通过聚类可以形成旅游行业大数据，其背后隐藏的是旅游行业的市场需求、竞争情报，展现着巨大的财富价值。在旅游营销工作中，无论是产品、渠道、价格还是顾客，每一项工作都与大数据的采集和分析息息相关。如德国国家旅游局与我国的行业伙伴保持密切联系，通过网上举办德国旅游专家培训、开直播介绍德国旅游目的地等方式让中国游客不出国门“云游德国”。新西兰旅游局通过公众号开展了40多场针对中国市场的直播活动。荷兰国家旅游局联动梵高博物馆，通过视频号，直播“梵高的精神世界”，介绍梵高的绘画作品、往来书信，并进行了3轮抽奖。

C 旅游需求开发中的大数据应用

随着论坛、博客、微博、微信、电商平台、点评网等媒介在PC端和移动端的创新和发展，公众分享信息变得更加便捷自由，而公众分享信息的主动性促使了“网络评论”这一新型舆论形式的发展。在微博、微信、论坛、评论版等平台随处可见旅游者使用某款产品优点点评、缺点吐槽、功能需求点评、质量好坏与否点评、外形美观度点评、款式样式点评等信息，这些都构成了产品需求大数据。同时，旅游者对旅游接待企业服务及产品简单表扬与批评演变得更加客观真实，旅游者的评价内容也更趋于专业化和理性化，发布的渠道也更加广泛。旅游接待企业能对网上旅游行业的评论数据进行收集，建立网评大数据库，然后再利用分词、聚类、情感分析了解消费者的消费行为、价值取向、评论中体现的新消费需求和企业产品质量问题，以此来改进和创新产品，量化产品价值，制订合理的价格及提高服务质量，从而获取更大的收益。

D 旅游危机管理中的大数据应用

旅游接待业是相对较为脆弱、易受冲击的行业。不管是突发的自然灾害危机，还是中短期的社会政治冲突，又或者是长期的经济下行动荡，都可能对旅游接待业产生极其强烈的影响，因此危机管理非常重要。可用于旅游危机管理的大数据大致可以包括地理环境基础数据、交通出行数据、电子商务消费数据和社交媒体数据4类数据。在国内，各地景区依托地方政府的大数据管理平台和微信、微博等企业平台，及时发布景区运营信息、交通信息和安全防护措施，精准开展旅游劝退、退票延期等服务补偿工作。世界旅游组织和国际航空运输协会两大国际组织联合宣布推出一款名为目的地追踪（Destination Tracker）的免费线上系统工具，各国政府可将疫情防控下的旅行要求和防疫措施等信息输入其中，供有需要者查阅，包括目的地国家或地区新冠肺炎疫情相关数据、航空旅行规定和目的地防疫措施等。

10.2.3 智慧旅游

10.2.3.1 何为智慧旅游

随着现代信息技术的推广与应用，旅游经济活动信息化程度越来越高，智慧旅游以不可比拟的服务便利性、精确性与高效率赢得越来越多的旅游者青睐，成为当前旅游接待业发展的重要形式。

智慧旅游也被称为智能旅游，就是利用云计算、物联网等新技术，通过互联网/移动互联网，借助便携的终端上网设备，主动感知旅游资源、旅游经济、旅游活动、旅游者等方面的信息，及时发布，让人们能够及时了解这些信息，及时安排和调整工作与旅游计划，从而达到对各类旅游信息的智能感知、方便利用的效果。智慧旅游是现代旅游业高度数字化、智能化的一种特定创新范畴，是一种功能非常强大、服务多元化、“线上+线下”一体化的新模式、新形态和新动能。

10.2.3.2 我国智慧旅游建设

2015 年，国家旅游局颁布《关于实施“旅游+互联网”行动计划的通知》，通知中明确指出：到 2020 年，旅游业各领域与互联网达到全面融合，互联网成为我国旅游业创新发展的主要动力和重要支撑，网络化、智能化、协同化国家智慧旅游公平服务平台基本形成；在线旅游投资占全国旅游直接投资的 15%，在线旅游消费支出占国民旅游消费支出的 20%。

2020 年底，文化和旅游部等十部门联合印发《关于深化“互联网+旅游”推动旅游业高质量发展的意见》，提出加快建设智慧旅游景区、完善旅游信息基础设施、创新旅游公共服务模式、加大线上旅游营销力度等多项措施，旨在推动旅游产业高质量发展。“十四五”时期，我国将从以下几方面加快推进智慧旅游建设。

一是创新智慧旅游公共服务模式，有效整合旅游、交通、气象、测绘等信息，综合应用第五代移动通信（5G）、大数据、云计算等技术，及时发布气象预警、道路通行、游客接待量等实时信息，加强旅游预约平台建设，推进分时段预约游览、流量监测监控、科学引导分流等服务。建设旅游监测设施和大数据平台，推进“互联网+监管”，建立大数据精准监管机制。

二是打造一批智慧旅游城市、旅游景区、度假区、旅游街区，培育一批智慧旅游创新企业和重点项目，开发数字化体验产品，发展沉浸式互动体验、虚拟展示、智慧导览等新型旅游服务，推进以“互联网+”为代表的旅游场景化建设。提升旅游景区、度假区等各类旅游重点区域 5G 网络覆盖水平。推动停车场、旅游集散中心、旅游咨询中心、游客服务中心、旅游专用道路、旅游厕所及旅游景区、度假区内部引导标识系统等数字化、智能化改造升级。通过互联网有效整合线上线下资源，促进旅行社等旅游企业转型升级，鼓励旅游景区、度假区、旅游饭店、主题公园、民宿等与互联网服务平台合作建设网上旗舰店。鼓励依法依规利用大数据等手段，提高旅游营销传播的针对性和有效性。

知识拓展

洛阳博物馆利用高科技为游客打造了沉浸式体验

近年，洛阳博物馆通过“文物+科技”的方式，把静止的文物、抽象的文化转化为可看、可听、可感的内容，沉浸式的游览体验吸引了众多游客。

洛阳博物馆主要运用多媒体投影墙、多媒体互动、VR 投影、幻影成像等技术和手段，打造出多种多样的互动体验形式，为广大游客展示十三朝古都洛阳历史文化的辉煌灿烂和独特魅力。夏、商、西周、东汉……进入展厅，曾在洛阳建都的十三个朝代名称的投影指引着参观者来到“国宝之光”主题区。通过全息投影与触摸屏互动的方式，旅游者可以 360°观赏洛阳博物馆馆藏的 7 件国宝级文物的三维模型。

此外，洛阳博物馆推出了一款融入馆藏文物的剧本杀《洛阳东风几时来》，通过数字化技术，“晋归义胡王”金印、透雕龙纹玛瑙璧、金狮串饰等文物在剧中“活起来”，数名剧本杀玩家通过收集证据、交流、推理，逐渐揭开故事的真相……

“‘文物+剧本杀’是洛阳博物馆打造数字化文创产品的一种尝试，利用传统文化打造文物 IP，挖掘博物馆文创产业的发展潜力。”洛阳博物馆馆长李文初表示，将进一步依托虚拟现实、场景塑造、全息投影、智能交互等技术，结合文物 IP 营造出虚实结合的空间，进一步提升游览的交互感、场景感、代入感，助力洛阳建设历史文化名城、沉浸式文旅目的地。

10.3 旅游接待业产品创新

“十四五”时期，我国将全面进入大众旅游时代，旅游接待业发展仍处于重要战略机遇期，但机遇和挑战都有新的发展变化。进入新发展阶段，旅游接待业面临高质量发展的新要求。全面建成小康社会后，人民群众旅游消费需求将从低层次向高品质和多样化转变，由注重观光向兼顾观光与休闲度假转变。大众旅游出行和消费偏好发生深刻变化，线上线下旅游产品和服务加速融合。大众旅游时代，旅游接待业发展成果要为百姓共享，旅游接待业要充分发挥为民、富民、利民、乐民的积极作用，成为具有显著时代特征的幸福产业，因此，产品创新成为重中之重。旅游接待业应加快旅游业供给侧结构性改革，加大优质旅游产品供给力度，激发各类旅游市场主体活力，推动“旅游+”和“+旅游”，形成多产业融合发展新局面。以下重点以景区、酒店为例，具体分析旅游接待业的产品创新。

10.3.1 景区产品创新

10.3.1.1 主题创新

主题是景区的灵魂，任何景区都应有特定的主题，无论是人文自然景观型还是人造景区型或科技参与型的景区都必须有贯穿景区所有产品的主题。对于旅游景区而言，主题具有三方面的作用：第一，它是一种具有亲和力的逻辑关系，这种关系使景区与目标群体之间能互动起来；第二，它是一种具有震撼力的游园线索，使游客置身其中能体验到特殊感受；第三，它是一种具有扩张力的产品链条，有了这种链条，景区就能不断完善产品体系和提升产品功能。

景区旅游产品的主题创新必须突出文化性。现代旅游行为学表明，旅游本质上是旅游者寻找与感悟文化差异的行为和过程。未来景区在主题选择方面将更加关注旅游动机本原，体现旅游行为的本质，凸显主题的文化性。景区旅游产品主题设计创新必须坚持主题的特色选择。在产品同质化现象严重的旅游景区市场上，产品只有拥有特色才能吸引消费者的眼光。主题是贯穿景区产品的链条，产品的特色设计在于主题的特色，主题的特色设计在于创意。

10.3.1.2 产品组合结构创新

景区产品由观光产品、度假产品和专项产品等多种旅游产品组成。观光产品是旅游产品的初级产品，度假产品是比观光产品高级的产品形式，专项产品是专门化、主题化、特种性的旅游产品。我国不少景区产品目前的结构状况是：景区产品总体基本上以观光产品为主，产品结构单一，难以满足旅游者多方面的需求，对旅游者缺乏足够的吸引力。景区产品结构创新是对现有旅游产品的补充，即选择性旅游产品的开发。对原有产品的组合状况进行整合，加强度假、商务、会议、节庆、特种旅游等多种旅游产品的开发，完善产品结构。

以节庆旅游产品为例，节庆表演活动的开发是景区产品功能创新的主要途径，其作用表现在：演绎文化，深化主题；完善产品结构，延长游客活动时间；培养景区新的经济增长点；创新产品，延长景区生命周期；打造核心产品，提高竞争力；提升企业形象，创造企业品牌。景区节庆表演活动应该立足市场，立意文化，不断创新，打造精品。

10.3.1.3 打造特色文创产品

在文旅融合的背景下，旅游文创产品不但是景区营收增长的重要方式，也是提升景区整体品牌、价值和口碑的最佳途径之一。从调查实践来看，国内的文创产品千篇一律，大量身形相似的钥匙扣、明信片加上不同的民俗风情就流入市场中；贴着不同图案的胶带、卫衣、帆布包等同质化产品出现在不同景区。文创产品的“审美一致化”不仅是缺乏代表性和独特性，也没有让旅客体验到本地特色。

随着人们物质生活水平的不断提高，游客对旅游的需求除了享受游玩的乐趣，还对景区的文化内涵与文化体验提出了更高的要求。现如今，景区的文化载体不外乎为自身独特的文创 IP 产品，得 IP 者得天下。从游客消费的心理角度来看，游客往往更愿意购买最具地域文化特色，并且从其他渠道无法获得的产品。对于景区而言，利用 IP 元素进行系列的文创产品开发，同时进行景区产品开发、景区游线开发、景区品牌改造、景区住宿等。将 IP 由单一到多元的过程实现，让 IP 真正地植入景区的各个方面。只有 IP 的传播程度越高，与游客接触的范围就越广，IP 的价值就越高。

知识拓展

宁夏沙湖：以旅游产品多元创新助推景区高质量发展

近年来，宁夏沙湖生态旅游景区紧扣大沙湖旅游区建设，坚持高站位谋划、高质量发展，探索出一条旅游产品多元创新的新路子。2021 年 4 月以来，沙湖生态旅游景区在学生研学旅行、机关红色党建、企业团建拓展、亲子周末游等方面积极突破，持续加大产品创新力度，助推景区高质量发展。

在学生研学旅行方面，沙湖景区充分利用特有的自然人文资源，精心设计研学方案，推出了以“知行沙湖”为主题的研学课程，策划了红色劳动实践、邂逅飞鸟精灵、湿地卫士科考、沙漠探险、精灵科考、百鸟翔集六大主题线路。通过景区研学旅行，拓宽学生视野，拉近学生与自然文化的距离，提升学生对集体生活方式的体验，培养学生的自立能力和创新精神。

在机关红色党建方面，沙湖景区以庆祝建党 100 周年为主题，以宁夏农垦博物馆入选宁夏第一批党史学习教育参观学习点为契机，在宁夏农垦博物馆、沙湖景区为广大党员开展情境教学、专题教学、体验教学和现场教学等课程，将历史人物与事件凝练成一个个鲜活生动的“小故事”，让学员感悟如火如荼的激情岁月，在共鸣中产生情感的触动，坚定理想信念，强化宗旨意识。

在企业团建拓展方面，沙湖景区围绕综合素质拓展、综艺娱乐拓展、专题拓展及定制拓展，开发了“沙漠掘金”“奔跑吧！兄弟”“极限挑战”“向快乐出发”“寻找 A-MAN 特工行动”“户外生存素质拓展”“凝心聚力，共创辉煌”等产品，同时还根据客户要求策划相应的订制产品，助力企业打造团队文化，增强团队凝聚力，增强个人成就感、团队归属感，形成共同使命、共同愿景。

在亲子周末游方面，沙湖景区结合景区湿地、沙漠、鸟类、芦苇等特色元素，积极策划形式多样的亲子主题活动，父母可以与孩子在此度过一个美好的周末时光。2021 年还相继推出了“父子英雄会”“草坪音乐会”“妈妈去哪儿”“虎妈猫爸总动员”“萌娃历险奇遇记”“百米长卷画沙湖”等活动，使孩子在玩乐中提高创造力，有效增进父母与孩子间的情感交流。

（资料来源：工人日报，2021-06-20）

10.3.2 酒店产品创新

作为传统的服务型行业，酒店部分产品已不适应新时期消费者的需求，需要创新变革。酒店市场竞争激烈争夺的焦点不仅仅是管理、经营、文化的创新，还有服务产品的创新。如果没有服务创新，就没有酒店服务质量的提升，酒店的发展就会停滞不前。为了降低风险，提高酒店入住率，获得更大的利润，酒店需要不断创新服务和产品，才能稳定发展。

10.3.2.1 注重顾客的期望

酒店产品具有很强的体验性，其产品质量取决于顾客现场消费期间满足某种需求或解决某种问题的程度。顾客的需求多种多样，变化多端。如果不能根据顾客的喜好和需要设计产品，即使服务产品时尚且新颖、质量高，也可能吸引不了顾客。因此，要集中注意力关注顾客的期望，仔细听取顾客的反映和修改建议。服务创新使顾客的要求和市场期望得到满足。例如，亚朵酒店高度关注顾客的意见和反馈。一方面，重视顾客的网络点评意见并吸收到产品与服务设计阶段，根据顾客的反馈不断改进。比如根据顾客反馈，客房增加了体重秤、小纸条、绿植等元素。另一方面，通过服务观察和智能体系对顾客信息的收集，发掘顾客的一些共性需求，进行“亚朵心服务产品”的创新。比如“粥到”暖心夜宵服务计划是关注到“人们在一天的繁忙之后渴望在深夜里得到一份温暖，深夜的一碗粥不仅暖了身子，更是暖了心”。

10.3.2.2 多途径提高员工素质与能力

酒店应该在摸清弄懂市场消费发展潮流、行业变革趋势和企业自身发展愿景的基础上，让每一位员工明确发展方向，认清存在问题，找到创新方法，从而整合资源，集聚内在力量，形成创新的组织基础、制度基础和人力资源基础。创新是酒店企业文化的综合实力体现，酒店创新主要包括组织创新、制度创新、产品创新和品牌创新。其中组织创新和制度创新是创新的基础，创新的动力来自酒店团队整体的品德与情操，取决于酒店企业的服务理念、价值观和发展愿景，表现为酒店对客人的深切关怀，也体现在酒店产品的美学格调和美好品质体验上。因此，酒店在现阶段可以利用客人少、闲暇时间多的实际情况，通过各种方式，强化员工培训，完善全体员工的心理建设。文化和旅游部办公厅 2022 年 6 月下发的《星级饭店从业人员三年培训计划（2022—2024 年）》便是非常好的一种指引，这就需要酒店认真落实，开创性地举办各种形式、各种方式的培训与提升计划，为酒店企业的创新变革提供智力支持。

10.3.2.3 坚持服务创新

极致思维就是在能力范围内将事情做到最好的思维方式。如果酒店纳入这种思维方式，将大幅提升酒店的核心竞争力。尤其是酒店的服务业务，以追求顾客体验为目标将服务做到极致，必然会超出顾客的心理预期，大大提高顾客的满意度，这也为酒店通过顾客来推广产品带来极大的便利。

统一化、规范化、标准化的服务绝不可能满足瞬息万变的市场要求，酒店经营者必须深入细致的研究和挖掘顾客需求，服务不断地创新，不断地加以人性化的内涵，甚于适当的超前性，以满足顾客的多元化需求，这一点是永无止境的。比如对当晚十点后入住的客人，将送餐的夜宵菜单放置在床头柜上，以便提醒客人消费。如在叫醒服务中增加一次叫醒，以确认一下客人是否已经起床，同时介绍当天的天气情况，以方便出行。再如雨天为礼宾打伞、送客人打车或到车场开车。对熟客就更应该有一套不断完善的档案，以体现个性化的服务。

10.3.2.4 拓宽酒店服务空间

酒店并非只能销售“客房”“餐饮”和“会议”，酒店也可以是“电影院院线”“艺术品展示和销售商”“奢侈品卖家”“最大的床垫销售商”“最棒的沙龙策划商”等。例如海南某国际品牌酒店与电影院线公司合作，在酒店设计了多个迷你影院，其中影院片源是最新的片源，客人也可以在影院中享受到酒店的服务。周边社区住户也可购票观看，同时也会带动住户在酒店其他区域的消费，所以影院收入成了酒店收入报表中的一个贡献点。除此之外，还有这些案例：宝龙酒店的艺术品巡展、武汉世茂希尔顿的周日市集，泰国奇瓦颂的健康养疗套餐等。比如洲际酒店集团宣布升级版的 Holiday Inn 品牌，在大堂设计上做了很多创新，其中包括设计了 24 小时的酒吧，缩小了前台办理入住的面积等，如此，让大堂的坪效有所提升。又如某管理集团组建团队研发在客房引入声光系统、导入密室逃脱游戏等。

10.3.2.5 文化赋能产品创新

在文旅融合大背景下，文化赋能是酒店产品创新的重要来源。提升酒店住宿设施品质，增强文化内涵和文化内容的创新，从文化中汲取养分，实现跨界融合，是酒店产品创新的又一重要方面。如亚朵酒店试图将“文化”物化为诸多让顾客能够体验到的元素，书店和摄影是其中的主要元素。亚朵将酒店大堂吧打造成有文化风格的 24 小时图书馆，通过可异地还书，增加顾客黏性。在摄影方面，亚朵首先“发动”了一批签约摄影师，在亚朵平台上举办摄影展、摄影分享会以及售卖摄影衍生品，使亚朵成为摄影师的众创平台。这一举措吸引了不少酒店会员纷纷签约成为摄影师，他们既是酒店的产品生产者，也是消费者。

湖北有戏酒店管理有限公司旗下的有戏电影酒店，打造“住宿+电影”跨界融合独特经营模式的中高端连锁酒店品牌。在产品方面，有戏电影酒店注重电影文化场景营造，形成故事性、情节性、戏剧性的空间氛围。独特的电影文化装修风格增加了顾客入住的趣味性：走廊采用“电影博物长廊”的形式，点缀电影经典道具，打造顾客沉浸式体验；客房大屏投影及立体环绕音响的影院级视觉享受引发顾客的住宿兴趣。

10.4 旅游接待业营销创新

营销实际上是连接目的地和游客之间感情的非常重要的一种手段和方式。在旅游消费需求转变与旅游目的地市场竞争加剧的双重背景下，旅游目的地营销创新越发重要。以VR、AR为代表的虚拟技术、视频和内容营销、影视营销、体验营销包括多主题的全产业链合作以及精准营销都正在提升人们的旅游体验和营销的效率。

10.4.1 以虚拟技术为基础的营销创新

虚拟技术能够为旅游接待业创新带来新效率、新体验、新格局和新挑战。一方面，VR、AR等信息技术突破了文字、图片、视频等传统信息形式，丰富空间维度的信息，突破时空限制，使旅游者不仅能看到旅游目的地的各个细节，还能看到不对外开放或不定期开放的旅游资源，提供更加深入的景点讲解和多方位展示，虚实结合，增加了临场感，实现"购买前先体验"这一功能，有效地优化了旅游的行前旅游决策。另一方面，VR、AR等虚拟技术实现了高精度的生动性、互动性，极大地提升旅游者感知的幅度、深度，增强其对旅游目的地城市的积极态度和情感，唤醒兴奋点，促使旅游者为超出预期值的体验买单。

2022年7月，飞猪平台打造的首个"目的地虚拟代言人"首次亮相。据悉，通过快速搭建虚拟场景、到达理想目的地，可实现虚拟空间与真实空间、虚拟空间与虚拟空间的实时互动。与此同时，通过AI和现实双重驱动的超写实虚拟数字人，在未来将参与目的地直播带货、景点"种草"、虚拟节日、IP衍生品、形象代言等环节，成为与年轻消费者沟通的绝佳载体。

10.4.2 全产业链合作，打造目的地联合营销模式

全产业链合作营销、目的地联合营销是指多个利益主体通力协作，共同开展目的地营销。联合营销实施的主体不仅仅限于不同的旅游目的地之间，而且还可以包括同一旅游目的地不同部门之间、旅游目的地的上下游供应链环节之间、线上媒体和线下现场活动之间等。旅游目的地可以根据实际需要同产业链甚至产业链以外的多家企业建立合作营销关系，涉及不同的行业、地域和平台。

对于旅游目的地而言，合作营销就是为了进一步开拓旅游市场，增强市场竞争力，两个或两个以上的目的地联合共同开展产品促销、形象塑造、品牌建设与传播等方面的营销活动，以实现资源优势互补，营销效益最大化目标的社会和管理过程。旅游目的地合作营销有利于发挥双方的优势，适应外部环境的变化，共同抵御旅游市场风险，更好地将旅游产品传递给广大旅游者，满足广大旅游者的需求，进而提升旅游目的地形象和市场竞争力，实现旅游目的地的健康持续发展。

知识拓展

星梦邮轮：内地城市推广"高铁+邮轮"旅游模式

近年来，邮轮旅游作为一种高端、便捷的休闲生活方式越来越受到中国旅客的欢迎。通过"高铁+邮轮""飞机+邮轮"等形式搭乘星梦邮轮的长沙及周边地区旅客数量逐年

攀升，南下去广州坐邮轮成为众多中部城市旅客的新选择。在广深港高铁香港段通车前，香港云顶邮轮集团旗下星梦邮轮最新15万吨的豪华巨轮世界梦号于2018年8月开启“万人同邮世界梦”主题巡回路演。星梦邮轮作为唯一一间全年以香港启德邮轮码头为母港的邮轮公司，借由此次巡回路演活动定点向中部地区市场推广“高铁+邮轮”的旅游模式，使更多内地旅客得以方便快捷的体验邮轮旅游的独特乐趣。

星梦邮轮陆续于内地经高铁或珠港澳大桥与香港接通的城市，包括长沙、武汉、成都、珠海、东莞及佛山等城市推出“高铁速达，漫邮世界”千人高铁首发团优惠，前1000名选乘高铁前往香港登船的旅客，均可获得每舱最高立减400元的车费回赠，即日起预订2018年11月9日至30日（逢周五出发）从香港登船的漫“邮”之旅都有机会享受优惠。国内旅客乘搭高铁或经港珠澳大桥抵港后，可先享受邮轮假期，再停留香港作短途旅游；或先到港游览再乘坐邮轮海上度假之旅，而喜爱购物的旅客，更可于同一个旅程当中，享受海上及本港免税购物的乐趣。

10.4.3 视频和内容营销提升目的地情感形象

内容营销通俗理解即是“讲故事”。优质故事的设计与开发是做好旅游内容营销的核心。在多样化、碎片化和视听化的网络时代，短视频开辟了旅游产品营销的新模式。兼具内容入口与社交基因的短视频，年轻用户十分愿意“买账”。抖音、快手等短视频平台也成为在线旅游平台上出现频率最高的词汇之一。在原创内容的带动下，一边旅游一边分享短视频成为旅游新常态，竞相模仿或二度创作的短视频在消费者的自主参与下形成快速传播，借势热点话题和平台，通过精准营销获得易感人群，找到他们的关注点，增强游客情感共鸣和忠诚度。

在抖音上，旅游相关内容展现形式主要以“VLOG”记录生活、“旅游攻略”和“旅游景区介绍”三种形式为主。因为发布短视频所需要的成本低，短视频录制过程简单，所以会有很多的业余分享者，同时，很多的景区以及地方旅游部门也都入驻了抖音平台并开通了官方账号。景区可以在抖音上占领一席之地，主要是两个方面的原因。

（1）优质的视频内容。优质的视频内容就是核心竞争力，旅游类视频“优质”主要体现为以下两点：一是景点本身有独特之处。不管是山西的“又见平遥”，还是西安的“摔碗酒”，或者是重庆的“洪崖洞”，这些景点，要么是活动有趣好玩，要么是建筑相当有特色，都有其独特的地方。因此，一个成功的“网红”景点一定要有自己的特色之处，可以用来吸引旅游者。二是元素融合、趣味横生。抖音的“抖”说的是抖音App里的各种有趣的特效，“音”则是抖音可以提供大量的BGM，大多数音乐具有节奏感强，而且“魔性”十足的特点，让人一下子就觉得非常炫酷，或者是一下子就可以代入各种场景。科技元素、艺术元素与旅游场景相融合，使得视频的艺术感以及现场感扑面而来。

（2）用户属性契合。抖音的用户主要是北上广深以及省会等一二线城市居民，其中女性占比66%，九成以上的用户为30岁以下的人群。这部分人群，恰好与旅游行业的意向人群相符合，有钱有时间，是旅游的主力军。

10.4.4 影视营销构筑目的地感知和情感记忆

旅游目的地影视营销是旅游目的地利用电影电视的制作地点、环境、过程、节事活动，经过营销策划宣传，将旅游目的地推向市场，以实现旅游需求满足和旅游目的地利益相一致的一种新的营销类型。影星、外景地或能够表达电影元素的主题都能够诱惑一定的观众。而一些不显眼或没有吸引力的场景也可能产生意想不到的效果。

电影《少林寺》让嵩山少林寺闻名海内外，《庐山恋》使闻名遐迩的庐山更添许多浪漫，山西的乔家大院曾凭借电影《大红灯笼高高挂》、电视剧《乔家大院》的热播而迅速成为热门旅游目的地，《卧虎藏龙》和重庆竹海、《非诚勿扰》和北海道、《盗墓笔记》和长白山、《三生三世十里桃花》的普者黑，以及《爸爸去哪儿》让一些名不见经传的景区陡然蹿红等的“影视+景区”营销案例近年来屡见不鲜。

10.4.5 精准营销提升目的地营销效果和转化率

精准营销是在精准定位的基础上，依托现代信息技术手段建立个性化的顾客沟通服务体系，实现可度量的低成本扩张之路，是有态度的网络营销理念中的核心观点之一。与精准的定位和沟通相适应，只有针对不同的消费者和消费需求，设计、制造、提供个性化的产品和服务，与游客进行个性传播沟通，才能低投入、高效率地实现旅游者需求。个性化的产品和服务在某种程度上就是定制。通过提供给游客个性化的产品和服务，节约游客在购买过程中的时间、精力和体力等，提高游客满意度，从而提高其让渡价值。

湖北随州市 2021 年着力盘活旅游资源，开展全方位精准营销，文旅推介卓有实效。国庆长假期间，全市累计接待游客 197.9 万人次，实现旅游总收入 9.69 亿元，较 2019 年分别同比增长 5%、3%。4A 级景区持续挑大梁。国庆假期，炎帝故里景区精心打造拜祖大典，引入专业市场力量同步开展主题菊展、灯光秀、烟火秀、根雕艺术展，7 日共引客 6.9 万人次。西游记公园推出双人自驾优惠套餐，西游飞仙、七十二变动物园、玻璃水滑道等网红项目大受欢迎，假期共接待游客 6.8 万人次。淮河西游记漂流极限运动乐园推出园区优惠通票，新推的花海和小火车项目成网红热品，假日共吸引游客 3.9 万人次。大洪山景区自在谷酒店全新开张，假期前 6 日全部满房。大洪山 7 日共接待游客 4.8 万人次。田王寨景区国庆每天免费出租红军服，特推出忆苦思甜“埋锅造饭”特色餐饮，吸引游客感受红色岁月。

10.4.6 体验营销深化目的地要素构成和产业组合

体验营销指的是通过看（See）、听（Hear）、用（Use）、参与（Participate）的手段，充分刺激和调动消费者的感官（Sense）、情感（Feel）、思考（Think）、行动（Act）、联想（Relate）等感性因素和理性因素，重新定义、设计的一种思考方式的营销方法。旅游体验营销是指旅游目的地根据游客情感需求的特点，结合旅游产品、服务的属性，策划有特定氛围的营销活动，让游客参与并获得美好而深刻的体验，满足其情感需求，从而扩大旅游产品和服务销售的新型营销活动方式。

旅游是心灵对现实世界的自我放逐，其本质是通过非惯常环境的差异性经历去寻找另一个自己。旅游接待业的体验营销，迪斯尼乐园是比较成功的典范。迪斯尼乐园作为迪斯尼产业链中IP实现变现最重要的一环。其最重要的原则就是营造一个和现实中不一样的童真世界，让客户沉浸其中，忘记生活的压力和烦恼。迪斯尼在园区内通过构建“剧场化”空间，使游客沉浸其中，享受忘却时间与空间的非日常体验，获得品牌感知认同和集体记忆。迪斯尼通过空间符号化，将园区内部用有意义的“符号”串联，打造一个具有沉浸感的舞台空间；其次，通过举办节庆活动，打造了非日常化场景，人们得以脱离现实生活，将真实身份隐蔽，从而建立起一个基于迪斯尼文化体系的场景共同体。迪斯尼的“表演剧场”通过对体验情节的精心编排，与顾客互动持续输出快乐。一方面，通过有形环境的五感设计，营造快乐的氛围，激发消费者的正面情绪。正面的情绪可以强化消费者的情节记忆，增强对品牌的好感，刺激冲动型消费。另一方面，游玩项目的设计、时长的控制，都很注重游客的心理体验。情绪强度恰到好处，既有巅峰刺激，又有舒缓可爱令人回味的体验。

复习思考题

10-1 阐述旅游接待业创新发展的重要性。

10-2 旅游接待业创新发展的趋势主要体现在哪些方面?

10-3 阐述大数据在旅游接待业中的具体应用。

10-4 阐述我国智慧旅游建设的具体路径。

10-5 以某一接待组织为例，谈谈实施体验营销的重要性及其具体的途径。

案例分析题

疫情期间云南旅游企业创新发展

新冠肺炎疫情出现以来，保障人民的生命安全和身体健康成为第一要务，跨区域流动受到了不同程度的限制，让以位移为前提、以流动为特征的旅游业一度陷入困境。在这种形势下，一些企业积极应变，拥抱市场，捕捉机遇，创新产品，实现了逆势飞扬，成为旅游行业的亮点和各界关注的焦点，为旅游企业的应急管理与战略创新积累了经验。作为旅游大省，云南旅游行业各领域都涌现出了抗疫自救、创新发展、稳健增长的市场主体。

（1）勐远仙境景区：瞄准康养，创新产品，拓展渠道。

勐远仙境景区位于西双版纳州勐腊县，原称宝角牛洞，拥有热带雨林、喀斯特地貌与民族文化等旅游资源。广东慈元堂健康产业发展有限公司获取特许经营权后，发挥自身的医疗、医药、教育资源优势，顺应康养旅游发展趋势，服务康养旅游名城建设，确定了“雨林灵洞，康养天堂”的总体定位，突破了雨林观光和溶洞游览的传统模式。

面对疫情期间的严峻形势，勐远仙境景区坚定信念，紧跟市场发展变化，不断调整经营思路，持续进行文旅康养项目投资，不断优化产品结构和市场结构，实现了逆势发展和转型升级。加大自然资源保护和监测力度，推进基础设施升级与安全工程改造，提高智慧化水平；陆续推出了溶洞秘境、雨林穿越、星空露营、溶洞疗愈等产品，吸引国内高端康养旅游者；策划实施了“联合国可持续发展目标雨林回归计划”，配套建设了营地教育服务中心，开发自然教育与研学客源；与京东、美的、兰博基尼、宝马、奔驰、福特、惠普等企业进行深度合作，搭建企业营销活动平台，举办福特猛禽全国车主大会、京东—东芝森林雾雨冰箱发布会、惠普公司员工热带雨林挑战赛，创造性地开拓企业市场；联合腾讯、芒果TV、爱奇艺等企业，成为《小小的追球》《春日迟迟再出发》《终极笔记》等影视节目（作品）的取景拍摄地，打造西双版纳最具人气的影视综艺拍摄地，吸引观众前来“打卡”，探索“影视+营销+旅游”的发展道路。上述举措形成了特色产品，丰富了引流与盈利渠道，收到了良好的市场回报，景区2021年营业收入比2020年增长100%，比2019年增长15%，实现了稳步增长。与此同时，勐远仙境还被评为云南省重大文旅项目（2020年），成功创建国家4A级旅游景区，被认定成为国家级森林康养试点建设基地（2021年），并跻身“乡村四时好风光——春生夏长 万物并秀”全国乡村旅游精品线路（2022年）。

（2）金茂璞修雪山酒店：整合资源，科技赋能，开发“长尾”。

丽江金茂璞修雪山酒店位于省级旅游开发区、国家5A级旅游景区玉龙雪山脚下，与玉龙雪山国际高尔夫俱乐部、印象丽江雪山剧场相邻。该酒店2015年9月试营业，除了住宿、餐饮、会议设施之外，还有焕水疗SPA、健身中心/瑜伽室、科技馆、茶室等休闲康乐设施。在疫情期间，尤其是暑假和观星季，这座酒店因“睁眼是日照金山，抬头是满目流星”而受到市场追捧，成了“为一间房赴一座城”的丽江样本。

金茂璞修雪山酒店坚持文化、修心、探秘、野奢四大理念，提倡放松心灵、回归自然的生活方式，不断优化运营管理模式，洞悉细分市场需求，跨界研发新产品，培育核心竞争力，在高手如云的丽江高端住宿市场上开辟出一片“蓝海”。深谙借景和颜值经济之道，依托玉龙雪山的绝佳风景，积极整合在地文化资源，提供不同类型的活动项目，为住客创造全方位的生活美学体验。酒店的客房、餐厅、露台、瑜伽室就是观景台、取景地、拍摄点，丰富多彩的文化休闲活动使其成为一站式旅游体验区、度假旅游综合体、微型旅游目的地。发挥丽江的星空资源优势，引入专业团队和科技设备，推出观星、摄影、科普产品，打造星空美学与天文研学主题。与星迹旅课星空博物学校等机构合作，建设了金茂璞修雪山科技馆和观测站（共享天文台），推出专题讲座、体验和分享活动，成为拥有一流专业设备的天文主题酒店。针对女性游客的美体与疗愈需求，联合瑜伽专业画报创办人沙金共建自在秘境隐修中心，推出瑜伽训练指导、摄影及相关服务，利用其业界影响力和传播渠道进行宣传并提供增值服务，吸引了无数粉丝前来体验。与旅行类大V、行摄类KOL、直播达人合作，产生游记攻略、精美图片和短视频，通过今日头条、小红书、抖音等新传播渠道进行推广。经过不懈努力，酒店的品牌影响力显著提升，成为疫情时期旅游酒店界的一匹黑马。自2020年4月1日复工复产以来，该酒店入住率持续飙升，整体收益大超预期。酒店2020年入住率长期保持90%以上，营业收入达3900万元，较2019年同比增长69%；2021年收入同比增长30%，在疫情条件下保持了稳健增长态势。

（3）光民旅行社：挖掘资源，瞄准小团，开辟新线。

云南光民国际旅行社有限公司成立于2018年4月，总部位于滇西火山热海边境旅游区的集散中心——腾冲市。除了票务代理、出入境旅游、国内旅游、导游业务，还提供旅游咨询、项目策划服务。腾冲旅游景区（点）数量多，类型丰富，但因地处边境，加之旅行成本高，受疫情的影响较大。

2020年以来，该旅行社在遵守国家防疫政策、保障游客安全的前提下，发挥自身策划能力优势，积极调整产品结构，策划推出高黎贡山生态休闲新线路。强化“和善当地人”“拒绝猫腻”“纯玩结伴”三大宗旨，坚持“本地人带玩——不是导游、是带你玩的朋友”理念，挖掘利用生态旅游资源，积极面向小众市场开发户外生态休闲产品，推出

2~6人精品小团线路。在以火山公园+北海湿地+黑鱼河+柱状节理一日游为代表的常规线路的基础上，陆续推出了热海+和顺+茶园一日游、腾冲北海湿地+樱花谷+野生温泉一日游等新旧搭配型旅游线路，为游客提供了新选择。与此同时，顺应绿色、健康、休闲的市场需求，依托有“生命的避难所”“人类的双面书架”之称的高黎贡山，开发了系列轻度户外徒步定制旅行线路，让游客远离喧嚣、深入当地、徒步山林。“腾冲高黎贡山一日游”将腾冲北部片区的三叠水、林家铺、五道溪纳入其中，“保山高黎贡山野温泉徒步一日游”则延伸到高黎贡山东坡的丙闷榕树群、百花岭瀑布、阴阳谷温泉，有些还包括了龙江特大桥、野猪箐古桥、东山步道观景台等拍摄点。除此之外，还结合乡村振兴和生态文明建设，践行社会责任，与村寨合作创新开发乡村生态旅游，在五合乡花寨村锅底塘推出“山野厨房”，策划组织“种下一棵树、收获一片林”回馈高黎贡山活动，收到较好效果。

（资料来源：腾讯新闻）

思考：上述三个成功的案例为旅游接待业的创新发展提供了哪些经验和启示？

参考文献

[1] 马勇．旅游接待业［M］. 武汉：华中科技大学出版社，2022.
[2] 邓爱民，李明龙，等．旅游接待业管理［M］. 北京：中国旅游出版社，2018.
[3] 胡家镜．旅游接待业管理［M］. 成都：西南财经大学出版社，2021.
[4] 王桀，唐夕汐．旅游接待业［M］. 北京：高等教育出版社，2022.
[5] 马勇，陈小连，马世俊．现代服务业管理：原理、方法与案例［M］. 北京：北京大学出版社，2010.
[6] 吴必虎，黄潇婷，等．旅游学概论［M］. 北京：中国人民大学出版社，2019.
[7] 杨柳，宗佶，等．现代服务业管理［M］. 北京：中国旅游出版社，2018.
[8] 李佳，成升魁，钟林生．顾客价值理论在旅游研究中的应用进展［J］. 人文地理，2009：21-24.
[9] 赵路．人本管理理念在我国旅游企业管理中的作用［J］. 旅游管理研究，2016：14-16.
[10] 刘德光，邓颖颖．武汉市旅游景区文化升级研究——基于旅游景区文化与文化吸引物的分析视角［J］. 学习与实践，2013（10）：120-128.
[11] 闫星培．旅游景区交通管理措施研究——以五台山风景名胜区为例［J］. 汽车与安全，2019（3）：68-74.
[12] 张竹梅．基于分区管理的大型旅游景区交通设施布局策略研究［J］. 交通世界，2020（18）：4-5.
[13] 顾满红．婺源景区交通及泊车问题研究［D］. 南昌：江西财经大学，2018.
[14] 杨帆．浅析三亚景区旅游服务管理存在的问题及对策［J］. 现代经济信息，2020（3）：47，49.
[15] 雷红霞．我国旅游景区服务质量提升策略研究［J］. 江西社会科学，2016，36（4）：222-226.
[16] 栾娜．旅游景区服务补救管理体系构建研究［D］. 郑州：郑州大学，2017.
[17] 余晓洁．肇庆星湖风景名胜区旅游公共服务优化研究［D］. 广州：华南理工大学，2020.
[18] 王意锐．夫子庙景区讲解服务质量提升研究［D］. 南京：南京农业大学，2020.
[19] 唐秀丽．现代酒店管理概论［M］. 重庆：重庆大学出版社，2018.
[20] 唐飞．前厅与客房管理［M］. 重庆：重庆大学出版社，2016.
[21] 刘伟．酒店前厅管理［M］. 重庆：重庆大学出版社，2018.
[22] 吉世虎．星级酒店前厅服务质量影响因素研究［J］. 纳税，2018（18）：239.
[23] 蔡林鹏．BEM 酒店服务质量提升研究［D］. 泉州：华侨大学，2020.
[24] 李洁．浅谈酒店客房的服务质量［J］. 农村经济与科技，2021，32（4）：122-123.
[25] 高云华．酒店客房服务质量管理发展的思考［J］. 管理观察，2019（21）：83-84.
[26] 戴斌，张杨．旅行社管理［M］. 北京：高等教育出版社，2018.
[27] 陈建斌．旅行社经营与管理［M］. 武汉：华中科技大学出版社，2017.
[28] 马晓红，邓许红．旅行社经营管理：理论、方法与案例［M］. 北京：中国经济出版社，2014.
[29] Petrick J F. Segmenting cruise passengers with price sensitivity［J］. Tourism Management，2005，26（3）：753-762.
[30] 程爵浩．全球邮船旅游发展状况初步研究［J］. 上海海事大学学报，2006（1）：67-72.
[31] 张言庆，马波，范英杰．邮轮旅游产业经济特征、发展趋势及对中国的启示［J］. 北京第二外国语学院学报，2010，32（7）：26-33.
[32] 赵序．国际邮轮服务与管理［M］. 北京：旅游教育出版社，2017.
[33] 姚丹丽，柴勤芳．现代邮轮休闲娱乐活动类型及发展前景探析［J］. 世界海运，2016，39（6）：14-18.
[34] 龙京红，刘利娜．邮轮娱乐服务与管理［M］. 北京：中国旅游出版社，2015.
[35] 李荣发．我国邮轮企业经营模式创新研究［D］. 大连：大连海事大学，2012：6.

[36] 孟庆杰，朱桂顺，周广鹏．饭店管理理论与实务［M］. 北京：清华大学出版社，2013.
[37] 洪涛．饭店管理实务［M］. 南京：东南大学出版社，2007.
[38] 郝娜，李东成，等．中外汽车营地对比研究［J］. 旅游管理研究，2017：46-48.
[39] 马欢，张维妮．基于生态设计理念的汽车营地规划设计研究——以北京龙湾国际露营公园为例［J］. 绿色科技，2017：45-48.
[40] 吴必虎．旅游思想汇——露营地与自驾游发展［J］. 旅游研究，2020：9-11.
[41] 范正业．我国汽车营地发展模式研究［J］. 北京第二外国语学院学报，2012：8-12.
[42] 瞿文凤．中国汽车营地发展现状［J］. 经济研究导刊，2012：170-182.
[43] 贾晓龙，冯丽霞．会展旅游［M］. 北京：清华大学出版社，2017.